管理学案例文库

组织与人力资源管理案例集

赵君　刘容志　赵慧娟　编著

WUHAN UNIVERSITY PRESS
武汉大学出版社

图书在版编目(CIP)数据

组织与人力资源管理案例集/赵君,刘容志,赵慧娟著.—武汉:武汉大学出版社,2023.5

管理学案例文库

ISBN 978-7-307-23629-5

Ⅰ.组… Ⅱ.①赵… ②刘… ③赵… Ⅲ.人力资源管理—案例 Ⅳ.F243

中国国家版本馆CIP数据核字(2023)第045771号

责任编辑:范绪泉　　责任校对:汪欣怡　　版式设计:马　佳

出版发行:**武汉大学出版社**　(430072　武昌　珞珈山)

(电子邮箱:cbs22@whu.edu.cn 网址:www.wdp.com.cn)

印刷:武汉中科兴业印务有限公司

开本:787×1092　1/16　印张:12　字数:283千字　插页:2

版次:2023年5月第1版　2023年5月第1次印刷

ISBN 978-7-307-23629-5　定价:49.00元

作者简介

赵君，工商管理博士，中南财经政法大学应用经济学博士后，香港城市大学工商管理博士后，中南财经政法大学公共管理学院教授，博士生导师，研究方向为组织行为与人力资源管理。在《科研管理》《科学学研究》《管理工程学报》《经济管理》《管理评论》《管理学报》《研究与发展管理》等权威期刊发表论文50余篇，主持国家自然科学基金项目、教育部人文社会科学研究项目等课题30余项。2015年入选全国博士后管委会办公室和香港学者协会联合资助“香江学者计划”。

刘容志，工商管理博士，中南财经政法大学工商管理学院副教授，硕士生导师，曾赴瑞典林奈大学、比利时安特卫普管理学院、澳大利亚昆士兰科技大学访问交流，研究方向为人力资源管理、创业管理。在《科研管理》《经济管理》、*Journal of Vocational Behavior*等权威期刊发表学术论文十余篇，主持国家自然科学基金项目、国家社会科学基金项目、全国教育科学规划项目、湖北省教育科学规划项目等多项课题。

赵慧娟，工商管理博士，中南财经政法大学公共管理学院教授，硕士生导师，美国韦恩州立大学经济学系访问学者，研究方向为人力资源管理、职业生涯管理。在《南开管理评论》《管理学报》《科学学与科学技术管理》等权威刊物发表论文30余篇，主持国家自然科学基金项目、教育部人文社科研究项目、湖北省科技支撑软科学项目等课题，2015年获武汉市第十四届社会科学优秀成果二等奖。

本书出版受到以下项目资助：

国家自然科学基金重点项目（编号71832004、72132001）

教育部哲学社会科学研究重大课题攻关项目（编号21JZD056）

国家自然科学基金面上项目（编号72072184）

国家自然科学基金青年项目（编号72202237）

教育部人文社会科学研究青年基金项目（编号20YJC630224）

收入分配与现代财政学科创新引智基地资金（编号B20084）

中南财经政法大学中央高校基本科研业务费专项资金（编号31512241237、31522141232）

序

自从1954年现代管理学之父Peter F. Drucker在《管理实践》一书中提出“Human Resource”这一概念并加以明确界定以来，人力资源管理理论不断成熟，并在商业实践中得到进一步的发展。20世纪80年代中后期，人力资源管理理念被引入国内，并在90年代中后期人力资源管理实践在国内得到普遍运用。经过30多年的实践与发展，中国人力资源管理已进入了新时代。目前国内外已建有许多“案例库”供大家借鉴与学习，以往的经验也表明案例教学是掌握组织与人力资源管理理论知识的有效途径。

但案例分析不同于举例说明，需要结合教学内容将理论与实践进行结合。因此，教学案例集需要丰富的理论知识支撑。若只是就案例论案例，那学生的学以致用或者举一反三的能力是无法得到提高的。所谓“授人以鱼不如授人以渔”，虽是案例教学，但并不只是停留在单个企业问题或成功经验的分析上，多案例的集中教学，实际上教授的是问题分析与解决的技能，帮助学生建立批判性的理性思维模式，以充分发挥案例的创新启迪作用。

对于赵君、刘容志、赵慧娟编著的《组织与人力资源管理案例集》，这本即将付梓的书稿，我由衷地感到高兴并认为值得阅读！两位学者对组织与人力资源管理研究都有很好的功底，且已合作出版过《人力资源管理实训教程》一书，也是理论与实践相结合的优良著作。本书历经三年打磨，在许多国内外优秀教材的基础上，结合组织与人力资源最新实践动态编著而成，其开发团队的工作是认真且扎实的，并受到了多方关注，相信将会受广大读者欢迎。

最后，组织与人力资源管理实践是日新月异的，管理案例也层出不穷，所以教学案例集需要不断推陈出新，以跟上时代发展潮流。我们希望能与全国同行一起持续关注和支持这项对组织与人力资源管理教学至关重要的工作，为此多做贡献！

刘智强　教授
华中科技大学管理学院

前　言

随着时代背景、商业环境和人才市场的持续且深刻的变化，组织与人力资源管理实践所面临的挑战也越来越大。对于人力资源管理的教育来说，尤其是对于实践性人才的培养，仅仅传授理论知识是远远不够的，理论虽是基础，但分析与解决问题的能力的培养也至关重要。在管理学领域，案例是加速从实际经验中学习的触媒剂，通过案例学习，可通过对他人事例的解读与反思，总结经验教训，积累反思素材与成功要素，并精练出有效的工作方法。

本案例集旨在通过组织与人力资源管理的各个模块知识要点的提取、实际案例的改编与汇总，将理论与实践进行紧密结合，有助于提升学生的学习能力、知识运用能力及逻辑思维能力。全书共分为 10 个章节，分别为组织与人力资源管理概论、组织与组织管理、岗位与岗位管理、招聘与测评管理、培训管理、绩效管理、薪酬管理、员工福利管理、员工健康管理、员工流动管理。每个章节有 1 个知识要点回顾和两个针对性的案例，每章建议学习 2~4 个学时。

本案例集可作为《组织与人力资源管理》的配套教程，适用于高等院校经济管理专业本科生、研究生阶段的学习与教学使用，既可以用于理论课程的课后辅导，也可以作为案例教学课程的教材单独使用；既可以按照章节顺序来学习，也可以根据教师授课情况对某个模块进行针对性训练。我们将组织与人力资源管理实践中的真实情况展现在受众面前，通过对案例的分析增强今后解决实际问题的能力。我们不仅仅让学生掌握、巩固基本原理，更希望其在实际案例的分析中做到学以致用。

本案例集在编写与整理的过程中讲求全面性、多样性、拓展性，整本案例几乎涵盖了组织与人力资源管理实践中可能遇到的主要问题，既有成功的借鉴，也有失败的经验。为了更好地剖析案例背后的理论基础，在每章开头我们都对各章的理论知识进行了系统全面的回顾，形成精练的知识要点，方便学生温习。接下来的两个教学案例改编自具有代表性的实践案例，以故事的形式进行叙述，生动形象，通俗易懂。每个案例后都附有案例使用说明，方便教师与学生案例分析时的具体操作。

本案例集由中南财经政法大学赵君教授、刘容志副教授、赵慧娟教授编著，负责全书框架搭建、案例筛选及内容的统稿与修订。同时感谢以下几位研究生同学在案例收集整理和改编等方面做出的努力与提供的帮助，具体如下：曹佳宁负责第一章、第七章；姚婷负责第二章、第八章；骆支玉负责第三章、第四章；周洁负责第五章、第十章；谢玉平负责第六章、第九章。另外，本书在编写过程中参考了国内外各位专家的教材、专著和文献资料，借鉴了部分案例，也引用了一些观点，在每篇案例的参考文献部分均有列出，特向有关参考书与文献的各位作者表示诚挚的敬意！

目　　录

第一章　组织与人力资源管理概论

本章知识要点

一、组织与人力资源管理的基本范畴

1. 组织与人力资源管理中的人和岗位

国内在人力资源的概念界定方面，由于其视角的差异，存在“人口说”和“能力说”的分歧。从经济学的角度分析，人力资源的核心是一种劳动能力，包括体质、智力、知识和技能等部分，是一种能够通过劳动力市场自由配置的劳动要素，员工和企业签订劳动合同的本质是一定期限内劳动能力使用权的让渡。

对人力资源管理而言，管理的要素可以归结为两个方面，即人和岗位。人的背后是能力和情绪管理，岗位的背后是财、物、事的管理。在实践中，围绕人和岗位，可以把组织与人力资源管理对象分解为四个方面：关于岗位的管理，关于人的管理，关于人与岗位的关系管理，关于组织、岗位、人的关系管理。

2. 组织与人力资源管理中的人和岗位的相关范畴

人力资源以人身为天然载体，是一种可再生的生物性资源，它在经济活动中居于主导地位并具有时效性。人力资本是指人们以某种代价或投资行为获得的，并能在劳动力市场上具有一种价格的能力或技能。人力资源是资本性资源，是人力投资的结果，人力资本的流量形态即为现实的人力资源。人力资本是人力资源的内核和本质，人力资本投资和积累的水平决定了人力资源的价值。

3. 组织与人力资源管理的相关理论

人力资本理论认为，作为蕴含于人身上的各种生产知识、劳动与管理技能以及健康素质的存量总和的人力资本，其收益率高于物质资本收益率，经济发展的关键是增加人力资本投资。该理论填补了西方传统经济学研究以物(如资源禀赋、对外贸易、技术进步等要素)为主，忽视作为生产要素之一的劳动力对经济增长影响研究的空白，其中的代表人物为舒尔茨和贝克尔。员工工作激励理论大致可以归纳和划分为内容型激励理论、行为改造型激励理论、过程型激励理论和综合型激励理论四大类。

二、组织与人力资源管理的模块与主线

1. 组织与人力资源管理的 8 大模块

组织与人力资源管理的 8 大模块包括：组织与岗位设计管理模块、任职资格管理模块、人力资源战略与规划模块、甄选与录用模块、培训管理模块、绩效管理模块、薪酬管理模块、职业生涯规划管理模块。

2. 组织与人力资源管理的两大主线

管理实践中，现代组织与人力资源管理体系建立与运行有两大主线：一条是战略主线，即所有的管理模块都围绕企业战略和人力资源战略的落实展开；一条是能力主线，即所有的管理模块都围绕员工能力的建设、培养与激发开展。

三、组织与人力资源管理的核心技术与目标

1. 组织与人力资源管理的四大技术

在实践中，组织与人力资源管理中管理者必须掌握四大人力资源管理技术，即选人、育人、用人和留人的技术。选人的核心涉及两大转化技术：一是如何根据企业战略和岗位职责等因素确定岗位的任职资格，二是如何把岗位的任职资格转化为测评、面试的题目。育人最有效的方式不是培训，不是上课，而是师傅带徒弟、传帮带、干中学等，是模仿和参照。用人的核心不仅仅是用目标管理、岗位责任制来合理分工，更要通过岗位评估、业绩评估、奖惩办法等调动部门中大多数人的积极性；不仅仅是追求人的能力和岗位任职资格的匹配，更要重视人与人的匹配和部门和谐工作氛围的塑造。在理论上，管理者可以工作环境留人、福利政策留人、薪资制度留人，也可以发展空间留人。

2. 组织与人力资源管理的四大目标

人力资源管理的核心目标主要是激发人的能力和积极性。在组织中，要实现人力资源管理的核心目标，前提条件或路径就是在组织内部实现人力资源管理的四大匹配。具体包括岗位和岗位的匹配、人和岗位的匹配、人和人的匹配，以及人的需求与岗位报酬供给的匹配。人力资源管理中的四大匹配的核心原理可以通过化学上的同素异构原理来解释。岗岗匹配的核心是岗位之间职责的匹配，要求岗位与岗位之间职责清晰、边界明确，减少推诿、扯皮。人人匹配的核心是如何使用人，如何放对位置，保障人和人的性格、年龄、能力、类型互补匹配。人岗匹配的核心是实现人的能力供给与岗位的能力需求动态匹配。人的需求与岗位供给匹配的核心是满足员工的各类需求，涉及薪酬、福利管理等多个模块。

四、组织与人力资源管理的四大工具

1. 组织与人力资源管理的工具

企业中进行组织与人力资源管理的工具可划分、提炼为四种类型：人管人模式、制度管人模式、流程管人模式、文化管人模式。人管人模式就是通过人对人的主观管理来履行

工作职责、提高工作效率。制度管人的模式是企业通过各种制度来规范员工的行为，员工则依据共同的契约来处理各种事务，一切均以制度为准绳，使企业的运行趋于标准化、规范化。流程管人的模式中流程设计的核心是明确流程对应的岗位“做什么+谁来做+如何做+在什么时间做到什么程度”，再加合理的授权。文化管人模式是中国企业员工管理的最高境界，甚至可以说文化是企业的宗教。企业文化的塑造一般分为知识认同、个体习惯、群体习惯和企业文化四个阶段。

2. 组织与人力资源管理四大管理工具的逻辑关系

在实践中，人管人、制度管人、流程管人和文化管人四种人力资源管理工具没有先进和落后之分，只有与组织的适应和不适应之分。

1996 年，Dave Ulrich 提出了企业中人力资源管理的三支柱模型的概念。HR 三支柱模型的核心包括 HR-BP（business partner，即人力资源业务合作伙伴）、HR-COE（centre of excellence or center of expertise，即人力资源专业知识中心或人力资源领域专家）、HR-SSC（shared service centre，即共享服务中心）。HR 三支柱模型的核心思想就是基于分工思想，重新定位企业的人力资源管理职能分工，企业的人力资源管理工作不能只通过人力资源部门完成，人力资源管理部门应该重新定位并实现转型，从职能导向转向业务导向，成为新的业务增长单元。在新的人力资源业务模式中，有人负责人力资源标准设计，有人负责服务标准的交付与应用，有人负责服务标准交付的资源支撑，即人力资源管理的三大支柱。

案例1　人力资源战略管理如何拯救普惠科技

【摘要】2015年，普惠科技公司(下面简称“普惠”)拆分成普惠信息公司和普惠科技公司两家独立公司。普惠在拆分过程中困难重重，大量的裁员、企业文化的衰落、组织之间的不合理竞争、员工效率低下等问题频出。究其原因，总经理李勇在拆分准备阶段未充分考虑员工适应性，也未充分重视人力资源部门在组织变革过程中的作用。这时，人力资源部门临危受命，通过人力资源各个模块积极采取多项措施提高员工的归属感和适应性，促使企业慢慢走向正轨，但拆分带来的“后遗症”并不能通过这些举措完全消除，还需要依靠人力资源部门和企业管理者的不断努力，从而实现企业的长足发展。

普惠科技公司成立于1987年，是中国数码产品制造行业首家上市公司。随着国内、国际移动互联网企业和服务的井喷式发展，电子产品行业的激烈竞争让这家中国老牌科技公司面临巨大压力。昔日的行业巨头，慢慢地被新兴高技术企业远远地甩在了身后。为了改变现状，担任总经理的李勇经过分析和调查，做出了企业拆分重组的重大战略变革计划。2015年11月，普惠科技正式拆分为两家独立运作公司，分别为普惠信息公司和普惠科技公司。

看似准备充分的分拆背后，普惠却面临了诸多问题，大量的裁员、企业文化的衰落、组织之间的不合理竞争、合作开展工作受阻……管理者开始意识到，“谨慎”的拆分决定仍然忽视了一项重要的内容，就是未进行人力资源评估工作，忽视了人力资源管理在普惠改革过程中该有的推动作用。但是拆分已经成为现实，人力资源管理者必须基于普惠的组织变革现状，制定有针对性的人力资源管理方案推动企业发展。拆分后的普惠科技何去何从？这一直是中国科技界关注的焦点。

一、公司简介

普惠科技是中国最大的电子科技公司之一，目前是中国本土最老牌的数码音响产品研发、生产厂商。随着市场份额的扩大和业务不断的发展，普惠科技目前已经成为一家全国性的电子产品科技公司，专注于数码影像、打印机、计算机等领域，产品800多个，并于2008年进入企业级软件、大数据、咨询服务领域。普惠科技初创期以数码音响制造为主业，并与多家公司取得合作，为其提供专业音响器材。短短几年间，其产品凭借质量和价格优势受到商业界和消费者市场的广泛好评。随着中国对外开放市场的不断扩大、消费者对电子产品的需求量的增多，普惠科技在数码影像产品市场的营业额迅速增长，并开始关注其他相关领域。1998年，普惠科技推出电脑显像业务，2002年向打印机市场进军。普惠科技已经成长为中国境内最大的个人电脑生产商，其产品畅销到整个中国市场。之后普惠科技以武汉为核心，扩展建立了青岛、杭州和广州三个生产基地，沿海地区的生产基地布局，为开拓海外市场创造良好优势，目前其产品已经开拓出东南亚、印度、欧美等国市场，外销份额还在逐年扩大。

进入 21 世纪，普惠科技公司已经意识到通过占据低端市场，采用低成本战略在激烈竞争的市场难以再继续保持竞争优势，如果不进行技术革新，采取新的竞争策略，普惠科技的市场占有率将逐步萎缩，丧失竞争优势。普惠科技公司为了稳固市场地位并扩大竞争优势，开始积极寻找新的市场增长点，进行自主创新并逐步提升技术实力，将低成本优势和研发创新相结合，积极探索新兴技术和技术服务，包括咨询业务、服务器服务、信息存储以及云服务等业务。目前普惠科技下设两大业务集团：数码音响集团(生产音响数码、打印机、计算机成像系统等业务)、信息产品及专业服务集团(企业级软件、大数据、咨询服务等业务)。

二、公司拆分，一键重启

伴随新形势的发展，这家具有 30 多年历史的公司在近年来却迷失了方向。战略倾斜使其在电子产品制造领域接连失守阵地，音响和打印机业务不断被竞争对手取代，市场份额丢失严重。与此同时普惠科技新兴技术和技术服务发展也举步维艰。昔日的行业巨头，慢慢地被中国众多新兴高技术企业远远地甩在了身后，昔日的辉煌已经渐行渐远，普惠科技在业内领域的地位和业绩遭逢双重挑战。

目前普惠科技的业务涉及电子产品行业的各个业务领域，而现在又在积极探索企业级存储设备和网络设备等硬件设施以及相应的软件服务和产品。李勇认为这两者对应的企业管理方式有非常大的区别：客户不同，销售周期不同，产品的销售方式、经营方式、利润也是不能同日而语的。同时普惠科技员工人数 4 万多，业务基本涵盖了与低端电子产品相关的各个领域，生产线庞大错乱。组织臃肿，应对突发状况的反应速度都慢很多。“在这个更新换代极快，市场竞争日益激烈的时代，比竞争对手落后一步将错过竞争优势。普惠科技如果不能及时借助经济发展环境，抓住市场机遇，稳固公司在电子产品领域的竞争优势，那么被别人吞并将是迟早的事。”李勇不止一次这样强调。

2014 年，李勇带领公司对企业自身进行了内外部的环境分析。他发现，虽然目前在行业中仍然处于中上位置，但优势已经不明显，甚至在外部因素评价中得分低于平均总加权分数，说明普惠科技现行的发展战略在整个产业链中对现有机会和威胁做出的反应程度已经低于行业平均水平。李勇在股东会议上汇报说：“目前，普惠科技营业利润的 40%会投资在新兴技术和服务市场研发上，问题是投入很多，但进程却缓慢，公司战略的调整导致对数码影像、打印等产品的投入下滑。作为一个上市公司，投资者已经很难定义普惠科技的发展方向，因此难以看好企业增长潜力。”

时任普惠科技公司总经理的李勇在进行详尽的市场调查和分析后考虑将公司分拆为两家独立运营的公司——普惠科技和普惠信息。惠普信息从事原普惠科技除数码音响、计算机成像和打印机以外的所有业务，包括咨询业务、服务器服务、信息存储以及云服务等业务，专注于创新领域。惠普科技则从事数码音响、计算机成像和打印机等原始业务。李勇认为，分拆后的普惠信息和普惠科技将作为两家企业独立运营，资金和精力都将集中于自己归属的细分业务。这样能够帮助普惠科技更加专业化地发展，更加具有竞争力。

李勇向董事会提出大胆拆分提议，随之而来的就是大量的质疑和反驳。股东会包括企业咨询专家顾问认为，组织拆分一定程度上能够增加组织灵活性，但是组织拆分的不确定性太高，拆分过程困难重重，会给企业带来许多冲突成本，拆分期间的公司正常运营也难以保证。李勇并不相信这种论断，他在会上指出，组织的拆分战略建立在高度迎合多元化的客户群体的基础之上，适当的拆分必然能够使普惠科技再次崛起。普惠科技已经错过了太多的发展机会，如果普惠科技再一次错失良机，退出中国一线科技公司将成定局。

董事会后，李勇就组织拆分提议与包含财务、客户服务、运营管理、技术改造四大部门负责人和骨干以及企业高层管理进行了多方研讨和综合考虑，李总的想法最后得到了多数股东认可，支持其按照自己的规划实施改革，2014 年原普惠科技正式开启分拆程序。李勇对普惠科技的未来信心十足，他说："普惠科技，曾经是引领中国电子制造的鼻祖，现在，它又要重拾当年的创业劲头了。"

拆分过程中，李勇带领企业领导层对经营目标进行重新评估，对组织环境进行重新分析，重新设定组织的核心使命和未来目标，公司全体领导班子在李总的组织下认真学习了公司的战略规划。为了使拆分计划更加顺利，李勇对各部门的角色、功能及相互关系进行重新定义，所有部门进行层级调整，至少缩减一层管理层并裁剪冗余职位，重新设计了更为扁平的组织架构。在拆分混乱期，公司运营受到影响，整体效率下降，所以李勇将拆分时间看作成功的关键，为了缩短拆分混乱期，尽可能降低拆分带来的负面影响，李勇将拆分执行力实施到了极致。

三、拆分后问题频出

李总在前期已经充分做好了拆分过程公司出现各种不可预知问题的准备，但是拆分过程仍然问题频出、混乱不堪。在拆分过程中，普惠科技每个季度的销售额都在下滑。普惠科技企业的拆分成本已经超过 2 亿元。自 2014 年普惠科技官方宣布拆分计划以来，普惠科技股价大幅度降低。而且即使分拆为两个公司，未来的前景也不容乐观。据悉，普惠信息的企业服务业务自拆分以来一直在接连损失，损失金额或已超过 1 亿元。为了适应拆分进行的组织结构调整，普惠科技将进行大量裁员，预计付出高额成本。

让李勇更加头疼的是，财务状况还不是最为致命的，依靠普惠科技积累的强大的财力支持，度过拆分期不成问题。李勇意识到，拆分后员工内部的抵制情绪远超出他们的预料。由于组织调动，很多员工需要进行岗位调整，工作的不适应导致大量的怠工和误工情况，生产事故频发。预计 5000 名普惠科技员工面临裁员，员工怨声载道。

在一次组织大会中，李勇开始关注到一个不同的声音，来自人力资源总经理王海。王海在组织大会上说：目前决定普惠科技拆分问题的因素并非只有财务方面的问题，而且还有人力资源管理方面的问题。普惠科技此次拆分坚决而迅速，人力资源部并没有做好充足的准备和应对工作，比如就公司的拆分与全体员工进行充分的沟通、进行企业文化的维护与巩固、核心人才的保留等。普惠科技的变革过程离不开员工的参与和配合，但由于人力资源部门没有参与组织变革计划企业高层会议，没有机会了解企业的核心业务，无法迅速通过人力资源管理促进变革计划的实施，人力资源管理在变革管理中的滞后性严重影响了企业拆分的效果和变革的整体质量。

王海预测，目前的混乱还只是前兆，他认为拆分后的普惠科技和普惠信息之间也必定矛盾频发。两个公司之间相互独立，这其实阻碍了企业优质资源的流通和利用。原有公司的资源在拆分后仍然可以被两个公司利用，例如金融资本和品牌价值等，但是那些需要多方协同、互相配合才能发挥最大价值的资产难以得到高效利用，例如营销活动和生产设施。更糟的是，拆分使协同合作变得非常艰难。

四、匹配转型，调整策略

面对组织变革困境，总经理李勇多次开会讨论解决方案。一次讨论会后，李总把人力资源部王经理单独留下，意味深长地说："老王呀，这次企业拆分可是全国企业和消费者关注的焦点，做好了，就是市场的先驱、成功的模板，要是做砸了，可就关乎普惠科技几十年的发展！"听李总说完，王经理点头道："组织拆分已成定局，必须尽快改善员工无法有效适应组织变革的现状……"李总听后，回想起刚才班子会上各抒已见的大讨论，若有所思地点点头，更加坚定了人力资源部门关乎变革成败的想法。在会议讨论中，李总多次重新定义人力资源部门的作用，同时赋予人力资源部门足够的权力。

人力资源部门现在必须要回答的问题是：普惠科技拆分到这个阶段，与企业匹配的员工需要具有哪些素质、价值观、工作能力以及行为等。人力资源总经理王海确定了四种重要的员工技能和行为，即员工必须是："富有奉献精神的、负责的、有创造力的和灵活的。"他们必须专注和致力于实现普惠科技拆分后新的岗位工作、抓住各种机遇适应以及提供具有一致性的高质量服务，必须为这些结果承担起责任。同时，他们还必须具有足够的灵活性，例如，根据普惠科技的变革需要，可以从一个岗位调动到另外一个岗位上工作。

根据普惠科技新的组织目标和战略，人力资源部向李勇提交了如何有助于普惠科技塑造一支有奉献精神、负责的、有创造力的以及灵活性的员工队伍的具体的人力资源管理计划，帮助普惠科技尽快走出拆分困境。王海想要通过一系列干预手段解决如何留下有能力的员工、如何明确目标、如何奖励员工、如何发展职业规划等问题。

除了人员招聘配置需求分析外，王海认为最重要的是首先给予变革引发的裁员以及岗位调整足够的重视与对策准备，要重视原普惠科技关键岗位人员和优秀人才的保留，积极与员工沟通，建立完善的辞退机制，并给予员工经济补偿和再就业指导来协调和处理拆分战略实施过程中裁员导致的矛盾和冲突。王海率领人力资源部门依照普惠科技新的战略设定新的绩效指标，建立一个以普惠科技新战略为导向的关键绩效指标体系，试图把企业的新的战略思想、文化、要求、组织目标等传递给员工。同时王海试图通过培训和沟通使员工期望与企业的使命、愿景、价值观及战略目标达成一致。公司原有的薪酬制度也进行了相应的调整，各部门的绩效工资与公司总体绩效关联，对绩效优异的员工给予物质上和精神上的双重奖励。公司在拆分后实行的一系列措施极大地带动了整个公司员工的工作劲头，公司向好发展。

五、调整起效，业绩转好

在实施了一系列人力资源战略调整之后，拆分取得的效果慢慢体现了出来。拆分后的两家公司获得了自己明确的企业定位，专注于更细化的市场，给客户提供更个性化的服务。拆分后的两家企业的市场份额逐步扩大，盈利能力逐渐提高，公司业绩转好。

2018 年最新数据显示：2018 年二季度，普惠科技数码音响出货量达 126 万组，位居全国首位，比去年同期的 86 万组增长 31.7%。除了获得良好的经济效益，这次拆分对公司主要业务市场份额增长影响显著，全国市场份额从去年同期的 19.7%增加到 22.6%。这是普惠科技自 2016 年 12 月数码音响业务夺回全国销量冠军以来，连续第 5 个季度取得的不俗成绩。

王海表示，接下来普惠科技需要通过建立公正合理的制度来对变革成果进行巩固。王海利用 2016 年的行业淡季期进行了员工管理培训，通过培训课程树立并传递企业新思路，围绕绩效考核指标体系宣传和贯彻变革内容，更新员工观念。在此期间，为了巩固公司拆分后变革得来不易的成果，巧妙地运用了“树立内部典型”的激励方式，将接受得快、做得好的员工作为典型示范，在公司内部会议进行宣传和分享，鼓励公司员工向他们学习，以他们为榜样。

普惠科技公司通过一系列拆分重组活动，进一步明确了企业定位、发展方向和企业战略目标，股东和投资者对公司发展前景持乐观态度，两家公司在股市上也表现良好。

六、拆分后遗症“若隐若现”

从“两个普惠科技”公司交出的财务报表来看，普惠科技真正的“重生”似乎已经开始，然而总经理李勇却始终高兴不起来，他始终察觉到，公司快速发展的外表下实际隐藏着很多问题，拆分所带来的麻烦好像并没有通过一系列调整完全解决。王经理也看出了总经理李勇的疑虑，他对李总说：“战略改革的成果不仅仅要与企业财务层面直接联系起来，还必须从企业战略执行的角度来审视企业战略改革所取得的价值。”李总会意地点了点头，对王经理坚定地表示：“必须采取措施完全消除拆分带来的后遗症，尽快进入完全平稳运行阶段。”

总经理李勇的疑虑确实不是空穴来风，普惠科技公司拆分重组后，虽然进行了大量的“以人为本”的员工激励手段，但是大规模的裁员已经在一定程度上对企业文化造成了损害，员工对公司的信任度下降。普惠科技的裁员共计占普惠科技公司总人数的 26%。本次突如其来的大规模裁员对企业文化造成了巨大的冲击，这次裁员速度快且规模大，许多员工根本没有充分的思想准备和心理预期。这次裁员也与普惠科技文化中以人为本的核心理念大相径庭，没有被裁员的员工也是人心惶惶。同时，由于进行了大量的人事变动，很大比例的员工对企业的战略调整处于似懂非懂状态，完全是跟着企业的步子，走一步看一步，对自己的未来充满疑惑。

李总认真分析公司的财务报告后发现，虽然主营业务收入保持增长趋势，但是利润总额却出现止步不前的现象。他认为拆分后，普惠科技的大企业协同增效效应降低，两家公司独立利益产生了冲突，虽然目前拆分后的普惠科技仍能够保持之前的整体优势，但不可避免的是拆分后两家公司之间肯定要明确算账。

七、探寻发展之路

王海认为虽然惠普科技和惠普信息采取了一系列人力资源管理政策和措施，但重大的变革调整对员工所产生的影响很难在短时间内消除，尤其是在此次变革准备中没有对员工受到的心理影响给予充分的重视，员工已经形成了此次变革就是“收拾人”的抵触情绪。现状也表明，企业新的价值观和新的文化也未实现完整全面地向员工传递，让员工充分理解。

人力资源部门利用人力资源计分卡的原理，构建出完整的符合普惠科技和普惠信息战略环境和要求的人力资源管理效果评估模型，作为对人力资源管理效果评估的工具，从战略、财务、客户和组织运营四个角度来制定指标，了解人力资源管理在实现企业战略中做出的效果，对于其中存在的问题及时进行调整和控制偏差。

人力资源部对普惠科技公司人力资源管理效果评估指标进行调查分析发现，普惠科技公司对人力资源管理活动的重视还是不够，虽然李勇总经理在组织大会中已经多次强调了人力资源部门的重要性，要求各部门积极配合人力资源部门工作，但形式多于行动，普惠科技公司在人力资源管理活动的投入不够，因此其效果也不好。虽然从 2015 年末开始，王经理制定了相关岗位细则下发给员工，并多次组织培训活动，但是未在公司的干部员工中引起重视，培训工作也没有发挥足够的作用，员工实际工作与员工培训还有一定差距。

调查发现，在战略相关员工能力和活动方面，对组织绩效影响最显著的是员工的变革能力。普惠科技是以生产电子产品为主的企业，产品更新速度也非常快，尤其普惠信息重点转型向创新产品和服务发展，对员工变革创新能力的要求非常高。因此，王海认为普惠科技企业的人力资源管理应该着重培养变革能力强的员工。普惠科技公司还需要思考能够提升公司销售额和利润率的人力资源相关政策，帮助公司产品获得更高的市场份额，进而提升核心竞争力，领先于行业平均水平。

经过 2017 年一整年的平稳运行，普惠科技公司拆分而成的普惠科技和普惠信息的发展貌似走向了正轨，但是等待在普惠科技前方的究竟是什么，或重归往日或夕阳西下，只有时间能够给出答案。

案例使用说明

1. 教学目标规划

(1)通过分析组织变革中的战略，明确制定人力资源规划的思路及步骤，思考制度制定过程中注意的问题；

(2)基于案例中普惠科技实行企业拆分重组的背景，系统分析公司的战略规划、制定和实施的背景，人力资源管理策略如何为其提供支撑，公司战略应如何与人力资源管理制度相匹配；

(3)学会在不同背景下设计人力资源管理制度以实现企业战略和目标。

2. 课堂讨论题

(1)普惠科技拆分过程中遇到了哪些问题?

(2)普惠科技公司的拆分为什么导致了裁员，裁员又造成哪些后果，有没有益处?

(3)人力资源管理者采取了哪些激励方式?这些激励方式起了何种效果?

(4)普惠科技是在什么情况下减少组织层级?

(5)普惠科技为什么取消绩效评分?

3. 启发思考题

(1)企业拆分、合并是什么?它们的主要不同点及各自的优缺点是什么?

(2)公司在战略变革前夕，需要考虑哪几方面的关键因素?

(3)人力资源管理在企业变革中扮演的角色是什么?

(4)在什么情况下要减少组织层级?

(5)绩效评分是什么?其作用有哪些?利弊包括什么?

(6)人力资源管理在组织调整改革期间发挥着什么作用?

参考文献

[1]林新奇，张可人．聚焦硬件制造及科技服务差异的目标管理——联想公司与惠普公司的案例比较．中国人力资源开发，2015，29(24)：68-74.

[2]刘海建，龙静，黄婷静．组织结构演化的效率与适应悖论．财经科学，2012，56(1)：56-65.

[3]张广科，陈芳，张行．组织与人力资源管理. 北京：高等教育出版社，2018.

[4]郑德鼎．惠普重组的 ERP 系统拆分．企业管理，2016，37(3)：103-105.

案例2 摸着石头过河：T公司人力资源管理模式的探索

【摘要】1998年，T公司正式成立。公司创业初期的主要业务是拓展无线网络寻呼系统。1999年，T公司推出即时通讯服务后，公司进入高速发展阶段，正式设立人力资源部门。随着公司在香港成功上市，原有职能式组织架构调整为事业部制，随之而来的是T公司人力资源管理模式的变革，舶来品人力资源三支柱模式在T公司成功实现了本土化应用。本案例详细描述了T公司人力资源管理模式的探索过程，并引发了在公司不同发展阶段组织架构调整的基础上，如何进行人力资源管理模式变革的思考。

1998年，T公司刚刚起步，创始团队仅有5人，员工也仅有10余人，T公司没有建立系统且明确的组织结构，也没有设置独立的人力资源部门。1999年，T公司即时通讯软件上线，公司踏上发展的快车道，T公司从组织长期发展方向、当前组织面对的实际情况出发，商定组织目前架构形态，即职能式组织架构，另设负责人力资源、内部审计、信息的职能部门，人力资源部的设立使T公司的人力资源管理走上正轨。2004年，公司成功在香港挂牌上市。2006年，T公司组织结构进行了新的调整，变革为事业部制。2010年，为更好地契合公司发展规划，推动公司更上一层楼，T公司开始了人力资源管理三支柱模式的探索，并在2014年，正式将舶来品SSC(共享服务中心)升级为SDC(共享交付中心)，进一步将人力资源服务产品化。

一、公司简介

20世纪90年代末，T公司正式成立，公司主要业务是经营无线网络寻呼系统，公司主要服务对象为中小型网络服务公司。随后，公司拓展业务范围，推出即时通讯服务，并且与无线寻呼、GSM短消息、IP电话网互联。短短几年的发展，T公司的及时通迅服务软件用户注册量增长迅速，总用户量创历史新高。2004年6月，T公司成功在香港上市，2008年，T公司被纳入香港恒生指数成分股。2009年，T公司年收入超过100亿元人民币。2013年，T公司市值突破1000亿美元。2017年，T公司进入《财富》世界500强。

截至2018年底，T公司共有员工45000人，其中42%的员工具备硕士研究生或以上学历，这支高素质的人才队伍，是企业的核心财富。目前公司的业务拓展到海外多地。近年来，公司业务保持高速增长，全年总收入达3126.94亿元(约455.61亿美元)，同比增长32%。经过20年的发展，T公司已经成为中国互联网增值服务提供商中的佼佼者。目前，T公司服务呈多元化发展，涉及社交、金融、娱乐、资讯等诸多细分领域。多年以来，T公司一直秉承“用户价值至上”的经营理念和“关心员工成长”的管理理念，努力通过互联网服务不断改善人类生活方式、提升生活品质，努力成为最受尊敬的互联网企业。经过多年的探索与发展，T公司整体组织结构框架为事业群制，共有6大事业群，如图1-1所示。

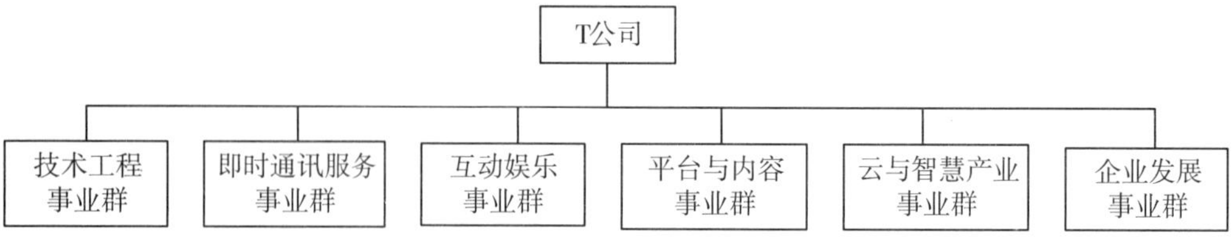

图 1-1 T 公司业务体系图

二、T 公司创业初期的人力资源管理模式

1998 年，T 公司刚刚起步，创始团队仅有 5 人，员工人数也只有十几人。由于员工人数较少，T 公司没有建立系统且明确的组织结构，也没有设置独立的人力资源部门。工资的核算和发放由财务人员负责，创始人团队则负责招兵买马，相关的员工考核则是由直接上级评定，员工工资大多是协商制，没有统一的标准。虽然没有独立的人力资源部门，但创始人团队却肩负起了人力资源管理这一重要职责，一人承担多个角色。在创业初期，这种人力资源管理模式给公司节约了不少成本。

1999 年，T 公司即时通讯软件上线，注册用户量激增，随之而来的是 T 公司对人力资源的大量需求。T 公司创始团队在进行招聘时却感到了力不从心，人力资源事务占据了创始人团队诸多精力，难以集中精力处理公司其他业务。这时，公司创始团队成员李总提出："公司要尽快成立专门的人力资源部门，必须在推进组织结构系统优化的同时进行组织结构的系统化设计，尽快明晰各个部门职责，这才能够保证公司的长远发展！"创始团队成员张总却说，"当下公司正值即时通讯软件拓展用户量的关键时期，更应该把精力放在公司业务上，等即时通讯软件在市场上站稳脚跟，再设立人力资源部门、优化组织结构也不迟啊！"

面对两位合伙人的争执，公司 CEO 马总也难以抉择，市场机遇往往转瞬即逝，不及时把握，只会追悔莫及！而从长远的角度看，混乱的组织结构只会是企业发展的绊脚石。经过一番慎重考虑后，马总决定，在公司发展的关键时期，必须要两手抓，既不能忽视即时通讯软件用户量的拓展，同时还必须优化组织结构、设立人力资源部门。马总决定由张总带领技术团队主攻用户量的拓展，而李总则负责公司内部人力资源部门的设立和组织结构的优化。虽然时间紧、任务难度大，但是马总一直坚信，全体员工一起努力，一定会经受住这次考验！

在接下来的一个月中，李总先是与马总共同商议，根据公司总体战略规划，对公司整体架构进行搭建，公司初期采用职能式组织结构，主要分为 M 线市场部门和 R 线研发部门，另设负责行政、人力资源、内部审计、信息的职能部门。职能式组织架构在 T 公司现有的组织规模下简单易行，能够发挥最优作用。与此同时，李总还组建了负责公司人力资源管理工作的团队，主要根据部门职责、员工岗位职责进行职位工作说明书的编写，根据公司整体发展规划制定人力资源战略规划，逐步开展招聘工作。人力资源部的设立使 T

公司的人力资源管理走上了正轨。

三、快车道上的组织变革

经过几年的发展，T 公司规模不断扩大，员工人数不断膨胀，公司业务已经从单一的即时通讯软件业务扩展到多个领域，2004 年，T 公司成功在香港上市，这也创造了互联网企业的历史。伴随公司上市，组织内部出现了新的需求，原有以职能为导向的组织架构不再适合公司目前的发展。公司发展过快，现有人才储备难以为组织提供源源不断的发展动力，员工流失率高于行业平均水平，员工队伍稳定性不足，员工缺乏归属感和认同感。T 公司第二次组织结构变革迫在眉睫。马总深陷困惑，公司发展正是需要人才支撑的时候，这可该如何是好？此时，人力资源总监王总找马总提议，“公司发展离不开优秀人才，人力资源是公司发展的第一要义，我们应该培养一支自己的人才队伍啊！”王总认为有必要建立公司内部人才培养平台，提供平台和资源让员工进行主动学习，挖掘有潜力的员工，为企业的明天培养人才。同时，王总还提议，公司应该尽快明确公司的价值观和发展愿景，形成书面文件，让员工知晓。马总仔细思考了王总的提议，与公司决策层进行了商讨，并就细节一一敲定，就这样，公司的 T-learning 课堂正式成立了。

T-learning 课堂一直努力成长为互联网行业企业大学的标杆。T-learning 课堂努力为员工的成长提供助力和支持，形成系统的培养体系，不断培养发掘企业核心人才；成为企业业务发展的伙伴，为项目提供独特解决方案，为产业提供增值服务。2006 年 T 公司借助 T-learning 课堂开始推出一系列员工培育项目，旨在不断培养并挖掘企业后备人才。为了更好地让企业文化以及价值观落地，李总建议在绩效管理中设定中渗透价值观的绩效考核指标，通过日常工作活动让员工产生对公司的强烈认同感和归属感。

马总在公司决策层会议中提出了想要变革组织结构的想法，将职能式组织结构转为事业部组织结构，按照公司业务板块细分业务板块，及时对市场上的契机进行快速识别；让权力下放，将高层领导从复杂繁重的行政事务中解放出来，将更多的精力放在决策上。虽然事业部制听起来好处多多，但公司决策层中的陈总却认为，“公司刚刚上市，正是拓展市场、稳定股价的关键时期，现在进行组织结构的变革会不会影响公司的业绩表现、员工的工作积极性？”随后，张总也提到事业部制组织架构的构建是困难多多，是否有合适的能够独立运作事业部的经理，各事业部独立核算，各种用途开支，各个事业部会不会各自为政，等等。

马总也陷入了深深的沉思，公司正在发展的快车道上，现在不变革，等公司壮大了，变革的阻力会越来越大。在众多质疑声中，这场变革还是轰轰烈烈地开始了。经过几个月的奋战，T 公司正式过渡为新的组织结构，共有 8 个业务板块，分别是企业发展板块、无线业务板块、互联网业务板块、互动娱乐业务板块、网络媒体业务板块、运营支持板块、平台研发板块、职能板块。

四、摸着石头过河

T公司的组织架构进行调整后，公司人力资源工作的开展遇到了重重难题。在板块组织架构下，人力资源工作难以开展，各板块彼此独立，人力资源管理模式的调整被提上日程。可现阶段大多数公司还是按照人力资源的六大模块开展工作，T公司人力资源管理模式到底应该何去何从？

原有的人力资源职能部门按照人力资源六大模块开展工作已经难以与现阶段公司的板块制组织架构相适应，人力资源管理急需变革。当时到底该何去何从让人力资源总监李总左右为难，不按照六大模块开展工作了，那么新的模式选什么？变革的阻力会不会太大，变革后的管理效果会是怎样？变革后的管理成本会不会增加，变革能否成功呢？会不会因为人力资源管理模式的改变而降低工作发展速度？

马总发现李总愁容满面，私下找到李总，通过聊天发现李总在人力资源管理模式变革上顾虑多多，变革步伐停滞不前。马总和李总说道："变革必然有风险，但我们不应该因为有风险就放弃变革，T公司发展与壮大每一次都是站在风口浪尖上，而且，人力资源管理模式变革是公司决策层集体决定的结果，你不要有太大的压力，就放手去做好了。"与马总进行深入交流后的李总下定了进行人力资源管理模式变革的决心，不再有后顾之忧，而是开始详细分析现有人力资源管理模式存在的弊端，通过分析T公司组织整体发展战略、公司现有组织结构以及未来发展规划，思考人力资源管理模式该何去何从。

几天后，人力资源总监李总有了新的思考。在市场竞争日益激烈、企业面临的内外部环境复杂加的背景下，T公司可以实行成长导向的人力资源战略，通过高投入促进增长。从选人、育人、用人、留人等方面入手，培育组织核心人才队伍以及候选人才力量。在公司战略与规划的落地中，人力资源工作十分重要，通过对人力资源价值的再次定位，确保人力资源在战略落地中发挥中流砥柱的作用。

公司人力资源工作视角立足于组织和人才两个层次，开发人力资源优势，培养公司骨干，提升核心员工竞争力；提升组织活力，人力资源战略与组织战略规划深度融合。人力资源战略为三支柱模式下的各个部门指明了方向和目标，通过整体目标到部门目标的分解，设计个人目标，让组织高层战略能够落地实行。

基于人力资源战略目标方向，在战略层面T公司可聚集人力资源管理三支柱的力量，并充分利用组织内各个维度优势共同推进项目进展。具体来说，COE（人力资源领域专家中心）立足于战略层面，致力于提升关键人才核心竞争力。通过与重点领域的骨干人才建立联系，将业务管理者与骨干人才联系起来，构建沟通桥梁，实现对项目的合力推进；HRBP（人力资源业务伙伴）从业务出发，在业务层面加强公司品牌形象，构成雇主品牌的核心吸引力，将更多的优秀人才招至麾下。在日常工作中，及时与业务部门沟通，掌握产品招聘需求，助力组织内各业务部门全力发展；SDC（共享服务中心）重点关注服务，优化内部客户满意的产品专案以及全景式的人力资源服务。

在了解了李总的人力资源管理模式设想后，公司高层的管理者有的表示赞同，认为这种人力资源管理模式能够帮助企业攀登新高峰，促进公司的高速发展。该模式能够将人力资源工作与公司业务进行紧密联系，人力资源可以给予业务部门强有力的支持，提供有针对性的辅导和满足业务需求的解决方案；该模式也可以将重复的事务性工作进行集中处理，更容易产生规模效应，降低单位成本；该模式实现了人力资源管理从职能到业务的转变，建立了以内部客户为导向的人力资源管理模式。与此同时，在变革过程中也有不少公司高层管理者提出了他们的质疑，HR 三支柱模式是舶来品，西方国家企业应用得多一些，在中国情境下是否会水土不服，该模式能否与 T 公司契合？该管理模式变革的成本是多少，原有人力资源部门员工是否具备转型后要求的技能，要不要裁员，还是招聘新员工？三支柱中的 HRBP 岗位职责怎样划分和明确，单独设立的 COE 和 HRBP 工作量是否不够饱满？

李总听了公司高层管理者的这些质疑后，又陷入了深深的沉思。李总深刻地意识到，人力资源管理模式的变革不是一朝一夕的事情，必须要立足当下，长远打算，人力资源管理模式的变革是牵一发而动全身，不能盲目激进。马总在听了李总的设想和公司其他高层的意见后表示，当下，T 公司正在高速发展阶段，对于那些不适应发展的模式要及时变革，虽然 HR 三支柱模式是舶来品，现阶段也很少有中国公司使用，但结合公司现有业务体系和组织架构，三支柱模式是目前我们公司的最佳选择，我们要做第一个吃螃蟹的人！

会议结束后，李总与各位公司高层进行了私下交流，更加深入了解公司各个板块对现阶段人力资源管理工作的看法以及对推行 HR 三支柱模式的意见，李总还深入员工内部，积极听取员工对现阶段人力资源工作的看法、有什么样的诉求以及对人力资源模式变革的意见和建议。在充分了解各方诉求后，李总进一步完善了人力资源管理模式变革的实施方案。

首先，必须要在公司内部自上而下地树立人力资源客户观念，理解 HR 三支柱的核心思想，即“人力资本”和“业务导向”。人力资源部门必须意识到并明确员工是当前人力资源管理工作的内部客户，要明晰不同内部客户的诉求，致力于为其提供明晰、细致的人力资源服务。将职能放在首位的人力资源管理架构，更加注重日常事务性、支持性的工作，而现代人力资源管理则是以价值为重点，主动挖掘、满足内部客户需求，努力创造价值。

然后，在变革前要着手构建人力资源管理三支柱模式。HRBP 人员不仅需要掌握业务知识，与相应业务进行衔接，又必须掌握基本的人力资源知识与技能，才能做好业务部门和人力资源管理工作之间的桥梁；COE 人员是拥有专业化的知识；SSC 人员则要提供高效且精准的服务。

最后在进行人力资源管理三支柱模式构建时，必须要充分确认的一点是，HRBP-COE-SSC 三支柱模式是一个系统的、信息化和集成化的系统。三个支柱分工明确、责权清晰，但并不代表它们是孤立的，而是双向互动并不断进行反馈的。HRBP-COE-SSC 三支柱模式具体关系如图 1-2 所示。

T 公司人力资源三支柱从不同层次共同推进组织战略实现并支撑组织各项业务。这种高投入的人力资源管理模式，能够为组织内各个部门以及项目搭配高度匹配的人才，从而为组织发展以及企业战略实现打下良好基础。在经过一系列充分的准备后，T 公司的人力资源管理模式正式拉开了实施的序幕。2010 年 3 月，T 公司官方正式提出人力资源领域专家中心 COE、共享服务中心 SDC、人力资源业务伙伴 HRBP 的 HR 三支柱概念模型。

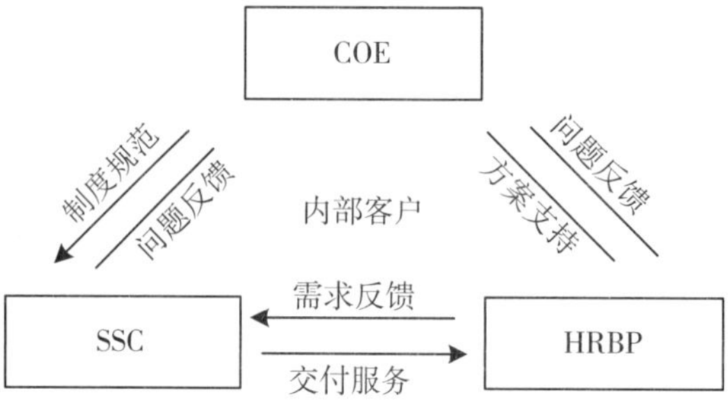

图 1-2　HRBP-COE-SSC 三支柱模式关系图

五、舶来品的本土化

市场竞争加剧，组内外环境瞬息万变，互联网公司如何生存并赢得自己的一席之地成为必须要思考的问题。T 公司用“大公司平台、小公司精神”完美诠释了互联网企业的成长之路。“大公司平台”是指公司利用目前打造的网络平台、创新平台、技术平台、社交平台进行信息收集和资源共享，借用技术优势、平台优势在行业内外扩大影响力；“小公司精神”则是要始终保持创业初心、坚守创业理念，组织结构轻量化，对市场以及客户需求快速响应，始终坚持用户价值至上。

经过几年的发展，T 公司的人力资源管理三支柱模式已经逐步完善并与企业战略、公司文化相匹配，为 T 公司的发展添砖加瓦。T 公司认为，传统的 SSC 是一个舶来品，是当时大环境的产物。但实际上，公司目前的发展环境早已发生剧变，在“互联网+”时代，行业竞争日益激烈，用户个性化增强，这些挑战都对组织提出了完全不同的要求。目前企业该如何应对日新月异的环境？人力资源管理模式应该如何升级？基于对这些问题的思考，T 公司开启了 SDC(共享交付中心)的探索之路。

时代的变化与组织对人力资源管理的需求的变化催生了 SDC(共享交付中心)的转型。SDC 需要满足内部客户的需求，为组织以及员工提供系统、稳定、值得信赖的人力资源服务交付平台。SDC 的升级将趋于主动响应，原来被动滞后的事务性工作升级为主动响应的 SSC，与 COE、HRBP 深度互联互通、深度探索并积极响应公司业务部门需求、员工等内部用户需求并快速交付产品方案，紧跟需求。对于 SDC 的未来发展，T 公司对组织架构进行了重新探索与思考，并产生了全新的设计思路，建立匹配的组织结构体现交付链条的产出；对 SDC 进行属性的重新定义，从用户属性、产品属性等方面入手进行优化；搭建科学合理的全新模式实现超预期的快速交付；利用全新的工具提升交付的速度，利用先进技术和手段提升便利程度，持续提升运作能力并辅助决策工作；培育员工全新能力，SDC 员工不仅要具备基本的人力资源管理知识，还要逐步不断优化知识结构，掌握人力资源管理交付相关的工作知识和技能。

2014 年，T 公司正式将 SSC(共享服务中心)全面升级为 SDC(共享交付中心)，进一步将人力资源服务产品化。T 公司在成长历程中从未停止对新的组织架构与人力资源管理模式的探索，在变革过程中，争议与质疑亦从未停止。但 T 公司没有停止变革的脚步，面对竞争激烈的市场环境，只有不断革新，才能应对那些突如其来的挑战。在新一轮的组织架构调整后，T 公司人力资源管理模式是否需要调整，如何进行变革，变革中又会出现哪些问题，变革能否成功，这些未知数只有时间知道答案。

案例使用说明

1. 教学目标规划

(1)熟悉企业人力资源管理模式知识，学会分析人力资源管理模式如何与企业战略、组织结构相协调；

(2)企业人力资源管理模式的转换会带来哪些影响，这一过程中会出现哪些问题，应该如何解决？

(3)立足于企业人力资源管理模式，思考企业进行变革的原因以及组织是如何响应外部环境的。

2. 课堂讨论题

(1)T 公司进行人力资源管理模式变革的理由和依据是什么？

(2)T 公司是怎样进行人力资源管理模式变革的，依据有哪些？如何根据企业战略规划进行人力资源管理模式的变革？

(3)在实践中，HR 三支柱模式优势以及不足是什么？如何弥补这些不足？

(4)如果你是公司管理者，2018 年 T 公司新一轮组织架构调整后，你将会对人力资源管理模式做出哪些调整？

3. 启发思考题

(1)人力资源管理模式的变革将会给企业带来哪些挑战和影响？

(2)HR 三支柱模式有哪些特点，与人力资源管理的模块有什么不同？

(3)舶来品 HR 三支柱模式怎样在中国情境下与公司相匹配？

(4)企业在引入 HR 三支柱模式前应注意一些什么问题？

(5)HR 三支柱模式是否适用于所有公司？哪些类型的公司更适合？

参考文献

[1]陈全明，张广科，陈芳．人力资源管理概论．北京：清华大学出版社，2015.

[2]刁婧文，张正堂．企业构建人力资源共享服务中心的关键要素——COST 模型．中国人力资源开发，2016，30(12)：26-33，39.

[3]黄攸立，荣闪闪，刘志迎．战略人力资源管理与组织战略、企业文化的内外部契合——以腾讯 COE 为例．中国人力资源开发，2018，35(2)：72-80.

[4]易湖停，刘翔宇．HR 三支柱创新型人力资源管理模式：案例探索与落地建议．领导科学，2019，35(20)：91-94.

第二章　组织与组织管理

本章知识要点

一、组织管理的内涵

组织管理就是通过建立组织机构，规定职务或职位，明确责权关系，以使组织中的成员互相协作配合、共同劳动，有效实现组织目标的过程。

1. 组织管理的对象

组织管理的对象主要包括组织结构、战略目标、工作流程、组织人员这 4 个方面。战略目标是对组织战略活动预期取得的主要成果的期望值，战略目标的设定同时也是组织使命的展开和具体化，也是组织在既定的领域中展开活动所要达到的水平的具体规定。组织结构是指为了实现组织的目标，在组织理论指导下，经过组织设计形成的组织内部各个部门、各个层次之间固定的排列方式。组织流程是指为完成某一目标或任务而进行的一系列逻辑相关活动的有序的集合。不同的组织有不同的内部组织架构，也就有不同的组织活动流程，并且两者之间应当相匹配。组织的人员管理实质是组织的人力资源管理，人力资源管理是企业日常管理中最系统、矛盾最集中、技术要求最高的系统，关乎整个组织是否有效运行。

2. 组织管理的原则

组织是社会活动的主体，组织运营的高效与否直接关系到社会活动质量的高低，关系到是否能达到最大的组织效益。有效的组织管理应当遵循以下 8 项原则：(1) 目标一致原则；(2) 命令统一原则；(3) 集权与分权相结合原则；(4) 管理幅度与管理层次相适应原则；(5) 权责一致原则；(6) 精简高效原则；(7) 动态适应原则；(8) 均衡协调原则。

3. 组织管理的工具

管理是一门科学，又是一门艺术。一名优秀的组织管理者必须具备深厚的管理理论基础和丰富的管理经验，同时还能够熟练地、灵活有效地运用各种组织管理的工具。选择合适的组织管理工具对于实现组织运行的稳定性、规范性并获得较高的效率可以起到明显的推动作用。常用的管理工具有目标管理法、平衡计分卡、标杆管理、客户关系管理、六西格玛、eHR 等。

二、组织结构

1. 组织结构的内涵

组织结构是企业为了能够实现企业所制定的战略目标，合理安排全体员工在组织各项工作中进行分工协作，在职务范围、责任、权力方面所形成的结构体系，具有复杂性、规范性、集权与分权性等特征。

2. 组织结构分类

根据组织的类型、部门组合形式以及工作内容、职能的不同，产生了不同的组织结构。理论上每一个组织都是独一无二的，那么其相对应的组织结构也应该是各不相同的。组织结构大致上可以分为直线制、直线职能制、事业部制、项目型矩阵制、子公司制、网络制这 6 种形式。

3. 组织结构设计的原则

在很大程度上，组织结构会直接影响组织战略的确定，影响组织未来的发展方向，组织结构设计是否合理关系到组织能否有效开展工作。因此，企业要建立一个完善的、系统的、科学合理的组织系统，在组织建立之初的结构设计以及组织不同发展阶段的组织结构变革都必须遵循有效性原则、服从战略原则、适应环境原则、有效控制原则、经济性原则。

三、组织战略与组织管理的关系

管理中组织战略应包括 5 个基本要素：战略远景、目标与目的、资源、业务和组织。组织战略与组织管理的关系相辅相成，两者之间也互相影响。

1. 组织战略是组织管理的方向标

组织的战略是整个组织行动的方向，战略的层层分解，落实到了组织的部门目标和个人目标。

2. 组织战略是组织结构设计的基础

组织的结构就是一种决策权的划分体系以及各部门的分工协作体系，组织结构需要根据组织战略，把组织管理要素配置在一定的方位上，确定其活动条件，规定其活动范围，形成相对稳定的科学的管理体系。

3. 组织战略是组织人员选拔的依据

人员选拔包括人员招聘与晋升，人员选拔工作关系到组织未来任务的执行情况。每一个企业的人员选拔标准都不一样，甚至是同一类型的企业的人员选拔标准也不尽相同，因为每一个企业的战略定位都不一样。

四、流程型组织

流程型组织是实施流程管理的重要基础以及主要载体。在分析、比较、研究流程型组织的特点、内容的基础上，流程型组织可以定义为以系统、整合理论为指导，为了提高对顾客需求的反应速度与效率，降低对顾客的产品或服务供应成本，建立的以业务流程为中心的组织。

五、组织变革管理

组织变革是指组织根据内外环境变化，及时对组织中的要素（如组织的管理理念、工作方式、组织结构、人员配备、组织文化及技术等）进行调整、改进和革新的过程。变革原因主要有环境变化和内部变化。企业内部条件的变化主要包括：（1）技术条件的变化，如企业实行技术改造以及技术、生产、营销等部门的调整；（2）人员条件的变化，如人员结构和人员素质的提高等；（3）管理条件的变化，如各管理单元实行优化重组等。组织结构需要变革的征兆有：（1）企业经营业绩的下降；（2）企业生产经营缺乏创新；（3）组织机构本身病症的显露；（4）职工士气低落，不满情绪增加。

六、组织变革的流程

战略变革是指企业为获得可持续的行业竞争优势，结合外部环境，根据企业自身状况，对企业的战略内容进行调整，并配合组织变革、人事调整、业务重组等一系列措施的系统化过程。五阶段理论将变革划分为发展阶段、稳定阶段、适应阶段、斗争阶段和革命阶段这五个阶段。绩效驱动理论认为绩效低于预期绩效的组织更有可能参与组织变革。战略变革的实施一般包括：分析当前的形势、分析环境因素、变革战略的选择和监控实施过程。战略变革的主要方式有调整企业的管理理念、将企业战略重新进行定位、重新设计企业的组织结构等。

案例1 小叶的苦恼：变还是不变?

【摘要】为了增强企业竞争力，组织变革成为我国众多家族企业发展中不得不面对的问题。但是组织变革并不会一帆风顺，对家族企业而言更是如此。本教学案例以典型的家族企业——Y公司的组织变革历程为背景，从小叶接受全新的管理思想教育代替旧式管理思想的父亲管理公司，两者之间产生的管理思想碰撞来阐述Y公司组织变革的起因、经过和结果，说明组织变革背后所体现的组织结构、企业文化、管理理念、绩效管理、薪酬制度等的变化以及变革过程中的阻力。最后思考：面对公司中的变革困难，小叶还要继续对公司进行变革吗?

老叶白手起家，在他的正确带领下，公司逐渐从一个不知名小公司发展为业界新星。在这一过程中，他秉持“家文化”的理念，认为一团和气才能生财有道，因此公司组织结构设立和运营都围绕“家文化”。但是，随着公司做大做强，一团和气的管理方式使企业在日益激烈的竞争中后劲不足，弊端日渐暴露。与此同时，小叶，作为一个接受了现代企业管理教育以及具有新兴管理思想的年轻人，认为公司要想做大做强，成为行业泰斗，必须采用科学化、制度化、规范化的管理方式和新的技术手段，强化分权，实现组织扁平化，提升组织的弹性，因此在上任之后大刀阔斧地进行改革。然而，结果并非如小叶所愿，反而引发了诸多问题，影响了组织的发展。一方是规范管理，强化竞争的组织模式，一方是老叶及老员工的频频施压要求回归原有模式、强化集权和监管。公司的人力资源改革该何去何从，小叶再次陷入了深思。

一、公司简介

Y公司是一家从事精密轴类产品的金属业公司，本身集自主研发、精益生产和市场营销三种功能于一体，主营微型电机轴、高速精密滚动轴承、汽车马达电机轴等。公司创立于1983年，在创始人老叶的英明领导、家人和老员工的努力奋斗下，顺应产品市场发展，实现了从一个固定资产不超过30万元，员工20人左右，人均学历普遍偏低的小作坊，发展成为一个年销售额过亿元的大企业。

1980年，由于录音机的兴起，国家在大连、宁波两个城市设置精密轴专业生产车间并开始国产化生产。这时Y公司只是一个机械加工厂，为宁波精密轴厂生产一些配套的零部件，尚未真正进入精密轴行业。20世纪80年代中期，在宁波很多民营企业依靠原先从宁波精密轴转移出来的技术、经验和客户，迅速发展起来。Y公司的老叶也不例外。凭借着先前积累的生产技术和经验、客户等，老叶凭借强大的领导魄力和过人胆识，抓住机遇，顺势而起，Y公司在这个阶段迅速发展壮大。

近年来，中国汽车行业的井喷，带动全球汽车行业的大发展，而汽车零部件行业随之进入发展黄金期。随着汽车智能化、自动化的发展趋势，对电机的需求开始供不应求，而电机的生产离不开精密轴，因此精密轴行业也随之兴旺蓬勃。Y 公司趁势发展，时至今日，公司现有职工 1258 人，产品种类繁多，主要研发生产家电用微型电机轴、油泵轴、马达轴等一系列精密零部件，规模扩大，逐渐成为一家大型民营企业。

二、一团和气有助生财

老叶认为，Y 公司的迅速崛起，究其原因，与其说是巧借外部市场的这阵“东风”趁势而起，不如说是他引以为豪的“家文化”以及家族式管理模式下结出的硕果。

1. 高度集权，任人唯亲

公司创立伊始，由于产品单一，所以部门的设置出于公司实际运营的需要，往往需要什么职能，就设置什么部门、什么科室。因此各个部门内部存在重叠职能，比如销售部和生产部都有采购部门和科室，负责采购事宜。在用人上，老叶觉得只有自己人才会尽全力工作，也只有自己人才不会出卖公司。因此，像出纳会计这种重要的岗位，由其夫人孙女士亲自担任。销售人员因涉及回款，也大多是老叶的亲戚和朋友担任。同时，公司上下都向老叶一人汇报，老叶个人全权管理公司，决定公司的业务发展。此时公司的组织结构是典型的直线式结构，总经理直接管辖各部门。

2. 亲自传授，统一标准

在经营精密轴厂时，从市场接单、产品设计、物料采购、轴件生产、销售等各个环节，老叶都亲自参与，并深悉各个过程。可以说，Y 公司能够成立，完全依赖于老叶个人积累的技术和经验。在小作坊时代，老叶经常亲自教工人技术，或现场指导，或私下答疑。随着公司的发展壮大，老叶精力有限，无法逐一跟进，就将各个流程的具体操作要点和详细的标准要求整理成册，以备员工自行查阅学习。例如，对于销售部的员工，老叶将自己的销售经历总结提炼出一套销售标准，要求销售部人员按照标准执行，生产领域更是如此。因此，对于人员的考核，主要是评估其是否按照老叶制定的标准步骤执行。只有完全参照老叶制定的步骤和标准做事，才算是合格的员工。

3. 利益均分，讲求共享

公司在薪酬福利方面，不讲究员工贡献大小，实行一岗一薪制。组织内的员工根据所在岗位价值获取自己的劳动报酬，而非为公司创造的经济价值。一般员工的薪酬等于市场平均水平，部长或科长层级(一般都是老叶的亲朋好友)的会相对高一点。老叶为了提升员工的积极性和凝聚力，强调整个企业是个大家族，人人都是这个家族的一员，为了强调“有福同享，有难同当”的家人理念，在创立伊始就宣布公司当年的年度净利润的 20%作为年终奖，供企业内员工均分。

4. 上下一致，和气生财

一方面，老叶凭借着独有的技术知识，对公司有绝对的决策权。另一方面，企业的其他员工，尤其是关键岗位上多为老叶的亲戚朋友，能够紧跟老叶发家致富，都极其配合。加之，老叶在公司的各个领域都强化“家文化”的企业精神，因此整个公司围绕着老叶，上下团结一致，整个企业表面上处于零冲突的局面。

在公司发展初期，企业规模小，老叶个人决策，能对市场反应迅速，因此这个模式使得 Y 企业能够以高质量、高效率、反应快的特点，游刃有余，迅速崛起。加之，Y 公司凭借着低成本策略，在成本上碾压竞争对手，有极大的优势，市场份额持续走高，逐渐在精密轴市场上声名鹊起。老叶坚信，“家文化”的管理方式是正确的，因此把它作为企业文化的核心，不断强化。

三、“家文化”是一把双刃剑

2014 年底，老叶因为多年操劳，身体每况愈下，不得不提前退休，让小叶接手。小叶出身于国内某 211 高校的企业管理专业，学习了大量西方管理学的先进理念，理论知识扎实，又随着导师接触了许多企业经营的案例，对于公司的经营颇有信心。与实干派的老叶不同，理论派出身的小叶一直觉得老叶的家文化理念已然过时，无法支撑企业的快速发展。加之，小叶在 2012 年进入销售部，近 2 年的历练，让小叶深觉公司表面平静，实则暗流涌动，问题重重。

1. 因人设岗，职责不明

小叶发现，公司最大的问题是整个组织因人设岗，导致职责不明。Y 公司内部员工多为家族的亲戚朋友，老叶往往根据人的能力或品质给这些员工直接指派工作。有些员工由于能力强，深受老叶器重，身兼多职是常有的事。除了一线生产工每天固定进行流水线作业外，其他员工都等待着老叶发号施令。部门领导多为老叶培养和提拔，作风做法全然一致。因此，可能一个部门中的每个人，拿着同样的薪酬，却干着不同的事。当公司发展到中等规模时，在某咨询公司的协助下，增设了三位副总经理，帮助老叶分担部分工作，因此整个组织结构变成了直线职能制。但对每个岗位的具体职责，依旧没有细分。

变革后的管理幅度得到些许改善，但权责不明的问题依旧存在，主要表现在：一是老叶常常绕过副总，直接联系主管，甚至是跨过主管，直接指挥部门工作，这就导致了员工都唯老叶马首是瞻，副总和部门主管在员工面前威望受损；二是老叶的亲戚们，总是以“皇亲国戚”的身份，以关心事业为名，不断越级汇报，主管上级无可奈何，许多任务也无法有效分配执行；三是部门领导之间的越权管理，比如技术部的部长直接命令采购部的专员小刘去采购一批物资，小刘觉得技术部的部长是上级，只能听从，最终导致采购部的采购支出远超预算。

2. 强调集权，组织固化

变革后组织结构，在老叶下面设立三位副总经理，副总由老叶亲自任命、直接管辖。负责技术部、设备部和质量部的张副总，是从以前生产部中的技术科科长提拔上来的，由于以前同设备部长和质量部长都是平级的，因此基本管理主要还是以技术部为主。负责生产部和后勤部的孙副总，是由原先的生产部长提拔上来的，除了资历比较老外，他还是老叶的小舅子，因此深受老叶信任。负责销售部、采购部和财务部的，原先由老叶的孙夫人担任，后由小叶接班。

虽然增加三位副总，但实质上主要的权利还是集中在老叶手中。三位副总更多地是负责将老叶的决策按照标准执行。在这样的组织结构下，整个组织的权利集中在老叶手中，命令统一，单向传输，组织稳定、运转高效的同时，也极度缺乏弹性。

3. 利益均分，缺乏激励

老叶秉承“一家人要有福同享，有难同当”的理念，在会上屡次强调“只要你是 Y 企业的员工，你就是我们的家人，就能得到 Y 企业的分红”，因此整个企业的利益都是均分的。

近几年，Y 公司的发展迅猛，每年净利润增长额颇为惊人，每个员工都能在年底获得超高的年终奖，使得其他企业的员工分外眼红。但是小叶发现，虽然销售部门的员工年底分红都不低，但员工积极性和所得分红却不成正比。大多数员工只是按部就班地完成上级的安排，达标即止，绝不多干。小叶在销售部两年，他深知销售部的每个员工都还有大量的潜力，每个人的销售额还有大幅提升的空间，但没有一个人去尽力达到极值。究其原因，小叶想起来他在办公室经常听得到销售部的员工私底下的抱怨：“我们出去累死累活跑业务，人家后勤部的在办公室吹着空调，到年底还不是拿差不多的钱。那我们何必啊，做好本分即可，何乐而不为呢?”

4. 思维同化，人才无力

在公司内部，现在大部分重要的管理岗位均由家族里的叔伯所担任，一方面是老叶坚信自己人才会忠诚，另一方面也解决了家族内亲朋好友的就业问题。如此安排也算作各取所需，更从侧面凸显老叶在家族中“大哥”的形象。在这一模式下，公司虽然发展了起来，但是小叶发现，公司在决策时，大家的思维是类似的。比如，小叶进入销售部一年后，在制定销售目标的讨论会上，小叶觉得要制定一个更有挑战性、更有难度的目标，让员工“跳一跳摘桃子”，但是其他成员都偏向于老叶的“稳增长”的保守型策略。去年年末，小叶认为有必要划拨一部分资金，自主进行 DT 型汽车轴的研发，以抢占先机。但老叶认为，自主研发耗资大，风险大，效益未必好，还不如在别人研发出来的基础上改良，这样可以缩减大量前期投入成本，成功率较高。其他的部门负责人也纷纷附和了老叶的意见，小叶深感无奈。

更为严重的事实是，公司里有许多新进员工，其中不乏高校毕业的专业人才，但空有能力却无力发挥。比如销售部的新晋员工，他们会提出许多新的销售方案，不乏优秀的创意，但往往都会由于“过于冒进”“风险较大”“做法不现实”等理由而被部门领导直接否决。因此，外部人才的才能在公司内部完全没有发挥的地方，着实可惜。

自小叶进入公司，越发觉得公司内部的态势不能够满足现阶段企业的发展。尤其是近几年，随着微型精密轴市场的逐渐饱和，客户技术要求不断下降，微型精密轴市场发展频频受阻。但是，精密轴市场的迅猛发展，使从事精密轴生产制造的企业，如雨后春笋般拔地而起，竞争对手徒然增多，增长阻力加大。反观最大的竞争对手 Z 精密轴公司在 2011 年完成了股份制改造，管理层持有大量股份并把公司的经营权和管理权牢牢地掌握在自己手中，但最大限度地激发员工的工作热情，使公司劲头十足，重新迸发活力。

如果说上述问题使小叶开始犹豫着是否要进行改革，那么 K 项目事件就是这场改革的导火索。上个月，B 公司的 K 平台项目正在招标。作为行业佼佼者的 Y 公司自然是势在必得的架势，踊跃参与竞争。但是让小叶感到无语的是，在项目前期，技术部就根据 B 公司的图纸提出许多问题，多次表示技术难度太大。在技术会谈会上，其他客户都没有技术问题，而 Y 公司的技术代表却频频发问，使得 B 公司的技术部质疑 Y 公司的技术水平。

最后，还是老叶出面，并报出比竞争对手低很多的价格，才勉强中标。但是，这仅仅才是个开始。

在样品制作阶段，技术部把工艺图纸和材料发给生产部后，就认为完成任务；而生产部表示根据图纸无法做出成品，要求技术部重新设计。技术部的员工认为做不出来是生产部自己的问题，不是技术问题，把问题发回生产部了。生产部的部长为了避免与技术部冲突，怕闹到高层后不好看，就勉强把样品做出来，匆匆交给B公司。B公司测量后发现这个样品明显无法达标，投诉到了品质管理部。此时，品质管理部这才发现样品已经发给客户，于是迅速向客户澄清，说该样品不是品质管理部发的，与品质管理部无关，既然是售后就要找销售部。销售部部长小王找到了技术部，技术部表示他们的职责已经做完，其余的他们管不了，有异议就找总经理。小王如一只皮球在技术部、销售部和生产部之间来回转，最终不得不背锅，也导致了自己当月绩效深受影响。结果，K项目未能如约完成，还让Y公司的口碑大打折扣，小王自己作为外来人，在家族企业中没什么地位，只有背锅的份，成为该事件的替罪羊，黯然离开公司。K项目的失败，得力助手的离去，让小叶当机立断，决心改革。

四、新官上任“三把火”

小叶在大学期间阅读了许多国外大型家族企业的书籍，体会最深的是，西方的家族企业，都是经营到一定程度才真正采取企业所有权和经营权分离的形式，雇用职业经理人，并将权力下放，公司运转实现专业化。反观中国企业，大多数民营企业是家族企业，创始人把持着企业的经营权，关键岗位上大多由创始人的亲信担任，这是中国家族企业的常态。当公司发展到一定程度的时候，这些老一辈的叔叔伯伯可能无法跟上市场的变化，而外部人才在纷繁复杂的家族关系网中又无法充分发挥作用，这也就是中国民营企业短寿的主要原因。

小叶觉得，Y公司目前也存在这样的问题。中层管理者过多，副总经理也好，各部门部长也好，基本上是家族的亲戚和父亲的朋友，这些叔伯到了一定的年纪，就是循规蹈矩地把事情干完，不求有功，但求无过，早已没有年轻人的激情了。加之，市场的迅速变化，需要技术革新，也需要营销思维创新，但这些叔叔伯伯，如拧在机器上多年的轴件，只会按照原有轨迹转动，很难改变。同时，公司在发展壮大过程中吸收了很多大学毕业的年轻人才，这些人有专业能力，有激情，有干劲，却没有用武之地。更为重要的是，随着汽车行业的大热，汽车轴的需求迅速提升，竞争对手日益增多，今时不同往日，公司不得不加大马力，全力发展。思虑至此，小叶觉得，目前作为部门领导的叔叔伯伯虽无太大的实权，但作为部门领导，或多或少会制约基层年轻员工的发展。因此，要先把老一辈占据的重要岗位空出来，换年轻有为者担任，辞旧迎新才是当务之急。

小叶深知要把关键岗位空出来，必然伤及旧部的利益。但迫于当前形势，为了公司的生存和发展，不得不做了。于是小叶决定仿效宋太祖的“杯酒释兵权”，以腾出管理职位。在年会上，小叶精心筹办了盛大的晚宴，在晚宴上，小叶真挚地感激每一位叔伯对Y公司的付出，并提出为回馈老一辈的付出，要让他们颐养天年，只要叔叔伯伯主动卸下职务，公司给予他们每年一定额度的分红，也欢迎这些资深员工的子女进入公司，成为新一代Y代表。由于老一辈的员工本意在于金钱，所以对这种“不劳而获”的政策，颇为倾心，纷纷辞去职务，回家养老。

“杯酒释兵权”之后的小叶，除了加大招聘力度，引入更多专业出身、具有较高学历和素养的年轻员工外，还与咨询公司合作，开始轰轰烈烈的改革。改革主要涉及以下方面：

1. 组织扁平，明晰权责

第一，将公司原有组织结构改革，压缩层级，去除一些中间层级，尤其是撤销老叶出于人情照顾，安排的副部长和名目繁多的主管，缩短公司高层和基层员工的距离。财务部和办公室由小叶直接管辖，技术部、设备部、质量部和市场部由一位副总管理，生产部、计划采购部和后勤部再设一位副总管理，最终公司整体形成四级管理“总经理—副总—部长—职员”。

在具体部门的结构设置上，市场部、技术部、质量部形成项目小组制，生产部根据产品形成小型事业部制。在选人上，副总采取任期制，挑选各部门中的技术骨干担任，各级部长也以绩效为选拔标准，能者上。

2. 目标管理，结果导向

老叶时期，企业不设具体的战略目标，只有模糊的框架，而且之前的订单大多来源于稳定的老客户。如今形势变了，市场竞争日益激烈，不得不主动抢占市场份额。在组织结构进行调整之后，小叶觉得是时候引入目标管理了。为此，小叶成立战略委员会，挑选各部门主要负责人和技术骨干参与，共同商讨制定公司本年度和未来三年的战略目标。

目标管理是一套从上到下的管理模式，对于Y公司而言是一种创新，因此小叶在战略目标确定后，分别与各部门主管进行沟通确定部门的绩效目标，另一方面也通过这一过程，使主管们了解如何进行目标管理，确定下一级的绩效目标。

3. 绩效挂钩，增强激励

老叶时期，虽然进行绩效考核，不过大多延续小作坊时代的出勤率和工作态度等定性指标为主，并且由各部门主管单独一人负责评估，绩效优秀者每月可获得300元奖金。但是，老叶时代的绩效考核缺乏定量指标和全面的考评，所以没有发挥绩效对员工的导向和激励作用，反而使下属人员将工作重点放在与领导交往上，而非认真工作。

而此时，随着目标管理的执行，绩效管理有了导向和根基。小叶与各部门主管一起研究出新的绩效考核制度，围绕着战略目标设定各个考核指标和标准。还有，小叶觉得过去由主管一个人考核，过于片面，因此，在新颁布的绩效管理制度中，采取了360°考核法，以此增加考核的公平性和客观性。

小叶深知绩效考核结果最重要的是应用，因此他制定了新的薪酬方案：高管，即副总以上的，实行年薪制度，平时发放30%，年度考核通过后发放40%，余下30%至任期届满考核通过后发放。生产部、品质管理部等不同岗位均采取岗位薪点制，但是根据岗位价值不同，充分将岗位价值和市场行情相结合。至关重要的是，市场销售部薪酬结构全面调整为绩效工资制，其中基本薪酬和绩效薪酬的比例扩大为3∶7，最大程度激励员工挖掘市场资源，为公司带来可观的效益。

4. 鼓励冲突，强化竞争

小叶认为，之前的企业文化过于强调“和谐”，不利于现阶段公司的迅速发展。企业发展需要有些合理的、建设性冲突和竞争，只有将企业的内在问题揭露出来，才能真正促进 Y 公司向龙头企业发展，因此小叶致力于打造一种“敢于竞争”“敢于质疑”“不怕冲突”的企业文化。一方面，小叶在会上，多次强调各个部门内要有竞争意识，设置相关奖项，如“效率最优小组”“最佳销售员”等，鼓励市场部、技术部、质量部的各个项目小组制，互相比较；生产部的各个产品也进行比较，如成本控制，产品合格率等。另一方面，鼓励各个部门，公司内各个员工互相监督，发现彼此不足，并设置建言奖、监督奖等奖项，希望借此鼓励员工敢于提出问题、敢于质疑，促进企业决策的科学性。

5. 引入 ERP，强化培训

ERP 全称为企业资源计划。该系统集生产资源计划、制造、财务、销售、采购等基础功能于一身外，还有质量管理、业务流程管理、存销货与运输管理、人力资源管理等功能，利于信息管理，许多大型制造企业都发展了自己的 ERP 系统。

考虑到 Y 公司作为制造型企业，小叶觉得很有必要引入 ERP 管理系统，以进一步规范公司的信息管理，提升管理水平和组织效率。于是 2015 年 11 月，公司花费重金购买 ERP 管理系统，并强调从 2016 年 1 月 1 日开始，公司内部所有管理指令通过 ERP 系统传递，要求各级管理人员能熟练运用该系统。由于考虑公司尚且存在部分老一辈的资深员工，因此公司聘请 ERP 培训专家对公司的中层管理人员、技术人员、采购人员、项目经理等进行为期 3 天的专业培训。

五、变革频频遇阻力

小叶觉得自己接受过专业的管理训练，这些改革举措一定能使公司迈上一个新台阶，打开一个新的局面。确实，在进行组织结构变革之后，公司员工的工作质量水平明显提高，年轻的队伍积极性高，干劲十足。最为显著的是销售部和市场部的员工，他们每天能积极主动开展工作，一改以往懒散怠慢、得过且过的做事风格。在组织结构变革的一个季度后，Y 公司的销售业绩有了大幅度的提升。但是，随着改革的进一步深化，一些新的问题也渐渐浮出了水面。

1. 项目良莠不齐，组织利益受损

项目小组制增加成员的灵活性，而业绩与薪酬挂钩激发员工的动力。因此，市场部的成员拼命接单，技术部的成员全力配合，生产部员工马不停蹄生产，销售部员工努力销售。起初，小叶觉得这是好事，是组织改革后结出的硕果。但是，好景不长，在 3 个季度销售额突增后，销售额有了下降的趋势，客户投诉率日渐增多，甚至有老客户直接投诉到老叶那里。老叶病愈回到公司后，针对接收到的投诉问题展开调查，发现改革后存在以下问题：市场部的员工为追求项目数量，无论好坏，订单全收，丝毫没有遵循客户前期调查的程序要求，导致许多订单完成后收不到回款；生产部为提升效率，跟上销售的步伐，没有严格遵守精密轴的工艺流程；品质保障部的薪酬与公司效益挂钩后，也偷偷放松品质检查的要求。于是，许多尚不达标的零部件，递交到了客户手中。至于结果，便是 Y 公司的口碑日益下降。

2. 绩效管理扭曲，薪酬激励无效

小叶从现代管理思想出发，着手建立属于公司自身的绩效管理体系，目的在于通过组织内采取绩效管理，规范公司的操作，提升企业整体绩效，调动员工积极性。但是，原本"百利无害"的绩效管理，在执行过程中也问题重重。

一是激发了老员工的不满。绩效薪酬挂钩，使一部分老员工的利益受到损害。虽然"杯酒释兵权"释放了一部分占据关键管理岗位的老员工，但是在公司内部还存在许多伴随公司发展的资深老员工。小叶的改革强调竞争，与这些喜欢论资排辈的老员工追求安稳的状态背道而驰，因此怨念纷纷。最重要的是，小叶的改革措施，让许多年轻人拿到了比老员工更高的薪酬。

二是绩效目标设置扭曲。虽然小叶深悉目标管理的理念，通过对战略目标的层层分析，在此基础上与各部门领导共同商定接下来的绩效考核目标。但是，在绩效目标在中基层的执行过程中，各级领导为了自己的绩效考核目标能够达标，不断地提高原定的目标。

三是业务部门对人力资源部门工作的不配合。小叶带领着人力资源部门，编制了绩效管理制度，明晰了各方权责。但是，各部门管理者却认为这是人力资源部给他们没事找事，徒然增加他们的工作负担，因此态度敷衍。同时，考虑到绩效结果与他们自身利益相关，因此在打分过程中出现宽松化倾向，绩效考核政治问题也普遍存在，导致结果进一步扭曲。

四是绩效结果的扭曲，严重影响了薪酬制度。人力资源部门多次向小叶反映，各部门的领导的绩效考核没有差距化，有些部门不管员工做得怎么样，所有员工都在 90 分以上，而且也没有根据事先制定的指标进行打分。

3. 冲突超出预期，竞争缺乏理性

小叶着手建立竞争型企业文化，鼓励合理冲突，初衷是希望借此促进企业发展。但是结果是，没有家文化下"一团和气"的精神引导，冲突剧烈爆发，且多为破坏性冲突。一是新老员工冲突，新员工强调创新，老员工固守旧道，导致许多事情僵持不下，工作无法进展。二是各个部门为了获取更多资源，纷纷强调本部门价值，本位主义也导致各部门之间的合作问题频频。同时，竞争也缺乏理性。销售部门的成员为了自我绩效，互挖同事的客户，甚至不惜互相压价，私自给予客户回扣等，内耗不断。生产部的项目组为了赶进度，也存在偷工减料的行为。最后，公司内部各种冲突不断，诸多冲突都需要小叶出面解决，这些扭曲的竞争严重影响团队成员的凝聚力。

4. 培训无法迁移，ERP 成为鸡肋

小叶花费重金引入 ERP 系统，同时为了让在职员工能尽快了解和操作 ERP 系统的全流程，小叶还聘请相关专家到企业对全体员工展开培训。小叶期待着 ERP 系统在企业运转的那一天。

但是，再丰满的理想也挡不住骨感的现实。在培训中，年轻的员工因为有着较好的计算机基础，也了解这个系统的好处，所以积极参与培训。但是对于计算机操作不熟练的老一辈员工而言，ERP 就是个中看不中用的花瓶，没有什么意义，还使工作过程更加复杂，徒增工作负担，因此在培训中，他们就敷衍了事，随意应付。

正式开始实行 ERP 系统时，问题就来了。ERP 作为一个系统，需要整体参与，但是部分老员工还不会熟练使用 ERP 系统，导致许多工作仍然无法在系统里展开。比如市场部的小彭新接了一个订单，他迅速录入 ERP 系统。原本的程序是采购部根据订单进行采购工作，生产部根据订单备料并组织员工开展生产，技术部根据订单要求提供必要的技术指导，品质管理部根据订单完成期限确定质检时间等。然而，小彭在 3 天后对订单进行跟进时发现，采购部和生产部没有任何行动。小彭找到了生产部和采购部的负责人，他们直接告诉小彭："我们只认你送过来的纸质订单，电脑上那个什么系统太麻烦，谁有事没事盯着电脑看订单啊。"小彭无奈，随后所有的订单，都是录入系统后，再打印纸质版送往各个部门，其他部门也是如此。

小叶很无奈，花费重金引入了 ERP 系统，但老员工的不配合导致新系统无法运转，而新员工又因为上下对接的部分老员工不愿意使用 ERP 系统，不得已回归到纸质资料的工作模式。小叶极其期待的 ERP 系统，最终成为 Y 公司的鸡肋。

六、变革该何去何从

管理专业出身的小叶，带着满腹知识、满腔热血上任，希望通过轰轰烈烈的改革实现 Y 公司的腾飞。但是面临的实际情况却是，公司内部遭受到老员工从中掣肘，新员工无力发挥，公司运作坎坷不断。老叶多次出面，告诫小叶不要瞎改革，不能忘记老员工的贡献，公司要和气。加之，随着外部市场上竞争对手的不断增多，尤其是股份制改革后的 Z 公司迸发出更大的竞争力，许多具备技术优势的小公司也拔地而起，加剧竞争。在此情此景下，是坚信自我，将改革进行到底，使企业走上现代化的管理之道，实现质变和腾飞？还是回归过去，在"一团和气"的环境下保守求存，缓慢前进？到底改还是不改？若改，又应当如何将改革进行到底？小叶不禁陷入了进一步的深思。

案例使用说明

1. 教学目标规划

(1)学生能通过案例，分析企业变革的驱动因素，如外部环境的变化，企业内部存在的问题；

(2)学生能了解如何选择组织结构的思路，掌握重新规划组织内部架构的内容和步骤；

(3)学生能了解组织变革过程中的阻力与冲突，并掌握化解组织冲突和阻力的途径；

(4)基于案例中组织变革的过程及结果，通过讨论对整个案例进展进行深入解析与评判，培养学生在复杂环境里的综合分析能力和决策能力。

2. 课堂讨论题

(1)组织结构有哪些类型？Y 公司里小叶变革前后，组织结构都发生了哪些变化？

(2)小叶为什么要对 Y 公司进行改革？改革的目的是什么？而企业文化在组织变革中发挥什么样的作用？

(3)请从人力资源管理角度，对小叶的变革提出意见或建议。

(4)如果你是小叶，面对两难境地，是选择改革到底？还是回归过去？说明你的理由。

3. 启发思考题

(1)哪些内外部因素会影响组织变革？组织变革的常见征兆有哪些？

(2)组织变革有哪几种模式？分别具有什么特点？

(3)组织变革中存在哪些冲突？或组织变革的阻力和动力分别有哪些？

(4)如何协调组织变革中的冲突和阻力？

(5)论述组织战略对组织变革管理的意义？

参考文献

[1]丁扬雯．泉州民营企业人力资源管理的现状及对策分析．人力资源管理，2016，9(6)：192-194.

[2]龚德华，王宗军．基于AHP方法的民营企业短寿原因分析及对策．科技进步与对策，2015，32(4)：85-91.

[3]许玉林．组织设计与管理．上海：复旦大学出版社，2010.

[4]严若森，吴梦茜．二代涉入、制度情境与中国家族企业创新投入——基于社会情感财富理论的研究．经济管理，2020，42(3)：23-39.

[5]卿珏．成长期民营企业人力资源管理的困境与突破．现代企业，2017，24(7)：46-49.

案例2　“君谋”VS“臣斗”：B公司战略变革谁主沉浮？

【摘要】全球互联网产业的发展正处在快速变革时期，无论是传统企业还是互联网企业都面临着巨大的机遇与挑战。B公司为了应对变化万千的市场环境，确保企业能在本行业激烈的竞争中保持绝对领先的优势，对各项业务、组织结构以及组织文化采取了战略变革，促使本企业在行业竞争中涌出无限活力及实现可持续发展。本案例以B公司实施战略变革为背景，阐述了空降高管路奇大刀阔斧的改革，同时反映出在改革过程中企业遇到的有关业务重组、组织变革、人事调整、文化冲突等一系列矛盾阻碍。而改革后路奇离职，深化改革该何去何从？谁又能接下这个改革的重任呢？

B公司是一家坚持不断创新的，以“用科技让复杂世界更简单”为企业使命的高科技公司，创立于2000年，目前是全球最大的中文搜索引擎和中文搜索网站。乘着21世纪初互联网及搜索引擎服务的潮流，B公司发展迅猛，2005年在美国纳斯达克成功上市，在PC互联网时代蝉联行业霸主地位。2009年，移动互联网时代到来让搜索引擎的影响力大打折扣，但B公司并没有意识到危机，也没有来得及进行战略转型。2011年之后，竞争对手A的电商、T的社交突飞猛进发展。虽然此后在创始人李东的带领下公司进行了几次战略调整，但成效甚微。如今的B公司正面临着内忧外患的局面：外部增长乏力，明显落后于第一梯队，且第二梯队NE、JD正在迅猛赶超；公司内部战略目标却摇摆不定，高管变动频繁，员工积极性不高。在此危急时刻，李东决定将战略重点转向人工智能，并聘请高级经理人路奇担任公司总裁兼首席运营官(COO)对公司进行战略改革。路奇大刀阔斧的改革确实给B公司注入了新的生机，但随着改革的深入，他也遇到了来自公司内部的阻力。最终路奇走了，但改革还要继续，是自己出山还是寻找下一个路奇，李东陷入了沉思。

一、公司简介

2000年1月1日，李东在北京中关村创建B公司并于次年推出独立搜索引擎。2003年B公司研发的搜索引擎成为中国上亿网民采用的首选搜索引擎。2005年，B公司趁热打铁在美国纳斯达克交易所成功上市，首日上市股价涨幅便达到354%。2011年，B公司网页搜索市场份额达83.6%再创历史新高。B公司以技术起步，不断坚持技术创新，致力于为用户提供“简单可依赖”的互联网搜索产品及服务。B公司以搜索业务为核心，不断拓展服务范围，目前拥有的服务包括：搜索服务，导航服务，社区服务，另外还有移动服务、娱乐游戏、软件、金融等衍生品，全面覆盖了中文搜索引擎的需求范围，吸引了上亿网民使用。

2012年B公司成立LBS(基于位置的服务)事业部，向移动业务转型。2013年，在当时的副总裁张明的主导下，B公司花重金收购19无线，随后推出全功能App“轻应用”和移动服务平台“直达号”，但收效甚微，并没有斩获移动互联网市场，张明离职。随后曾亮接棒，将战略重点转向O2O，全面开发诺米。但2016年以后，O2O式衰，诺米的主要业务外卖最终作价被低价收购，O2O在B公司业务架构中的权重不断走低，最终曾亮下台。2016年，B公司发布“智慧汽车战略”和云计算战略，董事长李东认为人工智能成互联网第三幕核心。同年，在李东的支持下，技术出身的王进执掌帅印，在他的推动下B公司创办了研究院、无人驾驶汽车事业部，同时建立美国研发中心，任命全球无人驾驶权威吴达为首席科学家。经过王进和团队不懈努力，B公司自动驾驶汽车成功通过路测，王进随后表明下一阶段的目标是公司无人车要实现“三年量产，五年商用”。

目前，公司的业务仍以传统的搜索服务为主，社区、诺米等其他服务为辅，投资重点向人工智能倾斜。目前，公司业务部门主要有5大事业群，包括原有的搜索服务事业群、金融服务事业群、技术体系和新兴业务事业群，后根据战略需求新增无人驾驶事业部和人工智能技术团队(研究院)。5个事业群负责人均直接向董事长李东汇报。

截至2016年12月31日的第四季度，B公司营业收入为182.12亿元，同比下滑近3%；净利润下降至42亿元，同比减少83.3%，这是B公司成立以来交出的最差“成绩单”。2017年公司财务报表显示，公司营业收入虽然在不断增长，但增长速度明显放缓不少。

二、内忧外患迎改革

2017年春节刚过，北京中关村B公司总部董事长李东的桌子上放了一份财务报表，这是B公司2016年的财务年报，其中第四季度净利润同比下降83.3%，创造了B公司史上最差纪录。李东是一个典型的技术IT男，相比于其他能说会道的企业家，他没有很突出的个人表达力和沟通理解力。但他眼光独到，带领B公司靠技术起家，发展成如今中国互联网巨头。此时，他看着财务报表，深深叹了一口气，叹道：今天下三分，益州疲弊……他知道，公司已经到了背水一战的时刻。

如果现在让李东回忆最后悔的一件事，那一定是没压中移动互联网。最初移动互联网大潮开始的时候，李东并未看重移动端，认为移动端的体验并不好，公司高层也因PC端搜索业务火爆而轻视了移动端的开发。2012年，智能手机开始普及并迅速发展，这使得越来越多的功能被聚合到移动端，大大提升了用户体验。B公司这时意识到了危机并开始发力，寻求转型。先是急忙收购了19无线，2013年推出全功能App“轻应用”和商家官方服务平台“直达号”，但这两个产品和巨资买来的19无线都没有为B公司斩获移动互联网市场。未能赶上移动互联网改革浪潮的B公司急于寻找新的增长点，然而在新时代B公司的战略目标却摇摆不定。2014年把重点投入布局O2O，但随后O2O式衰，B公司外卖最终作价5亿美元被收购，B公司业务增长乏力。此外，近些年公司遭遇了人尽皆知的“魏则西事件”等负面新闻，面临着社会舆论的拷问讨伐，公司股价大跌。

“屋漏偏逢连夜雨”，在公司内部，同样弊病百出。近年来频繁的战略变动使得高层快速更迭，造成了内部军心不稳，员工士气低落，缺乏积极性，有一大批中高层员工相继出走；公司架构臃肿，事业群之间相互交错，一些逐渐失去竞争力的业务仍然占据公司主要资源；同时，公司中派系林立，内部斗争，权力制衡体系复杂，因此公司高管变动频繁，很难留住“大将”。

李东明白虽然王进领导的无人车开发团队目前势头正好，但无人车能够承担“竞品优势的产品”吗？另外，王进的“三年量产，五年商用”就算按预期完成，现在“掉队”的公司还能等得起吗？李东明白，时下的B公司，急需一个有力的规模增长点来提振资本市场以及用户和员工对公司的信心，同时，也急需在用户的印象上，建立一个除搜索之外的定位，提升用户黏度。李东终于下定决心，战略改革势在必行。

确定了要进行战略改革，但具体由谁来主导呢？李东认为，人工智能是互联网发展第三阶段的核心，也是一定要牢牢把握的重点，公司一定要通过人工智能再次夺回行业霸主地位。目前公司自动驾驶部门总经理王进是个技术牛人，同样是搞技术出身的李东明白技术人才来做管理的不易，他担心能管理好自动驾驶部门的王进是否真的能管理好公司的其他业务部门？是否能协调部门之间的利益关系，整合公司资源全力实现战略目标？最终，李东决定要找一个既了解技术又精通管理的职业经理人来做那个“执鞭者”。

数月之后，前微软全球执行副总裁路奇空降B公司。李东任命路奇为B公司总裁兼首席运营官，主要负责公司的产品研发、技术升级、市场销售及运营等业务部门。所有事业群组的首要负责人均向路奇汇报近期工作完成情况及工作预期任务。绝无仅有、至高无上的权力也意味着一种新的责任与角色：改革者。

三、新官上任六把火

路奇先后毕业于复旦大学、卡耐基梅隆大学，获计算机科学硕士、博士学位。路奇不仅发表过一系列关于搜索引擎方面的高质量研究论文，还持有40多项美国专利。1998年，路奇加入雅虎，2007年晋升为雅虎执行副总裁。2009年加入微软，期间路奇领导了包括Microsoft Office、Office365、SharePoint、Skype、MSN及广告平台在内的多项业务，最终成为微软的全球执行副总裁，这种专业能力以及工作经历十分符合李东心中改革领导人的形象。在与李东充分沟通探讨后，路奇对于人工智能的发展十分看好，也很看好B公司在人工智能领域的积累和战略布局。他基于B公司现状，制定了改革的方向：强化B公司技术派印象，夯实基础搜索业务，同时将战略重点转向人工智能和无人驾驶。

在路奇被委任B公司总裁兼首席运营官之前，B公司COO一职已空缺多年。虽然此前也有过几任COO，但大多虽有COO之名，实际上并未得到充分授权，成效并不理想。此次李东给了路奇足够大的权力，可谓“一人之下，万人之上”，路奇上任后也随之开始了大刀阔斧的改革。

B公司长期的策略是稳定公司现有的传统核心业务，对开展的新业务采取全面放权。所以新业务成则已，败亦不影响B公司的核心盈利业务。路奇接手后，给B公司定了“四象限”战略，将所有业务按照关键使命、非关键使命、主航道和支持者四个象限进行划分。可以看出，搜索服务仍是关键使命，目的是为了夯实基础，其中移动搜索占主导，PC搜索为辅助；为了决胜AI时代，人工智能是非关键使命的主航道方向，而传统的衍生业务，如地图、贴吧、诺米等成为非关键使命的支持业务。从“四象限”可以看出，相较于之前的保守策略，路奇此次战略改革想在重点开发人工智能的基础上强化传统的搜索业务，而对于尾大不掉的衍生业务，路奇将其移除关键业务之列。

面对B公司分散的业务与经营模式，在不到两个月的时间内，以“工作狂”著称的路奇就干净利落地在公司内部推进了6项举措，针对各业务群组进行了一次大梳理。

1. 投资线

此前，B公司的投资较为保守，通常是等某家公司趋于较成熟时才会出手。不管是从投资的数量还是规模上，B公司都不如行业竞争对手。路奇上台后，加速了投资和收购扩展。

(1)加紧风投团队落地。路奇上任后聘请专业经理人担任B公司风险投资公司CEO这一职务，直接负责决策B公司风投业务各项工作的全面推进，并且加速成立优秀的风投业务核心团队。新成立的风投项目组将全部精力专注于当前热门的人工智能以及AR等未来科技创新领域，集中投资于研发早期人工智能项目，首期基金规模就高达15亿元人民币。

(2)全资收购DY科技有限公司。B公司在路奇的领导下，郑重宣布B公司将全资收购DY科技有限责任公司，业务重点集中于未来智能生活。DY创始人兼CEO吕生携原始核心研发团队正式加盟B公司智能家居事业部，并出任智能家居硬件总经理，直接向路奇汇报各项工作。

(3)重金投资未来汽车。未来汽车是我国一家专注于研发生产高性能智能电动汽车的新兴本土公司。B公司与未来汽车在C轮融资谈判中，达成一致协议，B公司计划投资7亿元人民币用于未来汽车的智能电动汽车研发项目，逐步凭借智能化、电动化等优点在汽车产业崭露头角。

2. 业务线

(1)裁撤B公司移动医疗事业部。B公司医疗事业部曾因“血友吧卖吧事件”和“魏则西事件”而声名扫地。单纯从B公司业务层面分析考虑，路奇认为公司的移动互联网医疗相关业务一直没有深化，没有实质性的效益。而且线上医疗虽是一个很好的思路，但是却没有找到合适的、正确的切入点，加上中国医疗数据尚未完全开放，没有必要继续投入大量资本，只好暂停医疗业务。因此他毫不留情地宣布解散曾引发公共愤怒的医疗事业部。移动医疗事业部被集体裁员，只有医疗大脑团队核心与研发产品被保留，少部分优秀的核心研发员工内部转岗加入B公司将人工智能技术应用到医疗健康行业的研发小组中。

(2)成立度秘事业部。基于互联网和人工智能的快速兴起，路奇将B公司原有的度秘团队升级，成立度秘事业部，致力于研发人工智能产品，并且直接向其汇报各项业务的工作进度。公司计划在度秘事业部投入大量人力物力以加速完善B公司在人工智能领域的布局及其产品化、市场化，占领一部分人工智能产品的市场份额。

(3)合并自驾部门。基于发展战略的一致性，路奇亲自挂帅并兼任总经理，将B公司无人驾驶事业部、智能汽车事业部、车联网业务合并组成B公司智能驾驶事业群组，致力于研发智联网汽车，欲先占领智能汽车市场。

3. 人事线

在投资收购及进行业务重组的同时，路奇也在调整公司人事结构。他认为，对于体系庞大、人员繁多的团队而言，人员精简政策往往比“招人”更有着显著成效。路奇刚上任就接手了张冠的总裁职位，随后撤销移动医疗事业部，部门员工被要求离职或转岗。与此同时，自动驾驶事业部合并后，路奇取代王进作为负责人，王进不再负责自动驾驶事业部的任何业务决策。

路奇除了对业务部门进行大变革之外，为了上下沟通顺畅，听从民意，创建了名为“畅言会”的全员沟通机制，每月的月底举行一次全体员工大会，路奇当众做关于业务的主题分享，汇报 B 公司各项业务进度，并和各事业部领导集体解答员工的问题与疑惑。员工既可以到达分享现场观看提问，也可以采用公司内网观看网络直播。这个机制受到大量员工认可与赞同，基层员工有了发声渠道，合理的建议也会得到公司的采纳与重视。

四、力挽狂澜于既倒

在路奇迅速高效的变革之下，B 公司迎来了一波发展高潮期。内部业务框架更加清晰，战略重点更为突出，公司业绩得到明显提高。一方面，B 公司原有智能汽车业务属于三个不同的业务群，组织架构较为分散，并且业务和功能存在部分交叉重叠，不利于内部资源协调和业务统筹发展，但是调整后的新组织架构简单明了，业务核心明确。此外，公司相继剥离了外卖服务，分拆金融服务，业务也变得更加聚焦，架构清晰明了。这些经营策略让公司成本控制有了明显的改善，运营利润也逐渐提高。在 2018 年第一季度财报发布时，B 公司 CFO 曾表示：“过去一年里，我们通过剥离非核心业务、重组新兴业务和加大 AI 驱动型业务的投入，在业务上实现了前所未有的聚焦，也实现了公司净利润的快速增长，有利于公司在智能行业的长期发展。”另一方面，整体裁撤医疗事业部，赢得了外界一片叫好之声，公司也彻底摆脱了这一失去了市场竞争力的“毒瘤”。

除了获得良好的经济效益，这次战略变革对 B 公司的影响还体现在其品牌价值提升上。2017 年，公司组织了一场 AI 开发者大会，路奇在整体活动中表现出了非常厉害的控场能力和思维逻辑，给各领导和公司员工留下了深刻的印象。会上，董事长李东乘坐 B 公司研发的无人车前往会场，给与会者留下了深刻的印象，B 公司的技术能力也赢得喝彩。AI 开发者大会后，外界对 B 公司的技术能力有了更新的认识，大家能够期待在新的 AI 时代 B 公司将在路奇的带领下重新回到浪潮之巅，B 公司的股价也持续实现反弹。2017 年年中，路奇拜访大米之家，大米 CEO 亲自接待，此后，B 公司成为第一个与大米公司实现深度合作的互联网行业巨头。两个公司在人工智能技术领域达成战略认同，将致力于 AI 技术灵活地应用到更多常见的生活场景中，为广大用户提供更好的人工智能产品体验感。

改革带来的丰硕成果正如一支强心剂，给企业和员工注入了活力。公司上下深受鼓舞，员工又有了工作积极性和内部竞争意识，以前总感觉壮志难酬，才能无处可施的员工，开始对各个项目跃跃欲试，献计献策施展浑身解数，公司内部也呈现出一种互相积极学习、互相竞争的融洽氛围。此外，路奇本人的影响也不容小觑。他本就是一个传奇，出色的经历、低调的性格、技术过硬、严于律己、美国科技圈“最有权势的华人”，这些标签让员工对他充满了崇拜和赞同。特别是智能驾驶事业群的工程师们，他们是路奇亲自率领的军队，在与之共事的过程中纷纷被他的严谨和细致所折服。可以说，当时在 B 公司路奇的影响力俨然已成为董事长李东之后的第二人。

五、一篑功亏九仞山

B 公司在短短一年内经历了大刀阔斧的部门整合、高层变动、上亿美金的投资/收购，虽然一开始公司中有人对路奇的大手笔动作持怀疑态度，但他所交出的成绩单足以令大家信服。随着 B 公司战略改革的深入，公司内部一些潜在问题逐渐暴露在大家面前，路奇的改革之路遇到了巨大的阻力。

1. 分权制衡：复杂的权利关系

路奇的到来让董事长李东放权了，但并不是只放权给路奇一个人，也不是完全放权。路奇以公司总裁兼首席运营官的身份空降 B 公司，主要负责公司的产品研发、市场销售及业务运营等部门，现有各业务群组及负责人都直接向路奇汇报工作进度，但是路奇又必须向董事长李东汇报。外人表面来看，李东将公司全权交给路奇，但公司实际掌管财务的 CFO 和掌管人事的高级副总裁并不受路奇管理，仍直接向李东汇报；而李东夫人张敏以董事长特别助理身份的回归让三者的关系变得更为复杂。张敏在公司初创期伴随李东创业，是公司元老之一，随后回归家庭。此次老板娘回归公司，负责 B 公司的投资、人力、市场公关。可以说作为老板娘的张敏和李东共同构成了 B 公司的权力中心。路奇想引领 B 公司 all in AI，但李东显然没有 all in 路奇。当业务线基本梳理完毕后，路奇的进一步变革，需要更灵活调配 B 公司内部资源，整顿内部管理制度和分配制度，将会触及更深层次的利益分配。但权力中心的模棱两可、晦暗犹疑，增加了“权力制衡”的复杂局面，这给路奇改革的推进增加了难度。作为常年在美国公司任职的职业经理人，路奇非常不理解李东的这种安排，他认为李东没有完全信任自己。虽然很无奈，但他所能做的就是把业务部门整合好。

2. 业务整合：深层的利益冲突

改革总是会触犯一些人的利益，特别是在派系林立的公司。当改革进入深水区时，更深层的冲突，是新旧势力之间的权力、利益冲突。在业务整合方面，路奇提出的“四象限”战略虽然清晰明了，聚焦重点，但将贴吧、地图、诺米、钱包都列入非关键使命和支持业务，公司随后相继剥离外卖服务，分拆金融服务，这在一定程度上触犯了部门特别是公司元老的利益。业务的战略地位决定了部门所能分到的资源，而资源多少决定了部门的收益。相较于公司每年将收入的 15%投入研发，有 2000 多个 AI 研发人员，这些曾经辉煌而现如今越来越边缘化的业务在路奇手中面临着逐渐消亡的危险，医疗事业部的撤销和部门人员的辞退也许就是他们的明天。大力度地改革业务、调整业务部门员工间接引起了新一轮离职：2017 年下半年成了公司高层集体离开 B 公司的“旺季”，使改革再一次遇到难题。贴吧、地图事业部总经理以及公司副总裁相继离职。公司元老们也坐不住了，在董事会上他们以此来攻讦路奇，通过不断给李东和路奇施压来维护部门和自身的利益。

另一方面，当将无人驾驶业务收揽旗下，财务、市场等板块都调整之后，路奇的改革碰到硬钉子——B 公司内部真正核心的业务、收入来源最多的部分，即搜索业务不在其手中，而是由高级副总裁向山掌管。向山是公司元老，也是公司的大总管，牢牢把控着公司的基础盘。对于路奇来说，如果无法掌控搜索等核心业务，改革就无法完全进行，也无法做到公司真正意义上的集团总裁和 COO。路奇曾多次想从向山手中拿过搜索业务，奈何向山在公司根基非常深厚，元老势力非常强大。一方面是李东没有完全放权，另一方面是公司元老的重重压力，路奇的处境可以说非常尴尬。路奇可以频繁地给智能生活和自动驾驶等业务“站台”，但极少能涉及向山掌控的 B 公司搜索和广告的事务——尽管名义上向山的老板是路奇。

3. 文化冲突：亟待重塑的文化与制度

在业务之外，路奇很明白公司现状存在的最大问题：公司小资文化占主导，缺乏狼性精神；从高层到员工做事太过短视，缺少使命感，技术上有一大堆精兵，但却打不赢一场仗，这也是公司留不住顶尖人才的原因。他想通过自己的改革一洗旧尘，重塑公司风气，但留给他的更多的是无可奈何。

路奇是一个名副其实的工作狂，他经常凌晨 3 点还在办公室工作，思考公司业务发展。他的座右铭是要做更多、知道更多、成就更多。他过去待过的公司和 B 公司文化非常不一样。一位公司的工程师说，他曾经在公司内网发了个帖子，想探讨关于搜索业务发展的方向性问题，并在 CEO 路奇的“畅言会”提问区提问，没想到路奇找了几个相关负责人，当面和他讨论业务问题，并且阐述自己关于各个问题的想法。这种领导风格前所未见，令提问的工程师赞叹不已。类似的传闻还有：路奇亲自参与编程并提出个人之见，路奇早上 6 点还在回复基层员工的邮件……对一部分人来说，这种领导亲切又随和，风格让人眼前一亮。路奇的个人领导魅力也十分让人佩服，但对习惯科层的人来说，则是“越级搞事情”。可以说，路奇本身对于 B 公司文化就是“水土不服”的。

对于如何在一家互联网上市公司中较好地实现技术创新和组织改革，路奇有自己独特的方法论——他认为规模较大的公司转型之路是更为漫长的，同时，公司转型最为关键的部分是企业文化。首先，公司必须有正确的自我认知和明确角色定位以及核心追求点，而且必须尝试建立一个开放的、科学的组织管理机制，允许不同类型的团队可以用不一样的方法去完成工作任务，百花齐放竞相成长。拥有长期价值体系和企业文化的公司才能不断保持强大的生命力与活力。他想打造这些价值体系与企业文化。但是虽然路奇主导 B 公司的战略改革，但公司文化的变革是需要公司员工自上而下共同参与的，路奇无法获得李东的完全支持，公司元老势力强大，内部斗争激烈，这些都使得路奇的改革无法实现。面对如此复杂的局面，路奇突然累了，他很想实现对李东的承诺将 B 公司变成一家卓越的世界级公司，但业务的改革必须有配套的组织结构、组织文化的革新，公司的文化风格如果一直如此的话，路奇不确定它能走多远。

六、独上高楼，望尽天涯路

又是新的一年春节，还是在李东的办公室，路奇与李东交谈了好久，最后两人相互拥抱了一下，李东送路奇离开。两个月后 B 公司宣布路奇离职。股市立即对此作出了反应，短短两个交易日，B 公司的股价从 279. 68 元，下跌到了 240. 51 元，跌幅超过了 14%。可以说，路奇的离职令 B 公司损失巨大。

董事长李东回顾公司一年多的发展，从一年前的百废待兴，到如今公司发展有了稳步的提高。这一年来，路奇排除万难、大刀阔斧地主导了 B 公司战略改革，将公司的部门组织架构和人事任命进行改革重组，梳理公司的主要业务线和业务发展重心，裁并事业部，使得公司战略目标趋于聚焦，核心团队趋于收缩。可以说，自己并没有选错人，路奇的改革是成功的。但路奇还是离开了。其实路奇在改革中遇到的困难李东都知道，但有时候就算作为董事长很多事情也无能为力。不管是因为利益冲突还是对公司失望，公司没能留住路奇，李东遗憾地叹了口气。他想到了路奇离开前给自己的建议——深化改革。如何深化？从何处入手？又由谁来深化？如果真的到了那一天，作为公司大股东和领航人的自己是守旧制还是创新风？当前改革还在继续，是寻找下一个路奇还是自己出山，李东陷入了沉思……

案例使用说明

1. 教学目标规划

(1)学会分析战略变革的驱动因素及重要性和必要性；

(2)通过分析战略变革对组织变革、业务重组的影响，明确战略变革的实施步骤及途径，掌握战略变革的内容和步骤；

(3)分析案例中战略变革的过程及结果，培养学生在面临复杂环境时的综合分析能力和组织决策能力；

(4)学会在特定的组织情境中界定分权与制衡的边界，确定适宜的职责授权程度；

(5)学会通过业务重组与组织结构调整，设计大型企业中业务流程优化管理方案。

2. 课堂讨论题

(1)战略变革的驱动因素都有哪些？B 公司是如何实现战略变革的？

(2)B 公司战略变革后，组织的战略和业务部门有什么变化？这对组织结构的调整有什么影响？

(3)从权力的角度看，李东对路奇赋予了哪些权力？又是如何做到分权制衡的？

(4)文中路奇对公司文化“水土不服”的原因有哪些？

(5)如果你是董事长李东，你会如何接下来推进 B 公司的改革，又会采取什么样的措施来保证公司的稳定发展？

3. 启发思考题

(1)企业的战略变革的驱动因素有哪些？战略变革的实施步骤有哪些？

(2)企业组织结构、业务流程与组织战略如何匹配？什么是以流程为导向的管理模式？

(3)如何进行适度的分权制衡？

(4)如何管理文化冲突？如何建立和维护组织文化？

(5)如何解决战略变革中新旧势力利益冲突问题？

参考文献

[1]陈睿雅．陆奇的B公司遗梦．中国企业家，2018，25(11)：76-78.
[2]高楠，傅俊英，赵蕴华．人工智能技术全球专利布局与竞争态势．科技管理研究，2020，40(8)：176-184.
[3]楼润平，李贝，齐晓梅．中国互联网企业的成长路径、公司战略及管理策略研究．管理评论，2019，31(11)：1-14.
[4]水中玉．B公司的难题．中外管理，2017，24(Z1)：74-77.
[5]郑鸿，徐勇．互联网企业扩张动因及实现条件——基于BAT的案例研究．管理案例研究与评论，2016，9(6)：550-566.

第三章　岗位与岗位管理

本章知识要点

假设现在要新成立一家公司，那么在公司内部需要设置哪些部门，部门内部又需要设置哪些岗位，部门与部门之间、岗位与岗位之间的分工是怎样的，又该采用何种方式来进行部门、岗位之间分工的衔接，具体到岗位的设置和职责的确定又是怎么样的？以上所有的问题都属于岗位管理的范畴。在实际的管理过程中，关于岗位管理的操作主要可以分为岗位设计、岗位分析、岗位评价。

一、岗位设计

1. 定责

在理论上，可以通过两种模式来实现对岗位的定责：一种是“粗放型”的定责模式，这种定责方式对组织的管理基础和规模要求不是很高，在实际的操作过程中也对技术的要求较为宽松，比如中小型企业；一种是“精细型”的定责模式，因为定责过程越精细，对于部门和岗位之间的职责划分就越清晰，在实现的过程中对技术的要求就比较严格，相应需要有较为健全的管理和组织规模为支撑。

2. 定岗

定岗的实质就是在组织内部设定哪些部门，在部门中又设置哪些岗位。决定组织中定岗的因素主要是职能划分、风险管控、业务流程这三个因素。比如有的业务流程节点较多，或者是整个流程的时间跨度比较长，抑或者是对流程的要求比较精细，那么为了更好地管控和分解任务，设置的岗位数量就会比较多。

3. 定编、定员

实际上，企业的“定编”“定员”就是制定一种科学的用人标准。它所要解决的问题是企业各工作岗位配备什么素质的人员，以及配备多少人员。“定编”“定员”管理有四个原则需要把握：一是必须在企业有一定的业务规模基础上进行；二是必须在企业业务发展方向已定的基础上进行；三是具有一定的时效性，即有一个发生、发展的过程；四是不仅要从数量上解决好人力资源的配置，而且还要从质量和素质结构上确定使用人员的标准。

二、岗位分析

1. 岗位分析的方法

岗位分析的方法可以划分为两个方面：一方面是按岗位分析的对象或目标划分为任务分析、方法分析(如时间研究、动作研究等)和人员分析；另一方面是按照岗位分析信息的收集手段划分为问卷法(如职位分析问卷法、管理职位分析问卷法、临界特质分析问卷法)、访谈法、工作日写实法、现场观摩法、工作体验法等。

就岗位分析的对象而言，岗位分析包括任务分析、方法分析和人员分析。其中，任务分析的核心是确定本岗位需要完成的职责或任务有哪些，方法分析的核心是确定运用何种方法完成本岗位的任务，人员分析的核心是确定什么人具备什么资格能够运用该种方法完成本岗位的任务。

2. 岗位分析与岗位说明书

在进行岗位分析之后，会得到各个岗位的岗位说明书——以公司文件的形式来体现与该岗位相关的信息。一般来说，岗位说明书主要包括的内容有：工作标识、工作描述、任职资格、工作环境这四个部分。工作描述一般是对工作概要、工作内容、工作职责以及工作结果与业绩标准等的描述；任职资格是指胜任本岗位应该具备的学历、所受培训、技能、经验、个性特征等的要求；工作环境可以分为：工作场所，工作的物理、社会和安全环境。

三、岗位评价

之所以会进行岗位评价，其中一个主要的原因就是确定岗位价值，为实现薪酬的内部公平奠定基础，从而有效减少员工对工资的内部和外部的不公平感受。为了让岗位评价的最终结果更具有科学性，应该在评价的过程中注意以下几个方面：在岗位价值评估的参与人员中应该覆盖组织内部的各层级的员工；对于岗位评价的指标、标准以及打分范围要有严格的界定；在岗位评价开始之前应该对参与的人员进行相应的培训(包括明确目标、标准等)；对于评价的方法应当严谨科学；对标杆岗位进行试打分；对于评价过程的控制(如时间、地点、主持人选择等)。岗位评价体系一般包括四个子系统：评价指标子系统、评价标准子系统、评价方法子系统、评价控制子系统。岗位评价的方法主要有量化方法和非量化方法，其他各种方法多是在这两类方法中做了延伸和升级，更加具有普适性。

案例1 M药业集团股份有限公司岗位重新设计之路

【摘要】岗位设计的核心要素是四定，即定责、定岗、定编、定员。作为一个典型案例，本案例阐述在时代变革的背景下，M药业集团股份有限公司(简称M药业)伴随着业务范围的扩大而出现人员数量的快速增长、管理难度加大，因此为了自身的发展而适时作出"四定"的变革，达到精简人员、提高企业运行效率的目的。随着市场形势的变化，M药业又适时推出531战略转型，解决了公司在运行层面上存在的各种问题，但由于战略推行难以落地，M药业通过分析战略实施过程中的问题最终提出解决问题的方法，给M药业的进一步发展提供了有力的支持。

M药业作为中华老字号，广受国内外认可。经过300多年的发展，现今M药业涉及的经营范围越来越广，包括药品的研发与制造、药品批发零售、连锁医院等多个领域。2005年，M药业集团股份有限公司在深圳证券交易所成功上市，成功实现了M药业资本证券化的目标，也标志着M药业进入了新的历史发展阶段。随后，M药业业务迅速发展，成立了众多子公司，经营领域明显拓宽。但快速扩张带来了人员的迅速膨胀、管理难度加大、人工成本上涨等问题。为了解决这一系列难题，M药业2013年聘请外部专家开展了全公司的"定责、定岗、定编、定员"项目，成功裁减117编97人，将裁减员工的工资用来提高剩下员工的工资，改善了整体的公司待遇。后来为了针对市场环境的变化，企业重新制定了发展战略，但现有人员却不能满足战略发展的需要。为解决新的问题，M药业2018年又进行一次全公司范围的岗位重新设计，主要的目的就是缩减冗员，提升整体的工作饱和度。

一、公司简介

M药业集团股份有限公司于1993年7月10日成立，于湖南省工商行政管理局注册登记。本公司是在湖南省第四制药厂基础之上发展而成，后期在得到湖南经济体制改革委员会的支持的基础上，通过定向募集的方式成立公司。在发展过程中，M药业根据自身发展情况不断进行产权制度改革，最终成功形成了多元的股权结构和完备的公司管理结构。2005年，M药业加入金平集团，引入了集团先进的经营管理机制与理念，步入了快速发展阶段。至今，M药业已经成为一家经营涵盖药品研发制造、批发零售、连锁医院营运等多个领域的上市公司，旗下子公司达到了12个，在整个华中地区也享有广泛的知名度。

M药业的主要产品包括麝香痔疮膏、麝香痔疮栓、复方芳草合剂等药品。在治痔类药品市场中，M药业产品一直保持着龙头地位，OTC的市场占有率达到60%。其中麝香痔疮膏更是在同类型药剂市场中保持垄断地位，在OTC市场的占有率高达85%，并且仍存在着增长空间。经过多年的发展，M药业依靠先进的研发技术对祖传秘方进行了适时的改进，使药效进一步提升，且治疗范围也进一步拓宽，相关药物在市场供不应求。2007年，M药业更是因为优异的产品和服务而获得诸多奖项，自身的品牌价值则是水涨船高。现代人类的生活方式和生活水平发生了巨大的变化，使得肛肠类疾病及皮肤病越来越频发。面对此局面，公司加速推出系列化的治痔类新药，推广多种形式的产品，快速占领市场并形成了自身的特色。种种现象表明，在准确把握市场发展方向的前提下，M药业未来仍有着美好的发展前景。

二、刮骨疗伤——四定调整

自2004年M药业在深圳证券交易所成功上市后，资本证券化的M药业进入了新的历史发展阶段：业务迅速发展，旗下子公司不断发展壮大，经营领域明显拓宽。但是公司的陈经理却忧心忡忡，因为他发现，公司的快速扩张，却带来了人员的迅速膨胀、管理难度加大以及人工成本快速上涨。虽然快速增长的步伐总是不可避免地带来一些问题，但是陈经理认识到这对于现阶段的公司来说，无疑是一个公司发展道路上巨大的绊脚石。

陈经理找到公司的副总，在一次交谈中深刻讨论了这个问题。陈经理说："林总，这几年业务的快速发展，不可避免地带来一些管理上的问题。虽然公司的中高层一直很重视这些问题，但是每次都无疾而终。我认为我们可能缺少一些更为专业的指导。"林总点头道："是的，我们公司的员工规模从最初的几百人到这几年迅速增加到几千人，管理的层次跟不上快速增加的员工规模，这点是可以理解的。但是至少我们愿意去尝试改变和突破，这种精神是值得鼓励和赞扬的。你说缺少专业指导的问题，这点我之前也考虑过，如果需要的话，我们可以请我们市人力资源专业的专家和教授团队来给我们做咨询。你可以先牵头积极去联系沟通。具体的事宜我们在后面的每周例会上再做讨论。""好的林总，这件事我会尽快去办，争取尽快联系到专家团队。"陈经理回答道。

陈经理联合公司高层在讨论后一致决定聘请外部专家来公司进行调研，深刻挖掘公司在组织结构设计上存在的问题。于是在2013年，在陈经理为代表的公司高层的积极配合下，M药业开展了全公司的"定责、定岗、定编、定员"项目。在"四定"开展之前，陈经理与外部专家进行了充分的沟通。陈经理对外部专家张教授说道："张教授，您也知道我们公司目前面临的主要问题了。因为公司内部存在的人员冗余情况，企业日常运转的成本和难度也在逐渐加大。我们此次邀请你们的目的就是希望能够合理地精简一些人员，提升整个公司的运营效率。"张教授说道："是的，对贵公司的情况我和我的团队已经有了大致的了解。接下来为了清楚贵公司大部分岗位的工作饱和度，我和我的团队需要对每个岗位的工作饱和度进行调查。在这个过程中需要员工的积极配合，还希望陈经理能够提前做好大家的思想工作，讲清楚原因以及需要的配合。"陈经理连忙说道："应该的应该的，这个问题我会尽快和大家沟通，获得大家的理解和支持。张教授您在后面的工作中有任何要求也可以随时和我沟通，我们一定尽力配合！"

专家项目组采用文献综合分析、问卷调查和访谈相结合的研究方法，全面了解M药业集团的部门和岗位设置的具体情况，最终结合组织需要和实际情况给出了岗位调整设计的合理建议，成功裁减 117 编 97 人。之后，为了充分利用这笔削减下来的开支，陈经理在与公司高层商讨之后，决定将裁减员工的工资全部用来提高剩下员工的工资，改善了整体的公司待遇，这一方面也达到了激励员工的效果。2013 年“四定”调整后，公司总部岗位和人数规模为 464 编 451 人，整体工作饱和度从原来的 70%提升到了现在的 90%左右。

经过 2013 年“四定”调整，M 药业实现了岗位精简，成功将岗位与人数规模调整为 464 编 451 人。同时通过岗位职责的重新分配，整体工作饱和度明显提高，也就是说每位员工在日常的工作中都有事可做，真正的“忙”起来了。总的来说，2013 年的“四定”帮助 M 药业成功解决了企业扩张过程中，结构散乱、岗位烦冗、人员混杂不易管理的难题，为后来几年 M 药业进一步的发展壮大打好了稳固的基础。

此后经过 4 年的持续发展，陈经理欣慰地看着 2017 年公司年报利润表，数据显示：本部 2017 年营业收入 10. 36 亿元，2013 年同期 7. 48 亿元，增幅 38. 5%；本部从 2013 年到 2017 年的净利润从 2. 12 亿元增长到了 3. 51 亿元，整体的增长幅度达到了 68%。虽然经过“四定”调整，公司的窘境得到了缓解，公司利润也快速增加，但是在现如今变幻莫测的市场环境中，等着陈经理的挑战又会是什么呢?

三、审时度势——531 战略转型

在这个信息技术日新月异、电商快速发展的时代下，陈经理认识到光靠传统的医药制造商已不能保证 M 药业在行业内的稳固发展，医药批发及零售的传统模式对企业的盈利贡献率逐步下降，此时，M 药业的长远发展面临着越加显著的困境。为了适应迅速变化的市场环境，跟随大数据和信息化的发展浪潮，M 药业公司高层决定重新审视自身与环境条件。陈经理认为，适应市场环境提出新的战略目标、具体的战略举措是此次工作的重点内容。最终，M 药业推出了 531 战略转型计划。

首先是 M 药业适时提出了战略目标。致力于成为为广大消费者提供肛肠健康方案的顾问，大力发展健康产业，打造良性循环的商业链条。M 药业始终以最真实、最迫切的客户需求为导向，提高自身的主要竞争优势，提供专业的医疗解决方案，满足每一位客户的个性化需求，成为中国最大的医药制造企业，以及国内外最好、功能最全、规模最大、影响力最强的医药企业。战略目标 531 的确定表明，M 药业市场的定位不再是治疗基础疾病；它不再是传统的药品生产商，而是致力于成为未来厌食症解决方案的供应商，M 药业将大力发展规模化的医疗保健产业，以目前的先进技术水平，医药行业还将在人工智能领域投入相应的资金和人力，积极寻求业务合作机会。预计未来三五年，基因工程和智能医疗器械等技术将得到发展和成熟，为患者提供更加人性化的治疗体验。

其次是具体的战略措施，这也是 M 药业战略转型的核心。一是实施五大工程，强化五大能力。通过对市场方向的准确把握，提高 M 药业对行业市场的敏锐度；公司要从产品管理转移到平台管理，从疾病治疗转变为健康顾问管家，实现产业结构的交错纵横、合理布局；实施生态链建设工程，增强核心竞争力，整合建设产业生态链，增强整合能力；加强品牌设计，提高品牌力；实施增资工程，增强爆发力。二是深入开展县级地域市场的开发，通过对战略目标的分解，最终将行动落实到位。对销售团队实施专项监督和监测，引导销售队伍的转变，提高绩效；建设 M 药业诊疗中心，并且通过对该模式的复制推广，实现互联网医疗的规模化和产业化。除此之外，M 药业还计划建立医疗产业发展基金，为今后开展相关精密设备的融资租赁业务打下基础；还预计借助社会力量来推动资源的整合和扩张经营范围。三是重视对客户需求的满足，通过相关调研发现客户需求的痛点，并且在此基础上开发相应的医疗业务来满足客户的重点需求。

最后是 M 药业对各组织职能调整优化事项提出建议，具体包括：客户需求挖掘和发现职能，建议补充至研究开发中心统筹实施，通过对内部资源的重组和整合，建立起产业链信息的来源途径，主动联络和建立外部信息收集平台，基于销售一线队伍最贴近市场客户，因此也需要增加对市场信息和客户需求的收集功能；各业务单元具有市场产品信息需求的反馈和协调功能，如大健康响应功能、追加产品需求的分析和规划功能；品牌管理服务在加强品牌组织和品类延伸后的吸引力的基础上，完善品牌管控功能，构建多品种、多品类的品牌管理机制；各业务单元的经营方式要更加灵活，经营方式要发生重大变化，以实现增强核心竞争优势、整合产业生态链建设的目标；作为关键的战略工作，三终端拦截将继续得到推广和重点关注，并可被视为服务决策范畴的一部分；在适应以客户为中心机制的基础上，对销售、研发、生产三大中心进行改造，调整职能部门和管控流程。工作流和以客户为中心的操作流程被设计成一个动态的工作系统，具有明确的客户导向和集成的业务资源。

四、问题暴露

531 战略提出后，M 药业的高层领导对此非常期待，要求公司上下要对此战略高度重视，积极配合战略的实施落地工作。但是，在具体的战略实施过程中，许多问题开始渐渐浮出水面：虽然战略定位十分准确，契合市场发展方向，也结合了企业实际，但是就是难以落地。这到底是为什么呢？

陈经理为此颇感苦恼，但是经过在公司上下实地走访与调查，陈经理发现最重要的原因是：基层员工未能理解战略内涵与精髓，战略分解不够透彻，无法一级一级分解到具体工作内容中去；员工也未形成战略意识，没有改变工作形式或方式来努力实现战略目标。经过 M 药业公司中高层领导的集体探讨，对这一过程中暴露的问题进行了如下整理，对 531 战略适当肯定的情况下又发现其存在的部分问题：

第一，战略得当，资本运作、经营中的生态链和顾客黏性有待提高。经营的要义是持续稳健增长。股东、顾客、管理层、员工四方的利益，只有在增长中才能均衡。而持续增长的核心是打造公司的产品线，如果公司的产品线不够长，顾客就没有黏性和消费频度，即消费一次（痔疮治愈）后就可能离开，如没有相关的广告提醒或病患需求就不会再回来。因此，企业应该思考的是如何为消费者提供独一无二的消费体验，并给消费者带来更多的消费价值。

第二，管理精进，局部存在“大企业病”，岗位之间相互制造工作。随着企业不断发展壮大，大企业病也就随之而来。分工越来越细、岗位越来越多，岗位和员工之间开始互相制造工作，逐渐失去了中型企业的敏捷性与活力。慢慢地，公司中越来越多的员工虽然成天忙忙碌碌，但是却没有有效地创造价值，也不能有价值地工作，工作效益产出十分低下。

第三，职能部门的监督有余，服务和经营职能不足。公司为了更好地规避风险，稳健发展，建立了完善的内部风控和审批流程，涉及法务、审计、质量、财务等各个部门。但是在管理实践中，部门存在明显的政府管理部门思维，重监管、轻服务。明显表现为部分管理部门之间存在壁垒，各自为政，相互之间不能有效配合，造成效率低下，引发推诿扯皮的现象。

第四，流程健全，流程标准化和授权体系有待完善，存在矛盾上移。目前公司的销售、财务、人事等多数管理制度实现了流程化和信息化。但是在执行中，各岗位的用户(客户)是谁？给用户(客户)提供了哪些有价值的工作或服务？服务标准如何度量？服务标准和绩效考核的关系如何对接？许多岗位上的人对此并无概念，甚至部门对此都认识不清。另外，流程中的适当授权以及灵活变通性不够，导致公司业务中的审批环节过多，并且存在审批、决策环节方面的推责和矛盾上移现象，既没有降低风险，又没有提升效率。

第五，一些岗位工作饱和度较高，但是工作价值低。公司目前存在着部分岗位的工作量大且重复性较高的情况，但往往这类岗位的附加值较低，由此出现了一些员工存在着工作量巨大但又没有良好的晋升空间和待遇的情况，大大降低了他们的工作积极性。因此，公司一些岗位员工跳槽离职现象严重。然而，新员工的补充又跟不上，剩下的员工分摊离职员工的工作，使其越来越忙，工作价值却始终很低，员工满意度大大降低。

第六，和谐有余，竞争不足。目前 M 药业是纵向协调职能分工，然后根据岗位职责设置部门，并进行人员匹配和资源调配。但是目前公司发展到一定阶段，老员工较多，部门之间的人际关系交错复杂，在组织内部做事有时候会凭借人际关系的亲疏；此外一些岗位的工作是周期性的，繁忙的时候人员紧缺，但是空闲的时候又会人员冗余，因此从整体来说，一些岗位存在着工作饱和度较低的情况，没有合理对人员进行分配。

第七，资产运营中心务虚，并未发挥出应担负的重要战略责任。公司目前有 M 药业大药房、物流公司、八宝生物、护理品公司、医院投资公司(包括 7 家肛肠专科医院和 29 家合作肛肠诊疗研究中心)等多个业态，但子公司的盈利现状不太理想(5 家公司，3 家盈利；7 家医院，2 家盈利)，需要思考未来的业务增长点在哪里。目前公司对各子公司的管理和服务主要通过资产运营中心的资产管理部来完成，但资产管理部对子公司的指导、管理、服务有限，主要局限于年度考核工作和资产管理层面。资产管理部在协同子公司和集团高层关系、沟通协调，为子公司排忧解难等方面存在严重不足。

第八，部分部门和岗位职能定位高，职能履行到位程度有待提高。公司部分部门设立时部门的职能定位、岗位等级配备和薪资水平都处于较高水平，这是由于其职能定位要求，并且与公司未来的发展战略相关。但是，在运作时部门职能履行程度却非常低，造成了很大的资源浪费；在实际的执行落地过程中，部分岗位的价值贡献度并没有某些岗位的价值贡献度来得直接具体，从而造成的影响不仅是人工成本的居高不下，长久以往更会导致 M 药业战略的实际执行效果大打折扣。

五、兵来将挡，水来土掩

上述的一些问题对M药业快速发展的步伐造成了不小的影响，M药业公司又集思广益，要求所有员工提出一些有针对性的解决建议，以促进531战略的落地执行与推进。但是在讨论会上，大家都是众说纷纭，从各种角度和理由出发，上上下下一共提出了上百条建议，但是建议越多，执行起来就会越困难，因此不可能将所有的想法都纳入考虑范围。那又如何从中找出最具有建设性的建议呢？整个讨论组都陷入了沉思。最后陈经理决定，要根据公司的战略为主要指导原则，在实际过程中摸索最有效的解决办法，主要包括以下几个方面：

首先M药业认为公司未来要真正实施大健康战略，强化资本运作，强调外协加工；要真正通过子公司并购、委外加工去整合资源，拉长肛肠类健康(预防、治疗、保健等)的生态链；通过电商事业部、M药业内购商城(如小米手机的小米商城)等路径、唤醒、满足消费者一体化的需求以及整体需求，提高公司产品系列的黏性和忠诚度。其次从长期来看，应简化业务流程(如简化审批)，进行机构合并(大部制)，使组织扁平化(减少层级)，最终使组织从大企业走向微化经营。另外，还可以内部客户和项目制(如销售中心)为导向和试点，建立公司的“倒三角”业务模式，业务层居顶端，职能部门居中间，高层领导在底层协调、控制和整合资源。最后是要转换管理部门或者部门监管职能的管理思维；监管不单是监督、约束，监督也是服务，监督中更需要从专业角度指路。在任职资格条件允许的情况下，可以让长期协调配合不通畅且存在监督管控关系的部门中层交互流动任职。

在业务层面上，可以建立业务流程服务对象和服务标准体系(时间、成本、数量、质量)，提高业务流程标准化程度和执行效率；而在审批层面上，可以完善公司授权审批体系，谁签字谁负责，避免矛盾层层上移。此外，在信息技术不断进步的情况下，可以用设备来取代人力，或者通过其他部门内部的职责分担，腾出精力，从事回报更高的工作。在信息化和市场激烈竞争的背景下，未来的组织内部关系，不再仅仅是垂直管理关系，而应该是“平台式+网状化(内部市场化)+项目制关系”。

公司应强化AB角模式、建立内部任务市场发包模式，建立公司内部的跨部门、跨岗位兼职机制。通过跨岗位、跨部门的任务结合，构建一张岗位之间的关系网，从而力图解决部分岗位工作饱和度较低以及岗位价值体现不明显的问题。最后，更是要反思背后的工作流程是否可以进行优化、岗位价值是否可以进一步提升等问题，从而提升岗位的工作效率，并且建立与新的岗位分布相匹配的薪酬分配机制。因此，在编制缩减后，各部门通过梳理以及流程优化等，引导员工做正确的事、做高价值的事(低价值、与公司发展战略关系不大的事务可以外包)，提高部门间、岗位间协同效应。也可以通过开展与AB角、内部市场化竞争关系、项目小组运作、网络化营销等方式，对员工的能力进行培训，多方面提升员工素质。

经过两次调整，M药业不仅因为岗位职责的清晰划分而提升了部门之间的工作效率和协作，各项工作的顺利开展让公司的业务的发展也变得更加快速。但是在这样的时代背景下，每一次变革的时效并不是长期的，时刻怀着危机意识和变革意识，才是长远的发展之道。陈经理及其团队作为M药业管理层的中流砥柱，应该为公司长远的发展时刻谋划。M药业的发展定位也绝不只是成为国内的行业领先者，怎样在国际市场上打开局面，背后又需要什么样的管理作支撑，这都是陈经理未来将要面临的挑战。不过陈经理不仅拥有丰富的经验，还拥有高瞻远瞩的眼光，这无疑会为M药业未来的发展保驾护航。

案例使用说明

1. 教学目标规划

(1)掌握岗位管理的四定管理的理论与实操技术；

(2)通过案例，进一步理解组织架构与具体岗位之间的关系；

(3)学习关于撰写岗位说明书、岗位评价等方面的操作技巧；

(4)基于案例企业进行岗位设计的过程及结果，培养一定的综合分析能力。

2. 课堂讨论题

(1)在实施2013年四定项目后，M药业的基本组织结构是怎样的？

(2)你觉得2013年四定项目为什么能够成功？

(3)现在M药业面对的难题有哪些？

(4)531战略的重点内容是什么？这一转型对公司会产生哪些影响？

(5)你认为531战略为何会难以实施落实？可以从哪些方面解决？

(6)要解决M药业现在的难题，重新进行企业四定可以从哪些方面展开？

3. 启发思考题

(1)如何根据市场的变化进行企业战略调整？

(2)企业战略如何落地？如何分解到岗位？

(3)你觉得定责、定编、定员、定薪在实施过程中要注意哪些问题？

参考文献

[1]李树文，孙锐，罗瑾琏．新创科技企业战略人力资源与组织创新．科学学研究，2020，38(3)：566-576.

[2]魏亚欣，杨斌．人力资源管理对战略“之字形”演进的促进机制研究．管理学报，2015，12(6)：839-846.

案例 2　谁在阻碍彩虹公司岗位分析的步伐?

【摘要】岗位分析对于人力资源管理工作来说无疑是至关重要的，因为它是一项基石性的工作。本案例中，彩虹建材公司(以下简称彩虹公司)内部存在管理混乱、推诿扯皮的现象，公司的新任人力资源部经理林志为解决这一管理问题准备开展一次新的岗位分析，但是却因此受到部门员工的诸多阻挠和推诿。林志为此开始调查大家对岗位分析不配合的原因，调查出原因之后林志不得不请公司的何总出面，并解释开展岗位分析的重要性与必要性。思想工作结束之后就是正式的岗位分析工作的开展，彩虹建材公司能否顺利完成岗位分析工作任务呢?

完成了一天工作的林志，回到家后并没有感到轻松，此刻林志的脑海里还在回想着关于工作的事情，因为公司目前存在的管理混乱问题着实给林志带来不小的困扰。身为新入职的人力资源部门经理，能否新官上任三把火，“烧了”彩虹公司内部的管理矛盾，都是他即将要面临的挑战。但是就算林志做好了改革的准备，公司其他部门员工就愿意配合他的工作吗？在取得大家的配合之后，岗位分析工作就能顺利开展吗？对于此，林志早有心理准备，因为对于处于职场黄金时期的他，不但想要在彩虹公司这一具有较大发展潜力的公司里大展身手，同时也想为公司的管理做出更多的贡献。然而为了开展岗位分析工作，未知的困难还在等着林志去解决……

一、公司简介

彩虹公司成立于 2003 年 7 月，是一家外商独资企业，总投资 2800 万元人民币，资方是 WB 集团旗下的 DY 建材有限公司。DY 建材有限公司近几年断断续续在北京和上海成立了新型的建材公司，致力于开发绿色新型建材，并试图抢占市场先机并成为行业带头企业。彩虹公司工厂位于上海市，占地面积近 100 亩，毗邻黄浦江支流上的金汇港，距市区约 30 分钟车程，并建有专用直立式码头，具有良好的水陆运输条件，不仅为开拓中国市场奠定了基础，更是为开拓海外市场节约了成本。这样优越的地理位置就等于为公司未来的快速发展插上了翅膀。

从 2010 年开始，公司从德国引进世界先进的主机设备，采用当前先进生产工艺和科学管理模式。目前公司产品的种类已经在快速扩张中，在现有的基础上又即将建立新的生产基地。公司产品以人性化设计为特色，使得公司的产品能够在建筑领域中得到广泛运用，公司希冀能够为广大消费者提供优质的使用体验，成为国内同行业最具竞争力的新型建材企业之一。自 2012 年以来，彩虹公司就在国内建材类公司的排名稳居前 10 名，并且拥有一大批固定的消费者，同时也吸引着更多的销售商。但是彩虹公司并不故步自封，而是将眼光投向了国际市场，期望在未来的发展中能够将产品在国际市场上推广以及发展。但是，随着公司规模的不断扩大，企业内部的管理也愈加困难。为了吸引新鲜血液，公司的何总与合作的猎头公司挖来了年轻有为的林志，希望他能够给公司带来不一样的改变。

二、岗位分析的百般阻挠

林志最近刚刚入职了彩虹公司的人力资源部门的经理。其实在入职之前他就知道这份工作并没有想象中的那么简单，因为之前好几任人力资源部的经理都是在入职不久之后就离职了。究竟是什么样的工作困难和问题使得他们如此迅速离职呢？林志在心里埋下了一颗疑问的种子，并试图正式找到这些问题的根源。

随着林志的正式入职，他也慢慢地展开自己的工作。随后不久就发现公司在内部管理上存在的一些问题：部门与部门之间的职责界限并不明晰，具体的工作流程也存在一定的不科学性。例如在实际工作中遇到困难需要沟通协调时，A 部门说“归 B 部门管”，B 部门称“不知道，让他找 C 部门”。林志清楚地知道，之所以会出现这样的局面，是因为部门之间的职责不明晰，员工各自的分工不简单明了，才会出现这种人浮于事、推诿扯皮的现象。这种局面带来的直接结果就是办事效率低下，员工工作中怨声载道，同时也为公司的管理埋下了隐患。

要解决这一问题，行之有效的手段就是进行岗位分析，对组织内部的部门职责和岗位职责进行梳理。通过岗位分析重新形成岗位说明书和部门说明书，明确各个岗位和部门的职责和工作内容。只有每个部门、每位员工都各司其职，才能真正提高工作效率，避免各部门间出现推诿扯皮的现象。林志为了更好地开展岗位分析工作，还特地在部门内部成立了岗位分析小组。在正式的岗位分析工作开始之前，林志不仅仔细研究了所有的岗位分析方法，而且让工作小组也作了一番细致的准备工作。不料，就在他和他的工作小组做好准备工作开始有所行动时，绝大部分员工的态度竟是不配合甚至是反对。由于岗位分析是全公司范围内的工作，想要顺利得到开展，还需要各个部门绝大部分员工的配合。

林志首先找到了 A 部门的员工小王，谁料小王忙不迭地说道：“林经理，您不要觉得我每天的工作都很轻松呀！相反，我一个人就相当于别人三个人的任务量啊！林经理，你就别再折腾我了！我只想好好把我的本职工作做好，其他事情我不想管也没有多余的精力去管，也希望您能够理解我们工作的不容易呀！”本部门的其他员工也一致反对地说道：“林经理，不是我们不配合呀，实在是因为我们每天都要加班，至少要到晚上 9 点以后才会下班，你现在进行岗位分析，我们就得配合您的工作，这无疑是在耗费我们更多的时间啊！这样我们实在是吃不消，还会陷入无限加班的死循环，您还是去和别的部门商量吧。”也有的员工态度是怀疑的：“公司最近是不是要找理由裁员啦？不然怎么会突然要做工作分析了呢？”“真抱歉啊林经理，最近手头上的工作有点多，等过一阵工作量不大的时候我一定配合您的工作！”胆小者支支吾吾、观望者疑心重重、中立者态度冷淡不配合的更是不在少数……

林志没想到自己刚上任，想开展一项新的工作的阻力竟会如此之大！即使有的员工表面上表示配合，但是私底下也在不停抱怨，并且并不能认真完成分配的工作。在此之前，他每天都在筹划着该如何改变现状，如何开展工作。直到现在，他仿佛隐隐约约地开始明白了前几任人力资源部经理离职的真正原因。但是，林志不是一个轻言放弃的人，越是具有挑战性的工作越能激发他的斗志。林志心里想道：岗位分析是人力资源管理的基石，后续的工作都要以此为基础，为什么大家都不愿意配合呢？他暗自决定展开一次调查，来探究这些问题的深层原因。

三、林志的明察暗访

林志并没有因为一次的工作进展不顺利就撂挑子，他想在公司范围内做全方位的了解。在一次的会议结束之后，林志把工作分析小组的组长小刘叫到了办公室。小刘在公司的人力资源部已经任职3年了，对于公司以前的情况都比较了解。林志问道："小刘，你知道我们公司内部现在因为岗位职责不清晰，导致各部门的工作存在许多交叉重叠的情况，甚至因此而导致各部门因为不能很好地协同工作而出现人浮于事的状况，这样的情况对我们公司的发展是极其不利的。我想改变一下公司的现状，但是大家都不配合我的工作，你能告诉我在我之前都发生了什么事情才让大家都如此反对进行岗位分析呢？"小刘有些为难地答道："林经理，我作为岗位分析小组的成员本身自然是十分支持这项工作的，我也知道岗位分析的重要性，所以十分理解您。但是您想真正了解背后的原因，您就应该去与那些反对这些工作的员工进行访谈呀，我想这样的话您可能更为直观地看到问题的根源。"

并非管理类专业科班出身的林志，之前一直在项目上做项目经理，不仅拥有出色的业务能力，并且因为出众的管理能力而走向了管理类的工作岗位，之后的工作表现也一直较为出色，因此备受领导青睐。这与林志自身的职业生涯规划也是符合的，并且懂技术、了解业务，为踏上管理岗位之路奠定了坚实的基础。虽然管理岗位需要更多的"软实力"，但是经过多年的经验积累和业余时间的不断学习，林志对于人力资源管理这一领域的专业知识也有了不少的积淀。然而，走向管理岗位的第一课就是与员工沟通，了解他们的顾虑并以高超的沟通技巧打消他们的疑虑，这就需要一定的沟通艺术。对于林志这个空降的"新官"，大家伙似乎都不是很买账，积极性并不高。一周下来，林志筋疲力尽，却收获寥寥。但是没有调查就没有发言权，林志只能继续坚持探究背后的原因。

林志多次找到A部门的小王还有其他协调部门的人员了解情况，虽然过程并不顺利，但是功夫不负有心人，经过多方了解后，林志才知道这个岗位的前任部门经理也做过岗位分析。但是他们的方法过于激进，造成大部分员工对岗位分析的误解。林志从员工小周的口中得知，前一任部门经理不但做了岗位分析，还在岗位分析刚结束之后就开始对人员的安排做了大调整；此外，不但精简了很多岗位和编制，而且对相似岗位进行了合并，造成有些员工的工作量大幅增加。也就是说，上一任经理所做的岗位分析工作并不是科学合理的，导致有的人工作量增加，而有的人因为岗位职责的合并却无所事事。

林志终于明白了为什么有的员工会怀疑此次的工作分析是为了裁员，或者有的人会连忙推辞，以现有的工作量大为借口逃避岗位分析，害怕重新确定岗位职责又会给自己加大工作量。因为前几次的岗位分析工作让大家吃尽了"苦头"，有了前面的"前车之鉴"，大家才会对岗位分析持怀疑甚至是反对的态度。

既然知道了问题的症结所在，那就要对症下药。林志心想自己的管理级别还不够高，在员工面前说话的分量还不够大，不然大家也不会明里暗里反对开展岗位分析工作。就在林志为了这件事而苦恼一筹莫展时，他心里想到一个人：公司的何总。何总是公司创立的几大元老之一，在公司的快速发展时期做出了卓越的贡献，同时具有较强亲和力，在公司内部受到很多人的尊敬和爱戴，许多员工对何总的评价都十分不错。并且在正式入职前，何总就对林志表现出了较大的期望，希望他能够带领人力资源部门作出真正实质的改变。如果能把何总请来给大家做一次思想上的工作，不仅能够让大家放下心中的担忧，并且还有可能会有意想不到的效果！

于是林志找到何总，向何总报告了最近的工作状况之后，就将自己遇到的困难告诉了何总："何总，您知道我们公司目前的管理存在一定的问题，作为人力资源部门的经理，我有责任有义务来做一些事情改善局面。但是由于前几任经理几次失败的工作分析，大家都不愿意再配合我做工作分析的工作，其实这也是我能够理解的。您也知道，岗位分析这项工作不是我凭借一己之力能够完成的，我更多的是需要大家的共同协作。但是，除了我自身付出一些努力之外，我希望何总您能出面，帮我做做大家的思想工作，这样可能会让大家放下偏见，打消之前因为失败的岗位分析而导致的顾虑，这样也能够让岗位分析工作能够更加顺利地开展。"

何总微微一笑："你的一番话道出了现在公司在管理上出现问题的根本原因，虽然之前有过这方面的尝试，但是最终都没能坚持下来。我们公司正是缺少像你这样敢于挑战现状、富有革新精神的人才啊！你刚刚说的问题我之前也有所了解，我明白大家的顾虑是什么。你放心，能帮到你的我一定会尽力。""那就十分感谢何总了！那我就先去工作了，后面的工作事项安排我随时和您沟通！"林志颇为满意地走出了何总的办公室。

四、何总的思想工作

何总和林志决定挑选某个下午的时间，召集部门的所有员工开一次会议。会议上，何总率先发言："想必大家都知道我们此次开会的目的了吧。大家也应该都发现了我们公司内部的管理出现了一些小问题，部门之间推诿扯皮，不仅给我们的管理带来了困扰，大家在实际工作中应该也遇到了不方便的情况吧，这样的局面只会造成工作效率低下，最终影响的也是大家的绩效啊！要改变现状，就要从根本上解决问题。之所以出现这样的问题，根本原因是在于岗位的职责不清晰，部门的工作内容不明确。所以，从源头上解决问题就必须进行一次新的岗位分析。"

何总看到大家此时的脸上露出了怀疑甚至有点沮丧的表情，接着解释道："大家也知道我们管理工作的顺利开展需要明确各自的职责，后续的许多工作的开展都以岗位分析为依据，因此它有着奠基性的作用，甚至和大家的培训、绩效以及薪酬相挂钩，我想这就直接关系到了大家的切身利益了吧。多从公司的角度出发，我希望大家能够重视此次的岗位分析工作，并全力配合林经理的工作。"

此时，员工小王忍不住发言道："何总，您也知道，我们部门的前几任经理也尝试过岗位分析，但最终的结果并不理想，甚至给大家的工作带来更大的负荷，有了前两次的失败经历，我们知道岗位分析的困难之处，如果没有万全的准备，我们这次又要开展岗位分析的意义在哪里呢？如果又像前几次一样不了了之，不是又平白无故给我们增加工作量吗？其实您也知道，最近正值我们业务开展的黄金时期，每个人的工作负荷都是很大的。”

何总答道：“我们清楚大家的顾虑是什么，但是我们不能因为一两次的失败就安于现状不敢做出改变了呀！正是因为有了前面两次的失败经验，我们才能吸取失败的经验教训，避免上次的错误再次发生。公司业务发展的速度也需要我们在背后做强大的管理支撑，不然我们怎么跟上如今快速发展的时代脚步呢。”

这时，林志圆场道：“请大家放心，我和何总在这里承诺，与先前不同，这一次的岗位分析工作一定会有计划地开展，科学合理安排工作，不会给大家造成工作量大增的情况。对于岗位分析的结果我们会重新编写岗位说明书，重新给各个岗位的职责进行界定，但是不会让任何一个人因此而失去工作，甚至能够更好地确定各岗位的职责而减轻大家的工作负荷。相信通过此次岗位分析工作，一定能改善公司的管理格局，也会给大家带来真正的工作上的便利。不知道我这样说大家能不能够很好地理解我之所以坚定开展岗位分析工作的目的，那大家还有什么问题吗？”

小周问道：“林经理，虽然我们之前有过岗位分析的经历，但是我们对岗位分析一些具体的方法和流程还不是特别清晰，后面会给我们做相应的指导吗？”林经理微微一笑答道：“这个还请大家放心，我知道开展分析工作并不是一蹴而就的，所以我们前期已经做好了全面以及科学的准备，相应的准备资料我也已经让小刘做了整理。所以我们在正式的岗位分析工作开展之前，会就具体的操作方法、操作步骤做一个详细的介绍和培训，只有保证每个人都是熟悉流程、明确方法之后才会开始岗位分析。俗话说得好，磨刀不误砍柴工嘛！”

通过林志的这番讲解，大家对于此次岗位分析的疑问以及不安基本上得以消除。甚至其他部门的一些员工在听说重新进行岗位分析能够精简自己的工作之后连忙点头称赞，因为他们早就深受职责不清之“苦”！会议到这里也差不多结束了，这次的会议在林志看来是成功的，在何总的助攻下，成功地消除了大家的顾虑，给所有人都吃了一颗定心丸。在取得了大家的信任和理解之后，后续工作的展开才会有所有人的配合，尽最大的努力把每一项任务做好，为后续的工作安排和明晰职责打下基础，也为提高部门间的协作和沟通效率向前迈出了重要的一步。

五、柳暗花明又一村

在解决了岗位分析道路上的阻碍之后，林志就带领他的工作小组开始了准备工作。首先是对所有员工进行岗位分析的流程与具体方法的讲解。在开会之前，林志让小刘对相关的材料和关键点进行了整理，方便后续在会议上对大家进行相关信息的讲解。

林志解说道：“岗位分析，是通过采取各种行之有效的方法对岗位的信息进行收集以及分析，进而形成对某一岗位的完整说明。这项工作是基础，更是其他工作安排的依据。进行岗位分析，在实施过程中主要是从下列的 8 个方面入手，概括来说就是“7W1H”，即分别是 Who（由谁来胜任此岗位）、What（此岗位具体的工作事项）、Whom（在实际中对谁负责）、Why（这项工作存在的原因即意义何在）、When（时间限制）、Where（工作地点和环境）、What qualification（任职资格）、How（如何做）。以上 8 个方面囊括了岗位分析应该分配的具体任务和方向，也为实际开展行动提供了思路。

此外，林志还向部门员工介绍了几种主要的工作分析的方法："在此次开会之前呢，小刘对目前主要的几种工作分析方法的信息进行了收集整理，接下来会由我们部门的小刘跟大家具体介绍这几种分析方法。"小刘接过林志的话说道："问卷调查法是我们针对特定的岗位或者特定类型的岗位，事先设计好一套问卷，将问卷发放到该岗位的员工手上，由他们填写，然后将问卷回收进行汇总，再对问卷进行筛选，从中挑选出具有代表性的问卷，最终汇总分析得出目标岗位的信息。对于问卷的设计有开放型和封闭性两种形式，在后面具体采取哪种形式我们会讨论决定，根据不同岗位采取不同的问卷设计形式。"

"访谈法是通过与任职者的访谈交流，收集到该岗位的信息。访谈的对象不仅包括该岗位的任职者，还要与对目标岗位较为熟悉的直接上级、与任职者共同工作的同事以及该任职者的下属等进行全面的访谈。此外，为了保证访谈结果的有效性，在访谈开始之前要列访谈提纲，以实现对过程的控制；同时，在访谈过程中要注重访谈的氛围，保持融洽，让被访者保持轻松愉快，才能最大程度上获得准确的信息；最后将访谈的结果进行梳理，按照信息的重要程度进行排序，并让目标岗位的直属上级和任职者进行相应的修改。"小刘接着说道。

"其实以上两种方法是我们这次岗位分析主要用到的方法，通过问卷调查和对任职者进行访谈，能够快速且有效地收集到目标岗位的信息，而且两种方法穿插使用，优势互补，基本上就能够满足我们的工作需求。除了这两种方法之外，还有关键事件法和工作日志法，但是由于工作日志法需要时间跨度较长，而我们之前并没有做相应的准备，因此不予考虑。关键事件法主要是通过最"好"和最"坏"的事情来收集岗位信息，并不适用于我们的目标岗位，因此也不予考虑。所以在这里我就不过多介绍了。"小刘解释道。

小刘最后说道："上述几种岗位分析的方法各有优劣，也有各自的适用范围，虽然我对这几种方法做了相应的介绍，但是我们工作的重点并不是讨论采用哪种岗位分析方法，而是要在真正推行岗位分析这项工作时，大家能够积极配合，我们也希望投入了时间和精力，能够最终带来一个让何总、林经理满意，也让大家满意的结果。通过何总和林经理的思想工作，我相信大家应该没有多少后顾之忧了，并且这项工作最终的结果也会让我们都受益的。"

林志接过小刘的话接着说道："在这里我们主要是简单介绍这几种工作分析的方法，更具体的内容我也让我们人力资源部的小刘整理了一份资料，关于岗位分析的方法、步骤以及一些经典的案例供大家学习和参考，大家在正式开展岗位分析工作之前记得好好学习一下，打一个初步的基础。大家在过程中有任何关于岗位分析工作的问题或者是更好的建议都可以随时和我们人力资源部的小组成员进行沟通和反馈，我们也很希望能够多和大家进行交流，这样也能够更加顺利地开展工作。希望我们每个人都能将自己所负责的工作做好，工作的进度和结果也一定能在预期范围之内！"

林志和工作小组做好前期的动员和准备工作之后就开始了正式的调查阶段，这也是开展岗位分析的第二个阶段。这一阶段的主要任务就是全面调查目标岗位的工作流程、工作内容，往往要详细调查关于岗位的信息。林志对每一项工作都进行了相应的分工安排，确保每个人都能够找到最适合自己负责的部分，此外，还要对工作的方法和程序非常熟悉，才能尽可能减少失误。

最后，此次岗位分析工作的最后阶段就是分析阶段。这也是此次岗位分析的第三个阶段了。通过对目标岗位收集到的信息进行深入全面的分析，归纳出工作特征和职责概要以及岗位的任职资格。林志特意安排了工作分析小组的组长小周对各种信息进行审核，确保信息和手段是有效的。除此之外，小周和林志一起将有效信息进行创造性分析，最终根据岗位分析的规范编写出目标岗位的工作说明书，对各个部门和岗位之间的职责进行重新界定，相互间的界限也明晰起来了。尽管在进行岗位分析的过程中，或多或少地会遇到一些问题，但是林志总是会想办法在第一时间内解决，遇到较为困难的问题会召集小组会议进行讨论，大家共同商讨对策。

至此，此次岗位分析工作终于得以圆满完成。重新对各个岗位的工作内容和职责进行界定之后，部门间的分工协作变得更加协调起来，工作效率也提高了很多，一扫之前的混乱局面。林志也为自己和部门员工的共同的努力成果而感到高兴，这一次工作成功无疑为自己的职业生涯添上了亮丽的一抹色彩，更是一份宝贵的经验。通过此次的工作，各个部门的员工认识到了林志作为部门经理具备的胆识和魄力，也打算以后更加积极地配合他的工作。但是在今后竞争愈加激烈的发展道路上，彩虹公司还会遇到其他更大问题，都说好的管理是成功的一半，林志能否继续带领他的团队克服更多的挑战和阻碍，给彩虹公司带来更大的改变呢？这是林志作为彩虹公司中坚力量需要思考的问题，但是同时也要为这些问题的到来提前做些相应的准备……

案例使用说明

1. 教学目标规划

(1) 掌握岗位分析的内容与方法；

(2) 熟悉岗位分析的程序；

(3) 了解各种岗位分析的方法的适用范围。

2. 课堂讨论题

(1) 彩虹公司即使没有之前的失败经历，在实际中员工依然多多少少对岗位分析有抵触心理，这是为什么？有何技巧来使这项工作顺利推行？

(2) 成功的岗位分析能够给组织带来什么积极结果？

(3) 通过岗位分析能否完全解决工作之间的交叉与重叠？如若不能，还可以采取什么样的方法来解决？

(4) 不同的岗位分析方法有何特点？

(5) 编制岗位说明书应该注意哪些方面？

3. 启发思考题

(1) 为什么岗位分析的地位如此重要？

(2) 岗位说明书具体包括哪些方面？

(3) 岗位说明书的编写需要注意哪些问题？应该遵循什么样的原则？

参考文献

[1]陈进，张国民．工作系统模式设计——对传统工作分析的创新．中国人力资源开发，2010，22(10)：45-48.
[2]李广义，韩丽．企业实施工作分析的难点与应对思路．中国人力资源开发，2008，20(6)：99-102.
[3]王美萃，张敬德．电信公司岗位分析与岗位评价——以M电信公司为例．中国人力资源开发，2010，22(4)：57-60.

第四章　招聘与测评管理

本章知识要点

一、胜任力与招聘

胜任力是指能将某一工作(或组织、文化)中有卓越成就者与表现平平者区分开来的个人特征，如自我形象、社会角色、态度、动机、价值观等。胜任力模型让实际的招聘将“人”与“标准”相比较成为可能，首先，不仅为素质能力测评中的指标的确定提供了相应的基础，同时也为测评岗位必备能力的方法设计(包括笔试、面试、评价中心、心理测验等)提供了依据。

胜任力模型与招聘的关系：首先，当构建测评指标时，以胜任力为前提能够有效地保证招聘工作的信度和效度；其次，当有了目标岗位的胜任力模型，构建测评指标时可以直接或者间接地将胜任力转化为面试过程中的测评指标。

二、招聘的流程与渠道

(一)招聘的渠道

招聘的渠道主要有内部招募和外部招募两种。当组织中出现空缺岗位时，组织可以在内部发布公告，除了要公布空缺岗位的基本情况(岗位职责、任职资格、薪酬水平等)，还要将申请岗位的基本流程公布出来。组织内部的员工可以根据公告上的要求自愿申请。内部招募的整个过程应该公开透明，确保公平性，最大程度上调动员工积极性。内部招募主要分为职位轮换和职位晋升。职位轮换是员工先前的职级并不发生变化，而是通过变换岗位来实现人员的流动。内部晋升是当组织内某一职位空缺时，从下级岗位中挑选素质优秀且与岗位相契合的员工来填补空缺。

当组织内部的员工不适合填补空缺岗位或者某一岗位的特殊要求而不能选择内部招募时，此时可以通过外部招聘的方式来挑选合适的人才。外部招聘的形式主要有广告招聘、员工引荐、猎头介绍、网络招聘以及校园招聘等。不同的形式各有千秋，可以根据不同的岗位需求进行选择。

（二）招聘的流程

一次完整的招聘工作主要包括以下几个步骤：第一步，以组织的人力资源规划和各部门实际用人需求来确定招聘需求；第二步，选择合适的招聘渠道，并发布招聘信息吸引求职者；第三步，通过问卷和访谈等方式确定招聘岗位员工应具备的胜任力；第四步，分析影响招募的因素，确定具体的招募方法，以胜任力为基础确定测评内容；第五步，吸引求职者，实施测评；第六步，根据测评结果确定招聘人员；第七步，对招聘的过程和结果进行评估。

三、素质测评的方法

（一）心理测验

心理测验是依据确定的原则，对个体在少数具有典型性的行为活动中的心理特征进行分析。按照心理测验侧重点的不同，它可以分为认知测验和人格测验。认知测验主要的目的是测评参与者的认知行为，往往会因为参与者的情况各不相同，分为成就测验、智力测验与能力倾向测验；而当侧重点偏向于测评个体的社会行为时，就是人格测验，按其具体的对象，可以分成态度、兴趣与品德和性格测验。

（二）面试

通过精心安排特定的时间和场景，观察在与面试者的交流过程中面试者表现出来的各种素质和潜力的方法就是面试。面试方式根据不同的划分标准可以有多种类型，面试的标准化程度可以根据实际情况进行选择：结构化面试、非结构化面试和半结构化面试。在面试过程中，主要测试面试者两个方面的素质来评估其与目标岗位的契合度：通用素质和专业素质。通用素质是指胜任一般岗位都应该具备的素质，例如语言表达能力、仪态仪表等；而专业素质是指胜任特定岗位应该具备的专业相关的知识、经验以及技能等，例如某个岗位要求候选人应该是什么专业出身、具备几年的专业工作经验等。

（三）评价中心

通过模拟真实的工作场景或者将被试者置身于一定的工作情境下，对其安排相应的任务或者工作，测试其完成度的方式就是评价中心。从评价中心活动的内容来看，主要有文件筐测验、无领导小组讨论、管理游戏、演讲、案例分析、事实判断、模拟面谈等形式。

案例1　蜿蜒曲折的新工厂员工招聘之路

【摘要】企业为了应对外部市场环境变化而改变市场重心及生产计划时，新的人员需求就随之产生。2015年，KC公司面临本土市场缩减的威胁，因此决定将市场重心大幅度转移到产品需求较大的中国地区，于是KC公司决定在中国天津投资新的生产基地。新的生产基地落地投产后，急需大量的技术工程师，但是由于种种原因公司长期搜寻不到合适的候选人，导致招聘工作一直无法推进。本案例阐述了KC公司在新工厂人员的招聘过程中，由于人力资源规划、招聘计划等制定和执行不当导致招聘受阻的全过程，并引发了对于如何提高招聘有效性的思考。

"招聘工作已经进行了好几周，今天上午面试的三个人都不合适，招聘工作是怎么开展的？猎头不专业，你也不会看人吗？工厂这边急着要人，你抓紧时间吧。"结束和Mike通话的Lucy知道，前几周的招聘工作又白做了。工程维修部的招聘工作进行了好几周，好不容易找到了突破口，但是现如今看来又是以失败告终。现在，对于工厂维修部两个工程师岗位的要求，因为反反复复的修改和变化导致Lucy已经搞不清楚了。绝大部分有效的招聘方式已经尝试过了，但是依然找不到合适的候选人，而新工厂那边的用人需求又极为迫切，此次的招聘工作再一次陷入了瓶颈。

一、公司简介

KC公司于1872年在美国成立，是健康卫生护理领域的行业领导者。公司在37个国家设有生产基地，产品销往超过175个国家和地区，员工近42500人。KC公司在中国的业务始于1994年，在过去的20年里，中国逐渐成为其主要的全球生产基地之一，KC公司在中国的生产基地不断扩大。2015年开始，KC公司北美市场消费品销售额急速下降，公司针对市场环境的变化，决定开始打开中国市场的大门。2015年年底，KC公司在经过多方面的考察之后，决定将在中国的生产基地建在天津。KC公司计划将基地建设分为三期，其中一期的规划用地达到了12万平方米，预计三期全部完工之后的整体规模将达到30万平方米。这样的生产规模为KC公司快速占领中国市场乃至世界市场提供了坚实的后盾，KC公司致力于实现为婴幼儿提供最专业的护理这一长远的发展目标，让广大父母在育儿过程中享受到更多的幸福感。

2017年，KC公司天津生产基地正式落成投产，一期工程有五条生产线投入生产。KC公司采用自动化流水生产线，24小时不间断生产，因此生产线的人员需要三班倒。基地正式投入生产后，工厂需要大量的一线操作工人及机械工程师和电气工程师。生产线正式投入运营后，公司下达了相关的人员需求，人力资源部紧张地投入工厂员工的招聘中。这次招聘工作主要由人力资源部主管Lucy负责，这是她在KC公司工作的第三年，工作一直很认真负责。在这次招聘中，她主要是负责整个招聘流程的推进，包括候选人的搜寻和面试安排等。在这次招聘中，生产部门的人员需求主要是自动化生产线上的一线操作人员，负责原料的配置等工作。

KC 公司计划在每条生产线上各安排 1 名机械工程师和 1 名电气工程师，分别负责机械设备的维修保养以及生产线电气设备的维护升级。因此，工程维修部一共需要 5 位机械工程师和 5 位电气工程师，这两个岗位均要求具备 3 年以上的设备维护经验，同时需要与生产设备的供应商就设备的维护和升级进行沟通和交流，因此对英语口语有比较高的要求。

二、收效甚微

招聘开始之前，人力资源部抽调了部门的几个员工，加上工厂生产部的生产经理和工程维修部的机械经理组成了这次的招聘小组。人力资源部主要负责简历的筛选以及面试的安排，部门面试由各部门经理负责。工程维修部的机械经理 Mike，在 KC 公司工作多年，从当时的维修员做到现在机械经理的岗位。在同事眼中，Mike 做事认真负责，专业知识和技术很强，但是为人武断专行，骄傲自大。招聘小组首先就此次招聘的流程进行了讨论，对招聘工作的分配进行了安排。面试包括两轮：第一轮由 Lucy 根据候选人的简历对其进行初步的面试，主要是了解候选人的一些基本信息。第二轮是由各部门的经理进行专业知识的面试及薪资的洽谈。

接着，部门对招聘渠道的选择进行了讨论。首先，对于生产线一线操作人员的招聘，岗位对这类员工的技能要求比较低，同时市场上一线操作工的供给量比较大，因此招聘小组一致决定采用中介机构进行招聘。对于机械工程师和电气工程师招聘渠道的选择，招聘小组产生了分歧。除了中介机构介绍以外，外部招聘的形式还有很多，具体选择哪种方式还有待讨论。

在讨论中，大家一致认为校园招聘的人员不能满足 KC 公司这两类岗位要求的 3 年以上工作经验；而自荐的成功率低，难以满足目前的用人需求。此外，就业机构介绍的候选人的能力素质等往往难以满足用人单位的要求。相比于其他方式，员工引荐的成本低，同时成功率更高。但是，对于工程师这一岗位来说，员工交流的圈子多局限于公司内部，因此考虑到这一点，员工引荐也被招聘小组一致排除掉了。

接下来，招聘小组就网络招聘和广告招聘两种方式的选择展开了争执。Lucy 认为网络招聘能够在短时间内收到大量的简历反馈，考虑到工厂维修部此次需要的人员数量比较多，同时用人需求急切，因此她认为网络招聘是比较切实可行的方式；而作为工程维修部的专业人员，Mike 认为互联网招聘无疑是当前使用最广泛的招聘方式，可帮助企业实现在短时间收到大量的简历反馈。但是，互联网招聘也存在一些问题，例如一些年龄较大的求职者很少使用互联网，并没有时间在众多企业的招聘信息中搜寻到适合自己的岗位并进行简历的投递，也就是说互联网招聘的受众面也受到了一定限制。KC 公司此次招聘的工程师大多为 30~45 岁的中年人，因此不存在第一个问题，但是这种类型的岗位经常需要三班倒，因此候选人可能很少有时间浏览各大求职网站。因此，Mike 认为相对于网络招聘，广告招聘的成功率会比较大。但是 Lucy 提出："广告招聘需要选择合适的广告媒体，但是对于此次招聘的岗位，没有具有针对性的媒体供我们选择，而且广告招聘的成本也会比较高，而网络招聘的费用相对比较低。”

对于 Lucy 的疑问，Mike 做出了反驳：“在各大主流报纸都刊登上，问题不就解决了？至于费用问题，公司应该下放了足够的招聘经费吧。”对于 Mike 的武断专行，Lucy 早有耳闻，同时他提出的网络招聘的弊端也确实存在。于是 Lucy 选择了多一事不如少一事，最终，招聘小组听取了 Mike 的提议，选用广告招聘。

生产部门的招聘工作中，招聘小组选择了天津一家专业的中介机构，很快生产线上的一线操作人员顺利地录用并入职了。对于工程维修部人员的招聘，Lucy 结合 KC 公司现有机械工程部的岗位说明书上的相关内容制作了机械工程师和电气工程师的招聘广告(见图 4-1)，然后联系了各大主流报刊进行了刊登。机械工程师的岗位说明书如表 4-1所示。

KC 机械工程师　坐标：天津

通过对 TPM、LEAN 系统的执行与完善来提高设备稳定性，降低设备故障率，从而达成提高生产效率的目标，同时确保安全与质量目标的达成；为了满足产品升级需求，引进新技术、新工艺、新设备。

任职资格：本科及以上学历、机械相关专业；3 年以上设备维护经验；具有机械设计能力以及项目管理能力；熟练使用 office 办公软件、AutoCAD 等绘图软件；英文听写、口语熟练。

年薪 18 万~20 万元！

请将简历投递到 KC 公司人力资源部，邮箱：KC-HR@ 163. com.

图 4-1　机械工程师招聘广告

表 4-1　**机械工程师岗位说明书**

Job Title 岗位名称：机械工程师	Department 部门：工程维修部
Team Leader 团队主管：机械经理	Location 工作地点：天津
工作职责	1. 负责生产线设备维护管理，通过推动全员生产维护体系的建立，维护和提升设备能力，为生产运作提供专业的设备保障，实现公司业务目标； 2. 负责建立完善的设备档案，制定有效的设备预防维护保养程序，通过管理设备机械故障停机率和提升设备的 MTBF，降低 MTTR，为生产运作提供专业可靠的设备保障和服务；确保机台目标的达成和对业务的可持续发展的要求； 3. 建立和完善工厂的工程维修标准，提升工程维修能力；不断推动技术创新，保障产品更新及业务发展需求。
教育背景	1. 本科及以上学历； 2. 机械相关专业。
经验	1. 三年以上工程技术或设备维护经验； 2. 一年以上跨国制造型企业经验。

续表

其他 (语言/证书等)	1. 熟练使用 office 办公软件； 2. 熟练使用 AutoCAD 等绘图软件； 3. 熟练的英文听说读写能力； 4. 熟悉 BCM 设备工艺流程、设备结构及原理； 5. 机械设计基础知识扎实，了解 KC 公司设计标准。

招聘广告发布两个星期后，Lucy 收到的简历寥寥无几，并且经过筛选，收到的简历基本都不满足岗位的任职资格要求。面对工厂每天发来的用人需求，Lucy 急得像热锅上的蚂蚁。在一次简历搜索过程中，Lucy 意外地发现了一位就职于 KC 公司南京工厂的员工发来的简历，她豁然开朗，发现自己一直以来都忽略了一个重要的候选人搜寻渠道：内部招聘。Lucy 深知内部招聘是最快最有效的招聘方式。

于是，Lucy 向公司进行了反映。“此次招聘任务下达突然，工厂用人急切，但是招聘是一个复杂的流程，不是简单地拿着用人部门的要求去市场上招人这么简单，因此希望公司能够予以理解。”接着，Lucy 向公司提出首先在 KC 公司内部，如在北京和南京等地的工厂进行内部员工选拔的建议：“对于公司来说，采用内部晋升不仅可以快速地找到知根知底的员工，而且相对于外部招聘，员工对公司的忠诚度也比较高，同时节约了大量外部招聘需要花费的成本。此外，内部招聘的员工通常不需要对其进行过多的上岗培训，就能很快地适应岗位；而对于员工来说，内部晋升是一种激励，内部轮岗可以消除员工长期在同一个岗位上工作的疲倦感。”内部招聘的相关内容如表 4-2 所示。

表 4-2　**内部招聘**

内部招聘：当组织有新的人才需求时，从内部选择合适的人选来满足岗位需求。	
优点	消除员工长期在同一岗位上的倦怠感，对员工来说具有一定的激励作用。
	招聘的成本较低，员工与组织之间的相互情况也较为了解。
	用人单位与员工信息对称，企业用人风险低，招聘成功率高。
	相对于外部招聘的员工来说，员工更加认可组织的价值观，忠诚度高。
缺点	组织内部人员能够填补的岗位数量有限，可能会造成员工之间的相互竞争。
	可能会造成“近亲繁殖”，不利于企业文化的培养。
主要方式	内部提升，工作轮换，工作调换，人员重聘

对于 Lucy 的建议，KC 公司迅速采纳并在公司内网上发布了职位空缺公告。Lucy 很快就收到了很多员工的申请，KC 公司初步筛选后，推荐了北京工厂工作的维修技术员张峰和机械工程师李深。张峰今年 27 岁，大学一毕业就到 KC 公司工作，现在已经 4 年了，工作上一直尽职尽责，领导和同事对他的评价也很好。对张峰来说，北京和天津距离比较近，天津消费水平也比较低，再加上这次调岗本质上就是一次晋升，出于种种考虑，张峰

向公司提出了申请。李深今年34岁，经过几年的努力从一名小小的技术员做到了现在的岗位。李深本来就是天津人，当初考虑到京津两地相隔并不远，所以去了北京工作。可是最近他刚做了爸爸，加上父母年纪比较大了需要人照顾，因此他一直想回天津工作。这次机会在他看来千载难逢，一看到公告他就迅速向公司提出了申请。Lucy和Mike与两人聊过之后觉得两人都很合适，一周以后，张峰和李深顺利到天津工厂入职了。

这一次的内部招聘顺利地填补了两个机械工程师的岗位空缺，对于剩下的岗位空缺，内部招聘是不能再用了，那接下来的招聘工作该如何推进呢？

三、柳暗花明又一村？

当内部的员工无法满足空缺岗位的要求时，可以从外部吸引人才。外部招聘的渠道较多，可供选择的余地也较大，引入新鲜血液也有助于提升组织的活力。一个多月过去了，KC公司使用的广告招聘依然收效甚微，招聘工作再一次陷入了瓶颈。于是招聘小组再次召开了讨论会议，就招聘存在的问题及解决办法进行了探讨。对于这次的招聘，Lucy心里是苦不堪言，不仅招聘任务下达突然，并且人员需求量大，导致人力资源部没有时间对所招岗位和用人部门的要求进行分析，只能利用4年前公司请外部咨询专家编制的岗位说明书作为招聘的相关依据。

在会议上，Lucy就目前存在的问题进行了全面反馈。对于招聘部门目前难以满足工厂急切的用人需求的问题，Lucy认为，在新工厂启动建设时，公司就应该对新工厂的用人需求以及公司内部的人才供给进行分析和预测，并向人力资源部下达相应的招聘需求。同时，人力资源部应该提前制定相应的招聘工作计划，这样就能有效避免现有情况的出现。此外，Lucy认为广告招聘之所以没有效果，主要是由于刊登的媒体没有针对性。听了Lucy的话，Mike提出："广告招聘没有成效，就换一种方式！不管用什么办法，这个月月底，你要是再招不到人，你就等着卷包袱走人吧。"甩下一句话之后，Mike就愤然离席。

对于Mike的话，Lucy觉得自己是有苦说不出，但是招聘工作依然要继续。部门的同事在看到Mike这样咄咄逼人以后，开始集思广益。无意之中，人力资源部的一位同事提出了与猎头合作的方式。"如果选择与猎头合作，公司似乎有一直保持合作的猎头机构，唯一需要考虑的就是猎头费用这个部分了。"Lucy提出了自己的顾虑。经过一番讨论，专业猎头机构似乎是KC公司目前唯一可以选择的招聘方式了。于是，Lucy与公司进行了沟通，提出通过专业的猎头机构进行招聘："由于招聘岗位的特殊性以及工厂比较大的用人需求，与猎头公司进行合作是目前最好的方式。专业的猎头机构都会有一定的人才储备，同时具备比较系统的潜在候选人联系和沟通渠道，所以在一定程度上，对于专业技术人员的招聘，与猎头机构合作会比较高效并迅速地满足我们的用人需求。"KC公司高层在考虑了工厂急切的用人需求以及招聘岗位的特殊性以后，决定采纳Lucy的建议，并指派Lucy与公司一直合作的猎头公司进行对接。

四、大失所望

问题的突破口似乎已经找到了，Lucy 满怀欣喜地与猎头公司进行了接洽，并向对方提供了招聘所需的岗位说明书及相关信息和资料。KC 公司与猎头公司达成共识，规定推荐的候选人一共要经过三轮面试，第一轮是猎头公司对其进行英语口语的测试，即进行 1~2 分钟的自我介绍；第二次是由 Lucy 进行的初步面试，主要结合简历上的相关信息进行面试；最后一轮面试是由机械经理 Mike 进行的，主要进行专业相关的面试以及薪资的洽谈。

三周以后，猎头公司推荐了 5 位候选人，Lucy 与其沟通后，淘汰了其中的两位，最后推荐 3 位候选人进入了终面。淘汰掉的两位候选人中，Lucy 在与其沟通的过程中发现，其中一位在言语中都透露出对 KC 公司的不认可，“我现在这家公司进入中国市场很多年了，市场基础等都比 KC 公司要强，所以我觉得我肯定能胜任 KC 公司的这个岗位。但是我对于 KC 公司的企业文化和公司理念都不是十分认可，所以希望公司不要强行向我灌输。”从简历上看，这位候选人似乎满足了所有的任职资格条件。作为一家外资企业，KC 公司时刻秉持着开放包容、企业与员工共同发展的价值观。因此，在企业文化以及价值观等方面，Lucy 认为这名候选人都与 KC 公司截然相反，因此 Lucy 淘汰了这一名候选人。另一位被淘汰的候选人，毕业的院校和专业都符合岗位的要求，简历上显示目前处于离职状态，最近一份工作就职于某日资企业。但是 Lucy 在与其沟通面试的过程中发现，候选人于两个月以前刚刚入职一家新的公司，候选人觉得时间短就没有写到简历上。因此在入职时间的协商上，候选人表示还需要与现在的公司沟通离职事项，因此在一个月之内能入职的可能性比较小。Lucy 综合权衡后，决定淘汰掉这名候选人：首先，工厂用人急切；其次是考虑到候选人入职以后的稳定性和忠诚度。

进入终面的 3 位候选人，一位是来自同行业企业的一名机械工程师吴超，毕业于某 985 高校的机械工程专业，有多年的设备维护经验。另一位是来自南京一家纸品生产企业的机械主管王磊，他一直想回到老家天津，因此出于对地理位置和薪资的考虑，王磊表示愿意降职来到 KC 公司担任机械工程师的职位。在 Lucy 看来，这两位候选人不论是学历还是工作经验都十分满足公司的条件，于是 Lucy 是安排这两位候选人面试机械工程师这一岗位。最后一位电气工程师的候选人李良，是现就职于某生产设备制造公司的电气工程师，从李良的简历以及 Lucy 与其面试情况来看，李良无论是资质还是价值观等都十分满足 KC 公司电气工程师的岗位要求。于是 Lucy 安排这三位候选人于周一的上午和 Mike 进行最后的面试。

周一上午，Mike 就向 Lucy 进行了关于面试情况的电话反馈：“今天上午面试的吴超，从简历上看确实是满足的，可是他现就职的公司的生产线设备自动化程度太低，我问了他几个机械方面的专业知识，他都不怎么答得上来。理论基础不扎实，暂时还不能胜任这个岗位。”听到 Mike 的话，Lucy 多日来的愤懑冲上心头：“我和猎头都是严格按照岗位说明书上的要求搜寻的简历，你也说了吴超从简历上看是满足要求的，你提到的关于专业知识和自动化生产线的维护设备的要求，这是工厂一直没有提起的吧，而且对于专业知识的掌握程度，我作为一名人力资源部门的员工，我不能做到有效地识别也是能理解的吧。” Mike 听到 Lucy 的抱怨想了想说：“专业知识这方面，如果不能做到有效地识别将会浪费大量的时间，你想想办法解决这个问题吧。自动化生产线的维护经验是这个岗位必备的要求，因此无论如何也不能让步。第二个面试的李良，他的经历和专业基础都很优秀，但在最后洽谈薪资的时候出了问题。你跟猎头那边沟通的薪资范围是不是有问题，李良表示愿意考虑这个岗位就是因为薪资让他觉得还挺满意，但是我最后和他进行沟通的时候，他表示我们提供的薪资跟招聘信息里的是不一致的。”而对于王磊的面试情况，Mike 说着说着就气不打一处来：“王磊这个人太骄傲自大了，虽然表示自己愿意降职来 KC 公司，但是自认为自己已经做到机械主管的位置了，说话目中无人，都不把他以后的领导放在眼里。所以，今天上午面试的三个人没有一个合适的，你抓紧时间再催催猎头那边，还有薪资的问题你再去确认一下。”挂了电话的 Lucy 瘫坐在了椅子上，她知道前面一个多月的工作都白做了，这就出现了案例开头的一幕。

挂了 Mike 的电话以后，Lucy 向猎头那边进行了反馈，并将 Mike 对于候选人自动化设备的维护经验的要求进行了转述。刚刚挂完电话的 Lucy 又接到了 Mike 的电话：“前几周入职的那个张峰你还记得吗？这才几周，他就向我提出了辞职申请，理由是北京的女朋友不能接受两人长期异地。你当初和他沟通的时候就没有了解到这个信息吗？”面对 Mike 的质问，Lucy 哑口无言，当时张峰确实是提到了这个问题，但是他表示自己已经跟女朋友沟通过这个问题了，应该没什么关系。再加上工厂那边急切的用人需求，她当时就没放在心上。眼下张峰要辞职，新的候选人也还没有丝毫进展，Lucy 现在是一个头两个大。公司已经下了明文要求，两个月之内招聘到空缺的岗位，如果不能按时完成任务，她就要走人。

面对当下的情况，她只能指望猎头公司那边可以尽快找到合适的候选人。眼下最重要的问题是如何解决识人不准的问题，Lucy 陷入了深深的无助中。

五、峰回路转

面对眼前的局面，Lucy 向自己硕士时期的导师求助。老师给出了自己的意见：“在招聘工作开始前，应进行相应的人力资源规划，并制定相应的招聘计划，公司在这个方面没有及时地与人力资源部进行沟通并明确各个业务部门的用人需求，才导致目前这个糟糕的局面。当然人力资源部也存在一定的问题，人力资源部应该时时关注企业战略的变化并及时制定人力资源规划。对于 Mike 的偏好和工厂的用人标准，我建议你与 Mike 好好沟通一下，并与其仔细探讨一下岗位说明书上的内容是否与实际情况相符；对于专业知识这方面的问题，其实是招聘过程中人才测评方式选择不当造成的，对于技术性和专业性比较强的岗位，一般都需要在面试前对候选人进行专业知识方面的笔试，以增强人才甄选的准确性。”听了老师的话，Lucy 豁然开朗。同时，对于候选人反映的招聘信息与实际不符的情况，Lucy 及时地与猎头公司进行了沟通，进行了薪酬及其他相关信息的核对和改正。接着，Lucy 信心十足地开始进行招聘流程的优化工作。

首先，Lucy 修改了面试的流程，在进行面试之前增加了专业基础知识的笔试。其次，

Lucy 与 Mike 进行了深入的沟通，为了尽快解决人员紧缺的问题，Mike 也表现出诚意满满的倾听姿态。Mike 也就部门所招岗位所需的关键能力和素质和 Lucy 进行了沟通和说明，进一步明确岗位的要求。最后，Lucy 向 Mike 了解他用人的偏好。“你在 KC 公司也工作很多年了，也带过很多团队，在你看来，你比较喜欢与什么样的下属共事，然后哪一类型的员工是你最不愿意与其共事的？”

经过与 Mike 的深入沟通，Lucy 意识到先前工厂的岗位说明书已经不能全面反映各个岗位的实际情况了。同时 Lucy 了解到，作为 KC 公司的老员工，Mike 时刻怀抱着一颗开放包容的心，能够接受各色各样的人，但是据 Mike 多年的用人经验以及其自身的性格特点，他乐意与那些为人低调、谦虚好学的同事一起共事。

然后，Lucy 及时地就招聘信息的内容与猎头公司进行了沟通，同时将用人部门的偏好、岗位职责以及任职资格、企业文化等进行了整理，最后形成了一份包含岗位职责、任职资格、部门用人偏好，同时考虑到公司文化和价值观的用人信息给到了猎头公司。猎头公司及时地调整了网络上的招聘简章以及相关的岗位要求。三周以后，猎头公司顺利地推荐了两位候选人，并都顺利地通过了笔试以及部门面试，最后也敲定了入职时间。

在招聘结束之后，Lucy 在一次部门会议上对此次招聘工作进行了全面的分析和总结，一方面对自己在这次招聘中所犯的错误进行了反省，同时 Lucy 指出要积极关注公司的战略发展等，及时地了解各个业务部门的需求，并积极主动地做好人力资源规划。此外，针对先前招聘过程中出现岗位说明书陈旧、与岗位实际工作内容和职责不符的情况，Lucy 向公司提出了对 KC 公司所有岗位重新进行工作分析的建议……

案例使用说明

1. 教学目标规划

(1)掌握员工招聘的相关流程及与其相关的人力资源规划和工作分析；

(2)了解员工招聘过程中可能出现的各种问题，并了解内部招聘和外部招聘的主要类型及其优缺点；

(3)从招聘失败的过程中了解测评技术对招聘有效性的影响。

2. 课堂讨论题

(1)企业一般采用的招聘方式有哪些？

(2)你认为造成此次招聘困难重重的重要原因是什么？

(3)一个有效的招聘广告应该包含哪些要素？

(4)在招聘时，除了要考虑岗位本身的职责和资格要求，还需要考虑哪些因素？

(5)如果你是 Lucy，你会如何开展此次招聘工作？

3. 启发思考题

(1)企业开展招聘工作的前期，应该进行哪些工作？

(2)在招聘中，如何提升招聘的有效性？

(3)招聘中的人才测评方法主要有哪几种类型？

(4)企业进行有效内部招聘的前提条件是什么？

参考文献

[1]黄亨煜．基于战略的人力资源规划．中国人力资源开发，2006，18(7)：49-54.
[2]李强．人力资源工作分析研究．科学管理研究，2006，26(1)：103-106.
[3]余刘军．企业员工招聘问题浅析．人口与经济，2007，28(S1)：79-81.
[4]张艳，倪金祥．构建有效的人力资源战略规划体系．中国人力资源开发，2008，20(12)：18-21.

案例2 选对人，才能生起火

【摘要】为了适应组织复杂多变的外部环境、政策制度的调整、创新技术的发展以及利益相关者日益变化的需求，组织内部需要及时调整自身的发展战略，进而为组织创造可持续的竞争优势，实现资源的优化整合，更好地实现组织目标。IPO(首次公开募股)的方式可以用来获取充足的资源从而促进企业利用机遇，提高组织效能和管理机制，从而实现战略目标。本文通过对A快递公司IPO前后所实施的多元化发展战略情况，及相应的招聘与测评方式的对比，来阐述多元化战略背景下企业应如何变革自身的选人体系，以更好地支撑企业战略目标的实现。

A快递公司的总裁陈先生为了公司的战略发展决定通过IPO的方式来实现上市的目标。成功的上市意味着更高层次的人才需求，那么先前的招聘体系和人才甄选策略就显得过时，问题也会很快暴露出来。在问题暴露之前就应该做好变革的准备，A快递公司的高管也已经认识到了这个问题，因为等问题真的浮出水面时就为时已晚。那么A快递公司应如何应对变化来进行相应的改革？改革后的结果又是什么呢？招聘体系和人才甄选体系的升级需要在管理层面作出什么样的改变？这些问题都是A快递公司此次招聘体系改革需要考虑的问题，那么最终的结果又会是什么呢？

一、公司简介

A快递公司成立于2002年，总部坐落于广东省广州市，拥有得天独厚的地理位置优势，不仅在大陆地区建立了全面的快递网点，还在香港、澳门和台湾省成立了庞大的信息搜集、快件配送、市场洞察等业务机构。A快递公司不仅致力于为客户提供快速、安全的专业物流服务，还将眼光放到国际市场上，希冀在竞争激烈的国际市场上争得一席之地。A快递公司成立之初只有15名员工，但随着货量以年均40%的增速成长，很快就占领了国内市场份额的20%，并拥有基层营业网点2000多个。截至2018年12月约有4万名员工，是国内排名前五的本土物流企业。在中国快递行业中，A快递公司一直以服务质量高、准时率高、赔付比例低而闻名。因此，根据快递行业的2019年度调查问卷结果，有将近六成的顾客在选择邮寄贵重物品或者是对时效要求比较高的快件时都会选择A快递公司，消费者称虽然价格居于较高水平，但是得到的却是一份安心。

A快递公司一直以来都有着自身明确的发展定位，正因为将重点投入中高端市场上，并在发展中逐渐下沉，才使得企业近几年的利润率稳步上升。这样做不仅能保留住大量的中高端客户，为他们提供优质的快递服务，同时当不断开拓新的客户群体时，也能保证企业的市场占有率稳中求进。尽管业务规模和市场占有率不断扩大，A快递公司依然将客户的需求放在第一位，针对不同的客户群体提供差异化的服务。此外，A快递公司也一直致力于品牌形象的维护和提升，通过参与各种社会实践活动，履行相关的法律法规义务，响应社会绿色、健康发展的号召，整个企业从高层到基层都体现了企业公民责任意识，从而提升了 A 快递公司的企业信誉和形象，进而增强了股东以及其他利益相关者的信心和认同感。

在 IPO 前，A 快递公司采用的组织结构主要是三级架构，便于对事业部和基层网点的掌控，以利于速运产品对时效性、安全性的要求，确保产品及服务质量的稳定。IPO 后，A 快递公司为了企业迈向多元化发展的道路，试图通过对组织架构的变革的方式来实现，最终达到物流、信息流、资金流这“三流合一”的目标。在这次的变革中，A 快递公司适当地放权，把之前几乎全部集中在集团总部的战略规划、营运和服务等职能板块，分解成多个新的职能板块和事业部。

为了顺应组织多元化发展战略的需要，在组织架构发生变化之后，A 快递公司随后也增加了若干独立的事业群来负责新增业务，推出相应的创新业务和服务产品，以满足市场和行业的发展趋势。比如，快运事业群推出了快运到家、上门取件等服务；资产与供应链事业群也适时推出了不同的业务；营运事业群推出了电商、海淘等服务。各事业群独立运营，独立进行绩效考核，自成一个利润核算中心，自负盈亏。

二、问题概述

(一)问题初现

据 A 快递公司总裁陈先生表示，该公司已在 2016 年开始实施多元化战略，但效果并未如人所愿，甚至让企业的财务情况和整体的运营状况陷入困境，具体表现为：公司虽然营收有所增长，但利润额却大幅度下降，人力成本、销售成本等大幅度增加；资产周转率不高；公司缺乏推动改革的高级人才，缺乏专业的研发技术人员；缺乏足够的前线业务人员开展业务，员工流失率高；公司内部员工的供给与需求不匹配，人岗不匹配，造成一些事业群人浮于事而另一些事业群岗位空缺的局面。这将使股东、顾客等相关利益者缺乏对企业的信心，造成顾客流失、股东套现逃离、资金短缺等不利于企业长远发展的局面。

在公司里，员工也纷纷有所微词。某高管表示：“虽然 2016 年公司已开始转向多元化战略，但公司里还是有一些高管和中层管理人员不愿意去改变原来的做法，不愿意去开展其他新的业务或产品线，同时因为部门之间的沟通交流不够畅通，出现了人才不能充分在内部流动的局面，而造成这一问题的主要原因则是公司部门之间的本位主义较为严重。”

某事业群负责人表示：“我们是在多元化战略开展之后新成立的事业群，虽然获得了资金和资源分配上不少的支持，但业务开展不顺利最主要的问题还是在于公司缺乏对口的专业人才，从事研发的技术人员也跟不上行业标准，没有柴我们怎么去生火呀！”

某收派员表示：“我已经在这个公司干了快 5 年，但是近几年来我感受最深的是我的同事来了去、去了来，更新特别快。公司的业务扩展了以后，更加经常出现人手不足、需要经常加班的情况，我们也不是什么活都会干，往往最害怕因为做的不能让客户满意而被客户投诉，这又会因为投诉率的问题被扣绩效……”

那么为什么A快递公司在原有不错的市场份额和市场领先地位的情况下不继续扩大市场占有率、保持专一的发展战略，而改变为激进的多元化发展战略呢？其实这正是因为在该时期下，该行业所面临的变化的市场环境和激烈的竞争者所致，快递行业的商品同质化高，客户黏性不强，转换率高，难以形成垄断性的市场规模地位，这就很可能造成市场占有率变化大、顾客流动性高、“快递巨头”易主的局面，所以A快递公司的管理层及总裁决定不断扩大产品线和事业群，培养新的业务增长模式，扩大产品服务的多样性，从而形成规模优势和协同效应，打造区别于其他快递公司的多样化经营的快递公司。

显而易见，问题来自在本企业快速扩张、快速圈地的同时，企业里其他辅助性、基本性的职能部门没能跟上企业发展的步伐。在该案例中，A快递公司在多元化经营实施的过程中，忽视了企业需要不断地获取资源和能力以匹配新业务对企业资源和能力的要求。在进行业务扩张和产品扩张的同时，忽略了企业内人力资源管理的变革需求，忽视了人的决定性作用，没有认识到人才对于企业发展战略实现的重要作用。

（二）IPO情况概述

2016年，上市公司X股份有限公司发布公告，建议以全体股东持有的100%股权等额换取A快递公司所有资产和负债。X股份有限公司作价10亿元，A快递公司控股作价488亿元，募集总额不超过90亿元的配套资金。持有X股份有限公司股份99.9%的A快递公司总裁陈先生将成为上市公司的实际控制人。2年后，A快递公司于2018年进行首次公开发行(IPO)。与IPO计划相比，人们普遍认为借壳上市更适合快速扩张的中小企业，而简短的上市流程可以让企业以更低的时间成本和资金成本完成上市。

（三）IPO后的公司财务状况概述

随着社会环境的变化和该行业的趋势发展，拥抱资本市场成为国内快递公司近年来的热门选择，这也是解决快递公司对资本需求、迈向差异化、多元化发展的最佳方案之一。

虽然缺乏在IPO之前的相关数据显示该企业多元化战略所遇到的困境，也就是所谓的“战略漂移”，但自IPO以来，2018年的财报显示，A快递公司的盈利情况和资产利用率并不理想。截至2018年，A快递公司实现营业总收入553.78亿元，同比增长23.19%，净利润为26.28亿元，同比下降12.87%。显然，速运物流仍是A快递公司的核心盈利点，而新开拓的业务则大大消耗了公司的盈利能力，这在企业IPO后所必须公示的数据中更能直观地反映出来。

此外，年报显示A快递公司子公司在境内外发行共15亿美元债券；A快递公司控股股东W控股有限公司有3.7亿股处于质押状态。A快递公司由此陷入“扩张-负债-亏损-股东套现离场-市值蒸发-再扩张”的恶性循环。长此以往，A快递公司情况不容乐观。因此，审计委员会里面的独立董事提出建议，要求公司高管和相应的职能部门对公司现阶段的人力资源管理制度作出改变和调整，以改善当前的不利局面，安抚股东情绪，更好地适应组织的战略变革。公司董事会及高管马上作出回应，要求人力资源部以及下属机构在充分调查的基础上，结合公司当前整体战略，给出可行性分析，尽可能快地作出改革方案，着重要求在选人这一模块作出改变和调整。

三、没有好柴如何生火?

(一)IPO之前的招聘体系

随着社会需求量的不断扩大以及外部竞争者的不断渗透，快递行业面临着前所未有的机遇和挑战。为应对公司内部流失率高和新增事业群管理岗位空缺的问题，也为满足急速发展的电子商务产业和快速扩张的公司业务，A快递公司在成长和发展的各个阶段都亟须各种各样的人才来促进公司的多元化战略目标的实现。因此，A快递公司子公司的招聘需求远远高于同行业的其他企业。

通过对该公司董事会及人力资源事业群高管的访谈以及对下属员工的调查访问，了解到该公司在IPO之前实行的招聘体系如下：(1)招聘方式：以校园招聘、社会招聘和网络招聘为主。根据不同岗位的任职资格要求，每个岗位在招聘时都会有不同的学历要求和技能要求。根据公司给出的数据可看出，该公司通过社会招聘的成功率较高，此外，整个公司员工的学历背景主要以本科生为主(约50%)，研究生与大专生各占差不多同等的比例(约15%)。其中IPO前的公司各层级招聘方式及任职资格概况如表4-3所示。(2)招聘渠道：主要通过网上发布招聘信息、广告宣传、自媒体宣传、电视电影等宣传以及开展校园宣讲会的形式。根据不同区域、不同受众特点会采取不同的招聘渠道，比如在农村等地区主要采取熟人推荐、粘贴招聘告示的途径；在市中心、写字楼、交通基础设施等区域会采取户外广告媒介、商家合作、自媒体媒介等形式；在校园招聘时则主要通过开展宣讲会、招聘实习生等形式来扩大公司的知名度和影响力，做好人才储备工作。此外，根据不同的岗位要求也会考虑渠道所面向的受众以及转换率和针对性的关系，比如高管职位选拔的信息主要通过内部渠道以及猎头、高级专业招聘中介机构等途径发布。

可以发现，在IPO之前公司多元化战略的实施过程中，并未充分考虑到人才的重要性和决定性作用，体现为供给与需求不匹配，对于相关岗位的任职资格和岗位职责认识不清，人才流动和职位晋升渠道不清晰，缺乏相关领域有经验的推动改革的人才；虽然招聘渠道相当丰富且具有一定的合理性，但这也在一定程度上造成了公司成本的过度增加，体现为公司的财务年报中利润率的下降。

表4-3　**IPO前的公司各层级招聘方式及任职资格**

岗位层级	学历背景	招聘方式	任职资格
高层主管	本科及以上	多数通过内部招聘(职位晋升)；少数通过外部引进	具备优秀的领导能力，重大事件的决策、风险管控能力；具备相关的物流管理经验和认识；具备卓越的谈判、协商、沟通能力等

续表

岗位层级	学历背景	招聘方式	任职资格
部门主管/中层领导	本科及以上	多数通过内部招聘(职位晋升、部门平调);少数通过从同行业竞争者公司中引进	具备领导能力、决策能力、协调能力;具备丰富的物流速运管理经验等
基层业务员/收派员	大专及其他	多数通过简单的社会招聘;熟人推荐	没有过高技能要求

(二)IPO之前的测评体系

无论是IPO之前还是之后,A快递公司的测评目标毫无疑问就是通过合理有效的招聘测评体系来选拔出符合公司价值观、认可公司企业文化,并且具备一定的专业知识技能和相关业务能力,以最终实现公司整体战略目标,同时能够实现个人的职业生涯发展目标的人才。实践证明,在IPO之前,该公司的聘测评体系并不合理有效,因为其并不起到支持公司多元化战略的作用。

根据调查了解,IPO之前该公司所采用的通用测评要素主要包括以下几点:经营管理能力、专业知识技能、人际关系能力、工作态度和动机、价值观等。其中主要的测评方法包括:面试、心理测验、评价中心。由此可见,A快递公司在IPO前较多采用面试这种测评方法,且综合评价的要素不多,评价标准模糊、量化程度不高,这就造成了招聘专员在选拔人才时会出现缺乏客观标准、造成较为主观的判断,从而造成人岗不匹配和招聘效度不高的结果。此外,A快递公司也缺乏对招聘与测评完成后的后续工作的开展,这也是整个流程中必不可少的一步,也是最能反映此次招聘有效性和科学性最为关键的一步。

四、选对人才能生起火

(一)甄别问题与构建任职资格书

随着公司IPO的实现,A快递子公司需要选出具有相关上市管理经验的高管以及更多的基层业务人员,及时处理公司目前存在的管理问题以及经营层面的问题,帮助有效提升业务发展的效率,为未来市场发展的方面开拓新的视角,进一步提升公司的核心竞争力。

A快递公司实施多元化战略效果甚微,很大一部分原因在于人力资源管理战略与公司整体战略不匹配,而其中“选育用留”的“选人”不佳,更是造成这种不利局面的主要原因之一,因此,需要通过对该公司招聘与测评体系追本溯源的分析和改革,才能帮助A公司扭转这种局面。

为此,A快递公司对招聘体系与测评体系进行了全方位的调整。首先,人力资源事业群聘请专业机构进行岗位价值评价,根据A快递公司自身情况及外部同行业企业或相似规模企业相同职位的岗位职责比较,进而确定该职位的职位价值和职责要求。同时,该公司招聘专员在公司内部将业绩优异的员工和表现一般的员工进行对比，采取关键事件法、问卷调查法等方法来记录该岗位员工的优秀工作事迹，在此基础上与同行业的龙头企业或相似规模的其他企业进行标杆对比，获取外部统计分析数据，分析其中的差距和职位职责要求设置的不足，进而确定该岗位所需达到的优秀工作绩效，即形成该岗位的胜任力素质模型，为后续的招聘工作打下基础。

根据部门和岗位给出的职位空缺数量和所需新增人数，招聘负责人需要在人力资源战略规划和A快递公司整体战略规划的指导下，先进行人员的供给与需求的测算，以及对比以往流进与流出的信息记录，核对部门所需招聘人数的真实性和可行性，在此基础上给出最终的招聘人数计划。在确定了该岗位的任职资格要求后，招聘专员与部门负责人共同拟定招聘计划书，确定最终的招聘数量、招聘渠道和任职资格，最后发布招聘信息。通过这样完整的招聘流程，A快递公司改善了之前人岗不匹配、员工断层以及人员缺乏流动的情况，优化了公司的人员结构，为组织、岗位有效地选拔出了合适优秀的员工，也更好地实现了人才储备的目标。

（二）IPO之后的招聘体系

实行多元化战略需要公司配备相关高水平、高技能的人才以及高效合适的招聘渠道和有效的测评体系来支持公司的扩张。通过前期工作的开展和调研，IPO之后的公司各层级招聘方式、渠道及任职资格如表4-4所示。

表4-4　**IPO后的公司各层级招聘方式及任职资格概况**

岗位层级	学历背景	招聘方式	任职资格
高层主管	本科及以上	内部招聘（职位晋升）与外部招聘（通过猎头、中介机构、“空降兵”）相结合	具备优秀的领导能力、权变能力、决策能力、协调能力、风险管控能力；具备相关的物流管理经验；具备与新开发的事业群相关的知识、管理经验；具备卓越的谈判、协商、沟通能力等
部门主管/中层领导	本科及以上	多数通过内部招聘（职位晋升、岗位轮换）；少数通过外部招聘（当公司内部没有合适的专业人才时）	具备领导能力、决策能力、团队合作能力；协调能力；具备丰富的物流速运管理经验和认识；具备与新事业群相关的专业知识技能等
技术人员	本科及以上	外部招聘（公司内部缺乏相关技能人才）；与高校或科研机构合作研发	研发能力；数据处理和分析能力；软硬件开发和维护能力等
基层业务员/收派员	大专及其他	基层管理者多通过校园招聘；其他业务员通过社会招聘；熟人推荐；兼职	沟通协调能力 时间协调能力 紧急事件处理能力

大数据技术的日臻成熟，使得收集并处理存在于互联网空间数以亿计的人才简历数据成为可能(刘善仕，孙博，葛淳棉，彭秋萍，周怀康，2018)。因此，A 快递公司完全可以进一步通过与上市公司多元化数据配对得到独特的数据集，通过招聘平台的大数据整理出来企业需要的并且具有核心竞争力的人才。

此外根据资料显示，在原有的内部晋升的基础上，A 快递公司完善了其晋升通道，拓展成管理和技术双通道，在公司内部确认并公开相应的品质潜力标准，定期发布职位空缺信息，鼓励每位具备条件的员工参加竞聘，提高了对内部人才培养和内部劳动力市场建设的意识，促进了人才的内部流动和结构优化。此外，新增事业群、产品线也新增设了相关领域的岗位，包括战略、营销、运营、信息技术、人力资源等。可见，A 快递公司在认识到人才的重要性之后，除了关注员工的工作技能和经验外，也更注重员工个人素质和潜能的发展。

除此之外，A 快递公司在原有基础上也提供了大量轮岗机会，目的在于培养跨专业、跨部门的综合型人才，为公司储备后备力量、领导干部，同时也能缓解员工的职业倦怠感，提高员工的工作满意度和积极性，给予员工更多的职业选择机会，以满足公司多元化发展战略和不断扩张、进军其他市场的需求。

实施招聘后，A 快递公司及时展开了对新入职员工的培训，培训内容包括公司的企业文化、规章制度、权责体系、运营流程，每个岗位的具体职责、所需的知识和技能、关系处理等。此外，A 快递公司加强了对基层业务员在沟通协调、处理紧急事件、收派件、处理顾客问题、投诉等方面的能力培训，提高对基层业务员的关怀和福利激励，因为基层业务员才是给公司创造利润的主要生产力。

(三)测评流程和体系

为了匹配公司的多元化战略，A 快递公司需要新增若干相关测评要素来进行人才的选拔。根据改革后实施的并被证明有效的测评流程来看，A 公司新增的测评要素如下：

在公司实施多元化战略以及组织架构、利益相关者发生改变的情况下，对于高管及中层领导者的选拔测评要素，除了测评原有的经营管理能力、专业知识技能、人际关系能力、工作态度和动机、价值观和道德水平外，更加注重对管理者变革能力、适应能力和团队合作能力的测评，也增添了对个人成就发展动机、权变能力及其他相关的专业领域能力，如金融服务相关技能、供应链管理技能、机场运营和流程管理等技能的测评。

对于技术人员的要求，也在原有的基础上增加了诸如对大数据的分析与整合、开发与研究新型供应链和采购系统、开发智能监控和运输系统等能力要求。

对于基层业务员的测评要素，改革后的测评体系更多地注重对该类人员沟通协调能力、时间协调能力以及紧急事件处理能力的测评。

根据公司高管和人力资源部门反映，改革后公司有针对性地丰富了招聘方法，根据不同岗位所要测评的因素和能力素质的不同，选择最为经济有效的测评方法，如表 4-5 所示。

表 4-5 **IPO 之后公司主要测评要素和方法**

测评要素	权重		测评方法	
		面试	心理测验	评价中心
高级主管与部门主管/中层领导				
经营管理能力			✓	✓
专业知识技能/业务能力		✓		✓
人际关系能力			✓	✓
工作态度和动机		✓	✓	
价值观和道德水平		✓	✓	
变革能力和适应能力			✓	✓
团队合作能力			✓	✓
……				
技术人员				
大数据分析与整合能力		✓	✓	
研发新型供应链和采购系统能力		✓	✓	
开发智能监控和运输系统能力		✓		✓
……				
基层业务人员				
沟通协调能力		✓	✓	
时间协调能力		✓	✓	
紧急事件处理能力		✓		✓
……				

同时根据收集到的信息，改革之后的 A 快递公司丰富、完善了测评流程，体现在：面试题目更加多样化、科学性，更多地采用非结构性面试，更全面地考察面试者的综合素质，更多地采用评价中心这种测评方法，例如角色扮演、典型案例分析、无领导小组讨论等。

为了准确地在测评中对选定的各个测评要素的胜任特征进行评估和测量，首先需要确定出每项胜任特征的具体特征表现，形成行为指标量表，然后建立起量化的测评评分体系。在这一过程中，招聘专员需要对每一测评要素进行详细的、分级的描述，建立起对应的行为指标，并且确定每一测评要素的量化指标，最终确定测评问题，通过对每一测评要素的评分更加直观、客观地甄选出符合岗位职责要求的人才。在制定和生成具体的测评量表和测评指标后，形成一套完整的测评方式，然后 A 快递公司需要对面试人员进行培训，以确保测评过程中的真实性和科学性，提高测评的有效性。

在实施招聘和选拔环节之后，招聘组和人力资源部门对整个流程进行了回顾和反省，对于公司新招员工的业绩表现进行跟踪和反馈，进行信度和效度检验，进而检验此次的招聘与测评流程是否合理有效，是否完成了公司的人力资源计划，这也是为了检验公司的职位说明书和任职资格书是否制定合理，是否符合公司当前的业务开展和目标的实现，从而为下一次的招聘工作以及公司未来的人力资源战略的制定做好准备。

五、展望与思考

值得深思的是，多元化战略是否真的是一种帮助企业转型升级，开拓新市场，形成核心竞争力的途径？学界存在许多值得参考的观点，其中反对的观点主要是认为多元化会带来协调成本增加、过度投资以及经理人委托代理问题等。支持的观点主要是认为多元化经营能够提升企业的绩效，认为多元化带来了协同效应、范围经济、分散风险等好处。综合A快递公司目前整个企业的状况以及宏观环境和市场的变化和趋势，A快递公司的管理层及多数股东均表示应继续落实多元化的发展战略，逐步优化提升整个价值链的价值和利润空间，为未来更好的机遇的到来做好充足的准备，并时刻准备迎接好各种挑战，应对千变万化的市场环境。

通过人力资源事业群和下属机构的尽责调查和变革，整个公司的招聘与测评流程焕然一新。从最近几次的招聘结果和反馈来看，整个招聘测评体系是科学有效的，能够为公司选拔出合适优秀的人才，满足公司多元化发展战略的需要，也能够真正实现人岗匹配，岗位间职责清晰。这对于公司来说是如虎添翼，为未来的战略发展提供了人才方面的保障。

通过这次改革，公司内部员工也纷纷表示感受到了公司在人力资源管理态度上的转变。公司更加注重对他们的培养和赋能，给予了他们更多的职业发展渠道和空间，同时也有更多的岗位轮换和培训的机会，这让他们有更加深刻且清晰的职业发展规划和目标，并为之努力。与此同时，他们也感受到了来自外部招聘员工的竞争力，这也在一定程度上促使他们自觉地提高自身知识技能和业务能力。

从整个公司层面上看，这次改革所带来的联动效益也令人瞩目，主要包括：

(1)技术岗、人力岗、相关职能岗的增加，带来的是技术升级、流程优化；供应链、金融服务等新开发的事业群带来了增值效益。

(2)人力资本、先进技术和人才的引入带来的核心竞争力的提升；

(3)招聘与测评体系变革带来的整个人力资源管理体系的优化，包括定岗定编，更多相关培训项目的开展，更加科学有效的考核和激励机制以及更人性化、更合理的员工关系管理等；

(4)整个公司的企业文化、工作氛围有所改变，公司从上到下的战略改革意愿有所提高，员工更加认可公司多元化战略的实施。

然而，由于不断变化的外部环境和更新迭代的技术升级，在本次成功的招聘与测评改革后，公司需要始终保持谨慎的态度，始终坚持公司整体战略的一致性和可行性，才能在激烈的市场竞争中保持自身的核心竞争力，立足于不败之地，才能提高公司的信誉，在资本市场中获得股东的信心，在整个社会中赢得顾客以及其他利益相关者的信心和认可。

在管理层会议上，公司审计委员会的某独立董事也表示，在未来，公司应该着重关注以下问题：

（1）未来大数据、颠覆性技术对该行业的影响有哪些？如何利用互联网等技术工具更好地进行供应链管理和客户管理？

（2）顾客消费偏好的改变，会带来哪些需求的变化？如何作出回应？如何进行产品创新，加快产品的迭代升级？

（3）如何打造网络化、平台化、金融化、智能化、生态化与大数据化的物流企业？

（4）为了应对未来多元化发展的要求，组织内部的人力资源管理应该提供什么支持？组织结构是否需要调整以适应外部环境的变化？

案例使用说明

1. 教学目标规划

（1）掌握员工招聘及测评体系的相关知识，懂得基本操作流程；

（2）了解企业在多元化战略中可能会出现的人力资源管理的相关问题，思考如何使人力资源战略更好地支撑、匹配企业战略的发展；

（3）从 IPO 的角度思考人力资源管理变革的契机和需求，掌握从多维度、多个利益相关者角度分析的技巧。

2. 课堂讨论题

（1）试比较该企业 IPO 前后招聘体系的不同。

（2）试比较该企业 IPO 前后测评体系的不同。

（3）多元化战略下，企业在人才需求、测评方法上应该有哪些改变？

（4）在本案例中，除了选人体系，你认为影响企业多元化战略成功实施的人力资源管理因素还有哪些？

3. 启发思考题

（1）在什么情况下企业可以战略转型为多元化战略？需要什么样的人力资源管理制度或方式来做强有力的支持？

（2）除了对人的管理这一方面，作为企业高管，你认为企业还需要做哪些方面的变革？

（3）不同的 IPO 上市的方法，对企业的战略转型及相关的制度配套有何不同的要求？

参考文献

[1] 刘善仕，孙博，葛淳棉，彭秋萍，周怀康．组织人力资源大数据研究框架与文献述评．管理学报，2018，15(7)：1098-1106.

[2] 姜付秀．我国上市公司多元化经营的决定因素研究．管理世界，2006，22(5)：128-135.

[3] 游家兴，邹雨菲．社会资本、多元化战略与公司业绩——基于企业家嵌入性网络的分析视角．南开管理评论，2014，17(5)：91-101.

[4] Lubatkin M, Chatterjee S. Extending modern portfolio theory into the domain of corporate diversification: does it apply? Academy of Management Journal, 1994, 37(1): 109-136.

第五章　培训管理

本章知识要点

一、员工培训管理概述

（一）定义

培训是人力资源管理的基本职能活动之一，既是对入职的新员工提高其能力水平，并使其融入企业，以积极有效的行为和心态开展工作的重要手段，也是帮助老员工适应新环境，始终保持工作动力的必要途径。培训管理是人力资源开发的一种重要形式，是组织为满足开展业务及培育人才的需要，采用各种方式对员工进行有目的、有计划的培育和训练的管理活动，使员工具备完成现在或将来职位上的工作业绩，有利于促进组织效率的提高和组织目标的实现。

培训根据培训内容可划分为知识培训、技能培训、态度培训、思维培训、潜能开发培训；根据客观需求可划分为发展型培训、补差性培训、个性化培训；根据是否离开工作岗位进行培训划分为在职培训和脱产培训；根据培训时机可划分为岗前培训、岗位培训、转岗培训、晋升培训、技术等级培训。

（二）影响和作用

培训有助于提升员工工作的积极性，培训对员工的积极影响具体可以体现在三个方面：一是可以提高员工的基本技能；二是可以提升员工的高级技能；三是可以让员工了解企业产品或服务的开发系统，从而创造性地工作。企业的培训，通过让员工学习所需的知识和技能，激励他们与公司一起发展，并为顾客提供更优质的服务，帮助员工在各自的市场上赢得竞争优势。

（三）内容

培训可以帮助员工获得工作所需要的特定知识，包括名称、标示、事实和知识体系。一般员工培训的重点是在知识、技能以及态度与价值观这三个层面。针对知识的培训，培训的主要内容是言语信息形式。培训可以提高工作所需要的特定技能。这里的技能可以分为智力技能和运动技能。态度和价值观也可以通过特定的培训活动施加影响，而在一定程度上发生变化。

二、员工培训管理的基本流程

（一）培训需求评估

培训需求评估是整个培训系统的第一步，一般包括组织分析、人员分析和任务分析三个内容。组织分析——从企业经营战略、培训可利用的资源以及管理者和同事对培训的支持情况这些方面，分析培训的背景，确定相应的培训项目。人员分析——了解哪些员工需要参加培训，帮助参加培训的员工做好参加培训的准备。通过分析比较员工目前的工作绩效和预期的工作绩效，来判定是否有必要进行培训。任务分析——形成对工作任务的详细描述，包括企业和员工的关键任务，以及完成任务所需要的知识。职位分析、素质模型等也都是在进行任务分析时比较有效的方法。

（二）培训项目设计

员工培训项目设计是指根据企业现状及发展目标，系统地制定各部门、各岗位的培训发展计划，这一工作是将前期的培训需求分析转化为培训目标、课程目标和培训策略的过程。其内容包括：培训目标和内容的确定，培训对象的确定，师资选择，培训时间安排，培训方法选择，培训成本估算。

（三）培训方法选择

在为员工培训选择合适方法的时候，需要重视培训对象的特点、培训对象的知识层次和所在岗位的类型，将培训需求、课程及目标相匹配。培训方法包括讲授法、案例研究法和角色扮演法、网络培训法、指导计划和个别指导法、工作轮换法和特别任务法、模拟训练法和敏感训练法、头脑风暴法、拓展训练法等。

（四）培训效果评估

对培训效果进行评估和反馈是培训活动的最后环节，能为员工绩效的改进提供依据，也为下一阶段的培训需求分析做好准备。典型的培训效果评估模型包括以下几种：Kirkpatrick 的四级评估模型将评估标准分为反应层、学习层、行为层和成果层四个层面。Kaufman 扩展了 Kirkpatrick 的四层次评估模型，包括社会产出、组织产出、应用、获得、反应 5 个层次。CIPP 模型包括情景评估、输入评估、过程评估和成果评估。CIRO 模型包括情境、投入、反应、结果四个方面。

三、员工培训管理有效性的提升

(一)原则及学习法则

组织在实施员工培训管理时，应遵循一些基本原则，以保证管理活动达到预期的效果，包括服务于企业发展和规划的原则、目标原则、因材施教原则、激励原则、理论联系实际原则。

爱德华·桑代克总结了影响人类学习效果的三大法则：准备法则、效果法则和练习法则。准备法则是指只有当我们准备好去学习时，才会学有成效。效果法则告诉我们，学习过程中，成果感越强，学习动力就越大。要为参加培训的人员提供足够的取得成功的机会，并且创建充分的反馈机制，以便他们发现自己的成功所在。练习法则是指人都是通过不断练习来学习的，因而亲身实践是非常必要的。培训的参与性越强，参加培训的人员越用功练习，对培训学习的投入越多，进而收获越大，也就是所谓的熟练生巧。

(二)员工培训效果迁移

培训效果迁移也叫培训成果转化，是指通过培训与开发工作，使培训的内容转化到实际工作之中，将在培训中学到的知识、技能和行为态度转化为员工的操作技能和行为方式。可以从同因素理论、激励推广理论和认知转换理论 3 个理论视角来看待培训效果的迁移。个人动机、组织学习氛围、培训迁移气氛和组织工作节奏是影响培训效果迁移的主要原因。促进培训效果迁移的方法包括：设计和实施有效的培训开发系统，为培训成果转化打好基础；建立系统的培训效果评估机制；构建完善的环境支持机制为培训成果转化提供系统保障；建立全方位的激励机制。

案例1 TD公司培训大变革

【摘要】培训观念滞后，培训资源投入不合理，培训制度不完善是国内多数企业培训效果不佳的主要原因。本案例以TD公司为例，叙述了TD公司在面临行业竞争浪潮并进行企业转型时，是如何通过培训体系的变革，解决公司“人才危机”、进而提升员工能力和企业竞争力的。案例重点描述了TD公司培训体系逐步建立和培训资源整合的方式方法，论证了培训对企业战略和长期发展的重要性。

2001年9月的一大早，TD公司会议室便人满为患，公司总裁、副总裁、各部门总监、总工程师依次到齐，人力资源部小王也列席了会议。此次会议主要听取和讨论TD公司GSM网络制式的贯标情况，这是公司成立以来应国家邮电部的部署和要求，所接到的通信制式的定标任务，公司上下十分重视此次贯标工作。会议上，主持此次贯标工作的杨顾问毫不留情地说道：“经过近半个月的贯标考核，我们公司的很多指标都不达标，想这样通过国家邮电部的质量认证，门儿都没有。”此话一出，会议室鸦雀无声，沉默许久，总裁决定进行现场讨论，现场解决问题。经过长达近5个小时的激烈讨论，一致认为：贯标工作之所以没有达标，其根本原因在于贯标培训工作没有落实，各部门没有充分认识到贯标培训的重要性，人力资源部对贯标培训工作开展的监管责任不到位。作为主管人力资源部兼培训中心的小王心中七上八下，贯标工作的失误使得小王觉得身上担子越发的沉重。商科毕业的小王深知培训管理工作的重要性，作为贯标工作的排头兵，小王义不容辞。

一、公司简介

TD公司是一家通信服务运营商，主要从事各个频段和网络制式的移动通信业务，同时包括移动通信设备、互联网服务、各种硬件软件以及制式网络的开发与定标。股份制改造前，公司是隶属于该市电信局的一个通信分局，之后根据国家政策导向进行了股份制改造，成为HK公司的全资子公司，并在香港和纽约成功上市。2000年5月，公司正式成立，作为国内通信运营商之一，为社会公众提供专业化的移动电话网络制式服务。

2002年，通信市场开始狼烟四起，这一年形成了六雄争霸的局面。L公司TDMA业务持续攀升，业务增长率达到30%，市场占有率达到12%；W公司和T公司依靠其相对较低的成本也从TD公司中抢占了大量的市场，业务增长强劲。W公司依靠其宽带业务也在通信市场分到了一杯羹；D公司最是强劲，由于地域经济的差距，其在南方的业务迅速发展，市场占有率急逼TD公司。相比较之下，TD公司的业务增长率降低了将近5%，市场占有率降低了3%。为促进市场经济的发展，信息产业部放出风声，将会给所有通信运营商颁布通信牌照。面对强劲的竞争对手，下一步该怎么走，TD公司走到了改革的十字路口。

在人才竞争市场上，L公司和D公司对TD公司步步紧逼。L和D两家公司依靠高薪和良好的福利吸引人才，并通过企业完善的培训开发体系来发挥人力资本价值储备了大量技术和管理人才。TD公司由于现行的培训开发体系并不健全，员工技能和能力无法得到更新，最终员工忠诚度降低。仅2002年一年，人才流失率就达到15%，且大多流向竞争对手公司，这对TD公司来讲是个更大的威胁。TD公司认为，在市场竞争的浪潮中，原有的组织架构已不能适应快速的市场变化和信息爆炸性的增长，公司组织变革势在必行。

二、变革道路上的"人才危机"

电信技术不断迅猛发展，国家信息化速度越来越快，飞速发展的外部环境迫使电信企业不断变革。在这一过程中，各通信运营商的企业性质和组织架构发生变化。变革之前，TD公司的组织架构是"集团+基地+隐性公司"模式。伴随行业革新，经过一系列拆分和重组，众多隐性公司从TD公司内剥离，改革后形成了"集团+基地"的组织架构模式，在此期间TD公司上市，在盈利的同时也肩负着国家通信行业发展的重任。

虽然企业在不断改革，但由于近十年粗放型经营与传统的管理模式的烙印难以抹去，改革过程中出现了诸多问题：经营管理方面，先前处于电信局的下属机构在没有上市之前完全处于"撞钟型经营"，缺乏市场意识和管理意识，组织中行政作风、官僚主义严重，经营管理效率低下；顾客服务方面，员工由于缺乏系统的营销和服务培训，所以缺乏敏锐的市场竞争意识，不仅客户服务观不强，对顾客的需求不予区分、不加思考，而且服务质量非常差。所以公司的设备、技术投入也很滞后，影响了在市场方面的资源部署，服务项目的推出不仅时间周期长，问题也多，导致2000年的客户满意度不到60%。

或许大家都想知道，改革在不断的进行，为何问题不仅得不到解决，还越改问题越多呢？人力资源部兼管培训中心的小王亲身经历了变革中的一切，经过认真的思考，小王认为：组织结构调整是必须的，但并不是万能的。它可以短暂地治标，却难于治本。公司的改革不断地进行，却不全面透彻，仅仅做组织结构的调整是远远不够的，集团整体的人力资源体系都需要相应作出变动。从公司成立到现在的10多年，内部的选人用人育人机制，存在着任人唯亲、故步自封、忽视培训等问题，制度和流程的小调整和小变动，根本无法破解现在公司面临的人才匮乏僵局：一方面，高级专业人才不足，管理技术岗位无人能做；另一方面，中低层次人员相对富余，导致大量低层次岗位人浮于事。同时，随着技术的不断进步和市场需求的扩大，许多新的岗位也缺乏相应的人才。员工得不到培训，知识结构不健全，知识逐渐老化，相关技能得不到更新，使得人岗不匹配，进一步加剧人才的紧缺。人力资源陷入这样一个死循环：人才不足、市场压力大—员工知识技能老化—忽视员工培训—人岗不匹配—企业绩效、人才吸引力下降—加剧人才不足。

图5-1显示TD公司员工的学历层次结构，从图中可以看到，本科及以上学历员工数量只占全体员工的21%左右，初高中学历高达56%。学历结构上的失衡严重制约了TD公司的发展，就拿这次的贯标工作为例，很大程度上是由于各部门员工知识技能上的不平衡，比如技术等相关部门聚集了大量的高学历人才，其他部门人才储备不足，导致贯标工作中各部门衔接不利、标准不一。

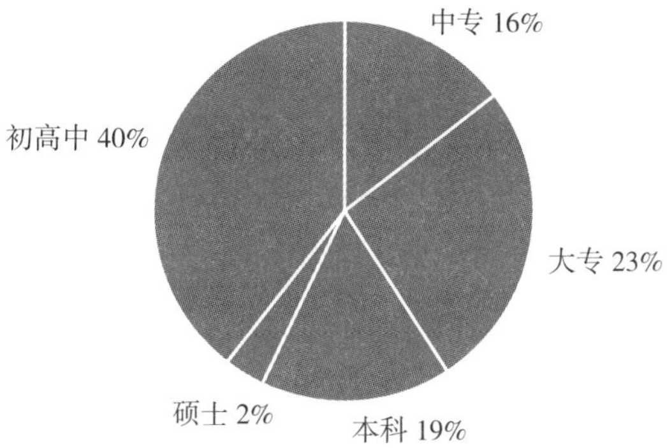

图 5-1 TD 公司员工的学历层次结构

通信行业的知识、技术密集程度较高，所以，TD 公司目前人员的学历结构明显是不合理的。不仅如此，若没有建立完整的选育用留一体化的人才培养使用机制，即使是高学历的人才也不可能真正为企业所用。企业的竞争说到底是人才的竞争，这样的人才状况，TD 公司靠什么去与拥有大量高素质人才的通信运营商竞争呢？

三、培训体系改革

小王认为培训开发应该作为公司现阶段人力资源变革的中心任务，幸运的是，TD 公司从战略层也做出了相应的布局，也只有这样，才能解除公司的“人才危机”。HR 部门一直都设有培训开发管理员的职位，但长期都没有合适的人选担任，在这一特殊时期，由人事管理员小王暂时兼任。小王认为如果想从培训开发入手来解决人才危机，首先要做的便是搞清楚当下公司内部培训体系存在哪些问题，根据问题来系统地解决。小王决定进行改革，小王和培训中心的同事一起设计了问卷和访谈提纲，打算通过访谈和问卷的形式了解培训体系的现状以及存在的问题。结果显示，公司的培训开发从文本到实践，从制度到实施都出现了源源不断的问题。

一是管理者和普通员工的培训意识淡薄。因为到现在为止，并没有专人对公司的培训管理进行系统的复盘与调整，所以这也导致公司上下对培训开发工作的认识产生了扭曲。问卷调查所反馈的结果显示，中高层中只有 60%左右的人认为培训是重要的，其他大多数人认为培训只是走个过场，形式主义的成分很大。例如：在各部门选送参训人员时，往往先以不影响本部门工作的人作为首选，而非将培训的需求放在首位，参训人员选择过于随意，应付培训工作的行为严重。到目前为止，TD 公司也没有一份公开的正式的培训管理规定文件。总之，观念的淡薄、理论的缺乏、战略的缺失、制度的漏洞导致公司整体对培训的重要性缺乏共识。

二是培训资源投入不平衡。培训的硬件方面，如场地、设备等过分投入，然而这些现成的资源由于形式主义并未得到有效利用；培训的软件方面，培训机制和相应的培训制度与规范流程迟迟得不到改善。例如：TD 公司在 2000 年一次性购买了大量的投影设备、音响以及相关的电子设备，并且将公司中 300 多平方米的教室改为培训中心并将其打造成同行业中先进的培训中心。然而，由于相关的培训制度与流程不健全，同时也缺乏专业的培训人员与监管人员，培训中心无法发挥其真正的价值。往往各部门有什么大型的集会都临时征用培训中心，甚至将其作为休闲娱乐的场所。培训软件资源上的不足导致了先进的硬件资源无法有效利用，更不用说培训效果了。

三是培训中心人员素质偏低。公司上下对培训工作的不重视，导致长期以来始终将培训中心作为一个辅助部门，并未对其投入过多的人力资源，使得培训中心人员素质偏低。具体来讲，一般素质方面，培训中心工作人员大多缺乏必要的工作热情和专注度，大多应付了事；专业素质方面，培训中心的人员缺乏系统的培训开发工作的学习，毫无专业能力可言。由于相关工作人员只是处理日常培训的各种事务性工作，其综合素质无法满足工作的需求，培训中心也只是员工参加培训的场所，这就导致培训中心形同虚设。

四是培训工作缺乏科学性和系统性。企业整体的培训开发非常烦琐与复杂，作为人力资源管理的重要模块之一，包括需求分析、计划制定、计划实施以及效果评估和迁移等方面。然而，经过调查研究，小王发现公司每年都要求各部门上报参训人员，但实际上，参训人员几乎都是部门随意指派的，并没有与相关人员进行培训沟通，根本不了解员工的培训需求。当然，作为人力资源部监管培训中心的小王也知道是自己的工作没做到位：一是计划制定和实施时，并没有考虑培训的多样性和培训方法形式的创新，造成了受训人员热情的丧失。二是计划以及具体培训课程的设计与企业战略目标脱节，导致培训缺乏成效，往往经过培训的人员依然无法完全胜任岗位。

经过全面透彻的诊断分析，小王认为目前问题的症结在于：公司缺乏一套系统科学的培训体系，不能将差异化资源进行有效的结合，难以对员工进行实质性的帮助。

四、“开天辟地”的培训体系

结合在 MBA 课堂上的所学，在对公司培训状况进行全面的分析后，小王认为应该从培训体系入手，建立一个基于胜任力的培训体系，来系统提升员工能力，形成培训系统的闭环，实现对员工能力的支持。经过小王、人力资源部以及培训中心一个多月的共同努力，初步的培训体系诞生了。

首先便是要确立培训的指导思想，它是一个公司培训文化的体现。在公司培训开发专业工作会议上，经过人力资源部和培训中心的讨论，对公司的培训指导思想取得了共识。TD 公司要根据全方位、多维度、因材施教、学用结合，力求培训投入收益最大化的原则，立足于“以人为本，人才第一”的培训理念，建立“全员教育、重点培训”的培训模式，逐渐在全公司培养出“自我学习、自我开发、自我进步”的氛围，提高员工自我学习的动力，注重培训效果的应用。在实际操作过程中，要以岗位核心能力为基础开发培训体系，整合加强公司培训管理资源，专注于提高公司培训管理的整体运作能力，在具体实践中不断更新改进工作。其后，TD 公司通过人性化的培训体系设计，在培训的各个环节力求个人与组织发展相结合，集团效益与员工个人效益动态平衡，保证员工在促进企业发展的同时，也在企业中实现员工个人能力和技能的提升，实现员工的自我价值。整个培训工作要努力做到保证公司人才链的持续稳定，通过有针对性的培训开发，为公司发展不同阶段以及战略的实现提供满足岗位需求的人员；倾听员工的培训需求，在满足企业需求的同时，力争让员工个人培训需求得到满足。提高员工的整体素质、提升人力资本存量与流量，为企业的未来发展储存充足的人力资源，提升企业核心竞争力。

其次进行培训需求的分析。为保证培训目标的顺利实现和员工素质的提升，第一步便是要依据通信行业人员素质标准和公司的实际运作情况，形成各岗位的“胜任力模型”，包括知识、技能、动机、个性以及品质等方面。详细的内容如下：

(1)认知学习能力：专业知识技能、逻辑思维能力、全面分析能力；

(2)协调服务能力：人际沟通能力、客户服务意识、合作能力；

(3)综合管理能力：决策力、领导力、资源分配能力、协调组织能力；

(4)个人效能：自尊心、自控力、自我效能感；

(5)目标行动力：主动性、责任心、成就动机。

在一级胜任力指标确定的基础上，对二级胜任力指标进行概念化与量化处理，形成公司层的总的胜任力指标库。本着立足当下、面向未来的原则，结合贯标工作的要求、岗位职责(当下)和企业战略(未来)的需要，确定各岗位所需的胜任力，并在此基础上形成能力指标雷达图，针对“能力短板”重点提升。图 5-2 显示了客户代表胜任力雷达图。

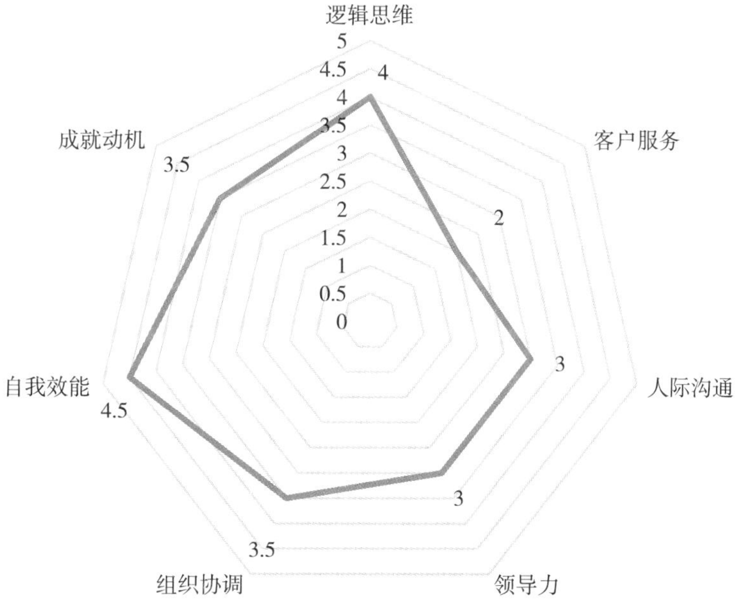

图 5-2 客户代表胜任力雷达图

其次，开发因材施教的个性化培训课程。除了采用传统的培训方式，如集中授课、岗位现场示范、“师带徒”等，也努力在培训形式方面进行创新，如举行新想法、业务、技术的交流与切磋会，以此保证培训的效果。根据各岗位不同的胜任力，搭建起具有岗位特色的课程体系，有针对性地进行能力的培训与开发。TD 公司的课程体系设计原则涵盖以下内容：

(1)根据胜任力模型、客户关系能力雷达图，开发针对性的培训课程；

(2)针对“能力短板”进行重点补强；

(3)多形式、多渠道搭建培训课程体系；

(4)整合公司内外部资源，支撑培训体系；

(5)“知识+技能+能力”三位一体系统开发；

(6)立足当下，面向未来，现实性和前瞻性有机结合。

以客户代表为例，根据客户代表胜任力指标体系以及其现实的能力状况，进行相关的课程体系建设，相对主要课程如表5-1所示。就具体某个人而言，可根据该岗位的所有相关能力培训课程有针对性地选择其相对薄弱的技能或能力进行学习，以保证学习的效率和效果，如某客户代表在服务意识和人际沟通能力上相对薄弱，因此可在培训时，将培训时间较多地分配到相关能力的培训课程上去。

表5-1　**客户代表课程体系**

能力项目	相关课程
人际沟通能力	客户关系管理、投诉与抱怨处理
客户服务意识	客户关系管理、服务意识与心态
专业知识技能	市场营销、顾问式销售技巧
组织协调能力	组织行为学、现场指导技巧
领导力	经典文学中的领导艺术
成就动机	目标导向管理、自我分析
自我效能	失败学习、自我提升的技巧

为保证培训效果，培训中心根据受训员工的岗位要求、能力现状和兴趣点的不同，选择合适的培训形式与相关课程进行适配，让培训效果最大化。最后，为减轻形式主义，在实际操作时，需对各期各阶段的培训效果进行评估，以保证培训的有效性和实际工作中的适用性。TD公司参照柯克帕特里克的四级评估的“柯氏模式”，对培训评估做了相应的要求(见表5-2)。除此之外，TD公司要求培训中心及参与培训的各部门负责人，定期向人力资源部提交工作总结报告，经部门审核后，向公司领导提交每季度的培训开发工作总结，并且每半年向公司领导提交一次培训效果总结评估报告。

表5-2　**柯氏评估要求**

评估手段	评估要求
一级评估：收集学员反馈意见	适用于时间短、重要性低的培训；
二级评估：检查学员所学内容	适用于岗前、待岗转岗、特殊岗位等培训；
三级评估：衡量学员工作表现变化	适用于重要岗位培训，在培训结束后的3个月和6个月实施。根据结果，形成后续培训计划，该结果作为员工是否得到了应有的提高的根据，保留在人事档案中。
四级评估：衡量公司业绩是否提高	投资报酬率评估(ROI)

五、成效显著的“黄金十年”

在一系列的改革举措实施后，公司的培训工作日渐步入正轨，基本建立起了以岗位核心能力为基础的培训开发体系，合理整合企业资源，提高了 TD 公司培训管理整体运作能力，培改革效果明显。在短短的几年内，随着培训体系的不断完善，TD 公司特色的“岗位胜任力”培训体系已成为行业中的标杆，引来众多同行的学习。据统计数据显示，TD 公司改革后员工每年送出培训率达到 25%以上，岗前培训覆盖到全体员工，培训费用占公司总营业额的 5%以上。具体来讲主要有如下成果，实现了五个转变：

(1) 由职责导向到能力导向，建立员工胜任力模型；

(2) 由零散课程到以胜任力为基础的系统的特色课程；

(3) 由仅关注课程质量到重视系统效率，加强和完善培训体系；

(4) 由培训重点不突出到突出明确的培训需求导向；

(5) 由外部引入课程到自行开发针对性的内部课程。

现行的培训方案得到了大部分成员的认可及参与，这与培训体系细致的搭建过程密不可分。具体而言，对各部门的培训需求分析较为透彻，培训计划实用性强，员工工作中所必需的知识技能得到了及时的补充，工作表现取得了突破性的变化。所以，个性化的培训和配套的人事制度改革，满足了员工的成长需求，使其对工作投入度大幅度提高，而内部人才培养也解决了人员紧缺的燃眉之急。各部门各岗位人员经过系统严格的培训，知识、技能、能力各方面得到了明显的提升，在 2002 年的网络制式贯标考核工作中，所有项目全部达标，顺利通过了标准考核，TD 公司在竞争中取得了技术上的优势和市场上的先机。

随着 TD 公司业务的不断扩张，培训体系不断完善，为 TD 公司“黄金十年”的发展储备了充足的人才，使 TD 公司在长达 10 年的行业竞争中保持优势。2002—2011 年的 10 年间，公司用户量从 2000 年的 6000 万发展到如今 6 亿，用户规模增长超过 5 倍；年收入从 2002 年的 850 多亿元增加到 2011 年底的 3500 多亿元，年利润从 250 亿元增加到 2011 年底的 1150 亿元，TD 公司 10 年年收入和利润增长到 4 倍多。人才队伍方面，TD 公司员工总数由 2002 年的 10 万人增长到 2016 年的 45 万人，本科及以上学历员工比率在 70%以上，中高级职称人员达到 80%以上。显而易见的是 TD 公司的成绩——用户量、营业额，网络覆盖率、接通率全球领先。这一切在很大程度上源于 TD 公司培训体系的不断优化，保证了公司优质人才链的畅通。人力资源部监管培训中心的小王由于 10 年间的工作业绩的突出表现，也被升任为公司的副总监。

六、烽烟再起，培训体系的二次改革

2015 年，TD 公司所处的情境并不安稳，移动互联网等的冲击使 TD 公司“黄金十年”的日子一去不复返。这也意味着它面临着新一轮的转型选择：到底是向左(回归国企和运营商的角色)？还是向右(谋求“互联网+”的一席之地)？

然而，船大难调头。移动互联网的高速发展，智能手机的快速普及，给全国通讯运营商都提供了高速率的网络，但它们也遭到了来自新兴业务的冲击。TD公司上半年净利润突破了500亿元，但与同期相比呈下降趋势。数据业务收入超过1000亿元，而无线上网业务收入达1010亿元，这一业务成为收入增长的关键助力。数据流量增长依旧难掩传统业务下滑的态势，公司急需业务转型。面对内外部环境的威胁，TD公司决定进行组织结构和业务双变革，业务方面扩大4G发展优势，提供数字化业务，着力推进创业布局，创新发展。组织变革以业务变革为依托，建立起创新所需的快速、灵活的反应能力和生态组织结构，而这一切的实现都要以人才作为基础。

面对公司新的发展战略，人力资源部和培训学院担负着人才输送的重要使命。作为TD公司副总兼培训学院院长，老王陷入了沉思，在企业战略转型的关键期，为企业高效、精准的培养高素质人才，保证人才链的衔接与流畅，成为老王急需思考的问题。在老王的牵头下，人力资源部和培训学院进行了新一轮的讨论，大家统一认为，在当下迅速变换的内外部环境下，不能再像以前那样做单一的线下培训，需要将线上培训和线下培训相结合，进行立体的培训体系建设，主攻线上培训开发。另一方面，培训内容必须支撑人才的快速成长，培训必须与绩效挂钩。经过长达一年的培训体系再造，最终于2016年形成了U-learning的在新学习平台，简称“U平台”。

U平台自上线之日起，确立了“学习无处不在”的运营理念，以TD公司统筹为基础，以分公司协同运营为翼，以学员自主学习和激励为动力，逐步完善放养式平台运营生态体系建设，实现了从强指标到轻量化、重行政到去管理的轻量化运营。经过老王等人的评估测算，在线学习成效稳定显著，在线学习总量(时长)是面授培训的4倍以上，持续保持95%的年覆盖率和30小时的人均时长学习态势，有效节省了公司面授培训的差旅成本和时间成本，扩大了学习资源的覆盖率，加快了基础知识和技能的学习速度，提高了公司人才培养和员工学习的效率。2017年1~8月省平均登录覆盖率超过80%，40%市公司覆盖率达到95%，90%市公司覆盖率达到70%以上，累计总覆盖率达到95%以上；2017年1~8月全省在线时长90万小时，人均时长27.35小时，35%市公司人均时长30小时，75%市公司人均时长20小时以上；在线学习总量(时长)是面授培训的4倍，按财务口径折算：U平台在2016年所产生的经济效益超过2亿元。其中，创造的课酬价值约为1亿元，节约培训成本及差旅交通费约为1亿元。

单从培训效果来看，培训体系的“二次革命”获得了一定的成绩。但是，在战略转型过程中，当下的培训体系究竟能否适应和助推TD公司再次升空，这一切还需要时间的检验。

案例使用说明

1. 教学目标规划

(1)学会分析组织发展过程中的危机及其原因，能够理解传统人事管理的弊病，对企业培训现状进行剖析；

(2)学会将培训和人力资源管理战略及企业战略进行有效结合；

(3)明确培训制度建立的流程以及制度设计的指导思想；

(4)了解培训模式的选择和培训的操作过程以及培训效果的评估和控制。

2. 课堂讨论题

(1)TD 公司原先的人力资源管理体系是怎样的？有何问题？

(2)TD 公司进行了体制和组织架构变革为何仍未解决问题？

(3)小王是如何进行培训问题分析的？

(4)TD 公司前后两次培训变革的背景是什么？培训体系做了哪些改变？

(5)你对 TD 公司的培训体系有何想法？

3. 启发思考题

(1)传统人事管理和人力资源管理是不是一样的？

(2)人力资源战略如何与企业战略相匹配？

(3)培训如何实施以及相关的配套机制如何建立？

(4)培训体系如何建立？主要包括哪些方面？

(5)培训体系如何在企业的不同发展阶段进行变革？

参考文献

[1]马晓白，宋雪思，金超．移动互联网冲击下的我国通信运营商发展战略研究．管理现代化，2015，35(5)：36-38.

[2]孙倩．中国电信企业国际化经营的战略分析．管理现代化，2006，26(4)：49-51.

[3]吴峰．我国企业 E-learning 调查分析与趋势研究．现代教育技术，2015，25(1)：120-125.

[4]于文浩．战略性打造企业培训体系的“三重门”：基于业务生命周期视角．现代远程教育研究，2017，24(2)：53-59.

案例2 培训与发展——M公司的制胜秘诀

【摘要】众所周知，餐饮行业有着高的员工流动率。处于该行业的M公司，作为快餐行业的龙头老大，同时面对食品质量问题以及高的员工流失率，是如何痛定思痛，从重振到再次复兴的？培训与发展在其中又扮演着什么样的角色？本文以M公司内部问题诊断出发，对所形成的独特的培训内容和方法进行具体的揭秘，阐述M公司险中求胜的发展路程。

一张在网络上被全民转发的图片使M公司深陷“质量门”事件。图片的最初上传者是M公司某餐厅的员工，从图片中可见的是，一根挤出冰激凌的本该干干净净的管子里面却是黑乎乎的，表面还有许多不明黏液。该员工对图片配有文字说明，指出这是圆筒冰激凌制作机内部的图片，并告诫大家日常吃的食物并没有那么干净，要远离生活中的冰激凌。各方网友都认为这些不明黏液对身体有害，严重情况下，还会危及生命，这也引发了大众的恐慌。大家开始纷纷抵制M公司的食品，一时间M公司的营业额受到重创。

一、公司简介

M公司是一家餐厅遍布全球的现代化跨国公司，共拥有超过37000多间餐厅。20世纪50年代，全球第一家M公司餐厅在美国创立，距今已有60余年历史。到2018年，M公司已经成为全球领先的餐饮企业，品牌价值超过了1000亿美元。餐厅出售的多为一些快餐食品和周边，如汉堡、薯条、炸鸡、饮品甜品和玩具等。其可口的小吃和贴心的服务使得M公司赢得了消费者的喜爱，成为年轻人和小朋友们休闲娱乐常去的地方。企业奉行供应商、雇员和被特许人之间应该优势互通、紧密协作的经营理念，秉承以顾客为中心、诚信经营、回馈社会的经营哲学。

据数据显示，至2018年，中国内地M公司的餐厅数量超过2700家，员工人数超过15万，其中95后员工占比超过60%，00后员工超过15000名。公司业务在国内得到迅速拓展，这一发展速度让M公司(中国)提出了新的发展目标：在财务指标上，从2018年起，之后5年每年的销售额增长率都保持在两位数。在市场拓展上，到2022年底，餐厅数量应由原先的2500多家增长到4500家甚至更多，其增长速度在此期间需提升一倍。届时，将有大约45%的餐厅在三四线城市开张，这无疑会给更多的消费者带来便利，同时也表明M公司中国市场的进一步打开和深入。公司组织结构如图5-3所示。

二、成效甚微

身处餐饮行业的M公司一直深知食品质量和服务质量对企业命运的重要性，所以从企业发展初期，就制定与产品和服务质量相关的QSCV黄金法则，并要求各级员工从作为新员工入职开始就必须学习和贯彻落实。QSCV黄金准则涵盖质量(quality)、服务(service)、清洁(cleanliness)和价值(value)四个方面。具体的内容如表5-3所示：

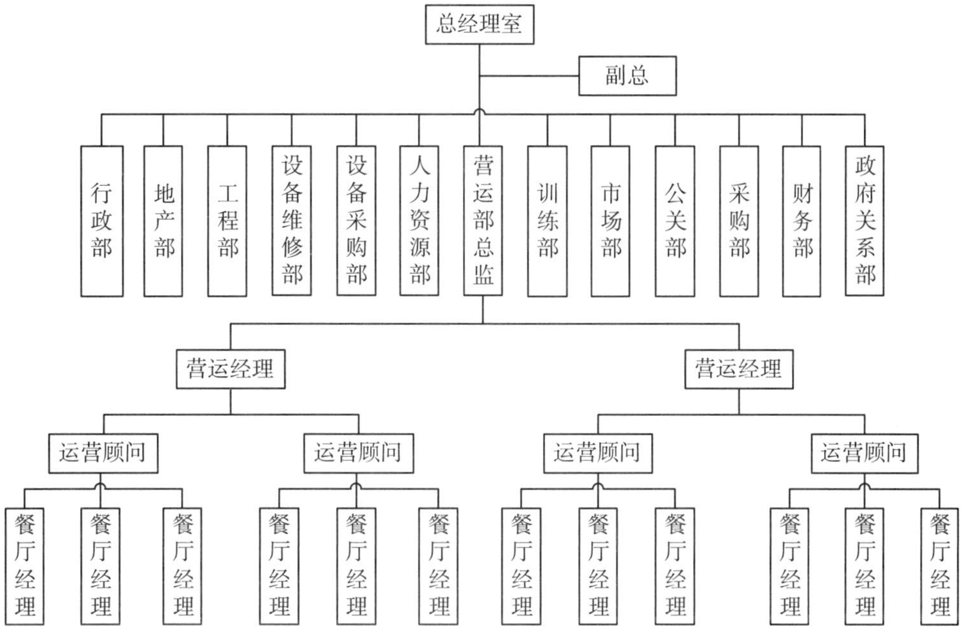

图5-3 M公司的组织结构图

表5-3 **M公司QSCV黄金法则**

方面	内容
质量(quality)	保证餐厅持续经营的本质和最基本要求。作为快餐业巨头，为了提高质量，M公司的食品加工有着近乎严苛且不可违反的标准。比如，餐厅为保证食品口感和新鲜度，肉饼需要达到的指标有40多个，奶浆的接货温度≤4℃，这些指标若不达标食物就要废弃。
服务(service)	餐厅的服务员需热情真诚、谦恭有礼，使用先进便捷的点餐取餐设备，以减少每个顾客的等餐时间。各类食品及包装都经过严格消毒，用安心的服务赢得消费者对食品品质的信任。
清洁(cleanliness)	公司制定了规范的清洁工作标准，员工必须严格执行，比如佩戴好口罩与手套、餐桌及时清理、餐具橱柜按流程消毒等。
价值(value)	公司旨在向消费者提供高品质的食品，要求食品色香味、价格与服务等都是高品质，为顾客提供物有所值的食品。

然而，即使在这样严谨和规范的操作流程下，M公司还是频频被爆出质量问题。除了开篇提及的冰激凌制作机器有不明黏液的问题，还有“汉堡蛆虫事件”“供应商过期肉事件”以及“过期食品再次售卖事件”等，都让顾客对M公司的食品质量产生了质疑，媒体

的争相报道，朋友圈的疯狂转发，政府的约谈问责，导致M公司的销售额连续下滑，一度让M公司管理层陷入恐慌和沉思。

让管理层想不明白的是他们早已对食品质量问题给予了相当大的重视，除了强调公司一直奉行的QSCV黄金法则，还制定各种严格的章程和工作流程对员工行为进行约束。并且每年用于新员工培训的费用不计其数，公司为什么还是陷入了最为棘手的“质量门”事件？是培训内容和方式出了问题，导致员工未能完全掌握操作要领？还是员工素质问题？又或是因为其他。在管理层还未弄清楚产品质量问题的根本原因时，更令人头疼的事情发生了。

三、一波未平，一波又起

在餐饮行业除了要特别重视食品质量外，还有一个需要特别关注的就是员工流动率的问题，特别是一线操作工人的流失率。由于M公司一线员工主要是完成点单下单、食品制作、就餐区清理等偏程序化的工作，简单重复的工作让人容易疲惫并且失去工作乐趣。在产生工作倦怠时，员工会不自主地产生消极怠工甚至更严重的反生产行为。在“质量门”事件发生前，各门店部分员工的倦怠情绪就已经明显显露，比如很多员工服务态度不好、订单频频出错。近些年由于M公司的迅速扩张，员工数量猛增，公司无法完全掌握每个员工的工作状态。本就对平时重复化的工作颇有微词的员工们，这次正巧碰上M公司的“质量门”事件，一时间各种谣言四起，比如公司将会缩减门店并会大规模裁员；或是公司为了维护自身形象，会让涉事员工背锅等，使得员工们人人自危。许多工作了2年及以上的员工由于本身薪资岗位等未达到自身的满意度，或是其他原因，在各方舆论压力的逼迫下，纷纷选择了离职。情绪具有感染性，离职的传染性更是大，在短短1个月内，全国各地门店员工集体离职情况频发。不仅是一线操作人员，这场离职风波甚至波及了公司中层管理人员。内外交困的形势下，M公司高层管理层不得不多次召开紧急会议，试图打破困局。

四、内部诊断

这一日清晨，偌大的会议室就已经满员，大多数人都愁容满面、眉头紧锁，满脸透露着疲惫。这已经是这个月以来第3次中国区高层管理会议了，讨论的内容依然是上次会议留下的问题：到底该如何向公众做出回应？产品质量问题频发的背后到底发生了什么？怎样安定大后方？

公关部长Peter认为现在公司必须做出反应，如果任由事态继续发酵，将会失去大众的信任，给公司造成不可挽回的损失。但是具体的申明应该怎么发还没有定论。人力资源部长Lily说道，员工的离职率已经超过了预期，要保持各门店的正常经营，必须稳定员工的心态，并且补充新生力量。而中国区总负责人Mike思考的是，这次事件真的是偶然？不考虑外部因素，公司内部是否出了问题？若是，问题出在哪？这次事件若能顺利平息，下次是否还会出现这种问题？

Mike 拿起了“质量门”事件应急小组的调查报告，发现在这几次食品质量问题发生时，各餐厅的涉事员工在当场都没有做出正确的反应，甚至还跟顾客发生了冲突，导致事态更为严重。所谓“树大招风”，M 公司作为领先的餐饮企业，一言一行都在社会大众和媒体机构的监督下。而“质量门”事件发生时，刚好也处于公众对食品卫生格外关注的时期，这段时期已经有奶粉掺假、苏丹红、瘦肉精等事件的发生。所以，Mike 认为这次公司触碰食品安全的底线，就如同重重地“捅了马蜂窝”。他先要求应急小组汇报了各餐厅食品问题的原委及分析结果，大家确认了一部分食品问题确实是员工的失误，然而还有一部分是顾客的故意为难，但这一部分又缺乏实质性的证据。根据这些最新的调查结果，又展开了新一轮的激烈讨论。此时，Mike 在听取各方观点的时候，暗暗决定，借由这次事件，要深刻剖析企业现存的和潜在的问题，努力做到食品安全问题零发生。

经过一天的讨论、争辩与协商，大家终于形成了一份内部诊断报告。首先，从事件发生开始，各门店员工包括经理都没有危机公关意识，不仅没有及时解决问题，还使得矛盾升级，事后无法调取监控查看事件原委，这不仅是公关部和运营部的责任，还有人力资源部的培训没有做到位，以及设备维修部没有履行设备正常运行的日常职责。其次，员工，特别是一线员工的工作状态没有引起公司足够的重视，当员工出现工作倦怠时，不仅有无心的过失，还会出现消极怠工及更严重的反生产行为，在一些因素的影响下会选择离职，并且影响整个团队的士气，这也可以解释为何出现集体离职事件。然后，公司尽管投入了巨大的培训成本，但收效甚微。原因有三：一是接受培训的员工在培训结束后并没有将培训内容落到实处；二是各部门培训渐趋形式化，更多的是当作一种必须完成的任务在执行，并没有结合员工的实际培训内容诉求；最后，这次事件发生后，各部门间存在责任推卸的情况，没有引起重视，也没有及时上报，任由事态发展，事件持续发酵不可控时，才开始做出应对，让公司处于十分被动的局面。

对公众的申明终于在事件发生一个月后发出了，M 公司承认监管不力，主动检讨，并愿意承担相应的责任。会议接近尾声时，各部门部长也做了相应的检讨，Mike 对大家说，正好借由这次事件显露出来的问题，对内部做一次大整顿。对于人力资源部来说，要和公关部一起尽快解决好目前的问题，之后应该联合公关部、运营部及其他部门设计新的培训计划，让培训落到实处，并做好员工的安抚工作，尽快补足后备军。

五、激流勇进

要想做到险中求胜，就只能激流勇进。虽然这次 M 公司遭受的打击较大，但好在还可补救。在高管会议后，Lily 召开了部门会议，开始部署人力资源部接下来的工作。

第一，在培训内容方面，真正了解员工的培训诉求，对每个餐厅不同岗位不同层级的员工形成分层分级培训(见表 5-4)。这次突发的“质量门”事件让大家明白，与顾客联系最为紧密的餐厅员工并没有危机公关的意识，但往往他们的一言一行从出事开始就代表着公司形象和态度。因此，人力资源部一是联合公关部，形成危机公关方面的培训资料；二是联合设备部，做到各个餐厅就餐区和操作区监控全覆盖，每天定时定点检查维修设备。面对顾客投诉，做到速度第一，对消费者的不满及时作出回应；在真诚礼貌沟通、不升级矛盾的同时，尽快取证；若是员工失误，主动承担责任，依法依规进行处理，与社会公众开诚布公。另外，M公司其他管理层们也觉得质量问题频发，除了要把好质量关之外，跟员工培训的质量也有很大关系。在培训时，一定要对员工，尤其是餐厅员工，强调要把好质量关，加强规范化操作，不要触碰道德底线。

表 5-4　**M公司分级培训表**

职务	培训课程	培训目的
新员工	员工发展手册(至少两周)	确保员工上岗时拥有高水准的服务水平
员工训练员	员工训练员手册(至少1周)	熟练掌握训练技能，给新员工提供帮助
员工组长	值班管理课程——基本和高级(3个月到半年)	提高基本人际关系技巧和沟通能力，打造顾客用餐最佳环境
第二副经理	地区设备课程与管理实务课程(5天)	提高个人领导能力，拓展餐厅的系统知识
第一副经理	餐厅领导实务课程(5天)	学习如何领导一个团队完成工作，提高工作绩效
餐厅经理	企业领导实务课程(5天)	提升整合和运用餐厅知识的能力，并且拥有拓展业务的能力

第二，让员工快乐工作。至2018年，M公司中国区有超过六成的员工都是90后，超过六成的部门经理是85后，两成以上的餐厅管理人员是90后。在年轻员工那么大的基数的前提下，如何高效地管理好这些年轻员工是一个值得管理者们深思的问题。Lily认为，在这些年轻员工的身上有独特的活力和创造力，他们做事更加机灵和敏捷，对自己感兴趣的事情非常热情与投入，并且他们特别需要认同感和参与感。在此基础上，形成了独特的雇员价值定位(employee value proposition)，它体现了公司所倡导的“以人为本”的理念，营造了积极热情的大家庭氛围，也是吸引和保留90后年轻员工的重要基石。其内容包括：family/friends(家人朋友般的关怀)，指公司所营造的一个令人愉悦的工作环境，每个人都是这个大家庭的一分子；flexibility(工作灵活及多样化)，指工作的灵活性和弹性能够适应不同年龄层次员工不同的生活方式。future(提供培训和未来职业发展)，指为员工的成长和发展制定清晰的成长路径，提供完善的培训课程。Lily也表示，“公司坚持雇员价值定位，力争做到让所有员工开心工作，并在工作中快乐成长。这是由于现代的员工不单单注重报酬，他们还在乎团队氛围和工作环境。若企业为员工多考虑，关注员工的心态和个人发展，那么他们就愿意留在公司，也更热情地为顾客提供服务。同理，当公司关注到管理人员的情绪波动、关怀管理人员，他们也会更好的关怀基层员工。”

第三，在技能培养方面，落实“干中学”和“传帮带”两种人才培养方式。所谓“干中学”，是指在业务熟悉过程中，老员工或熟练工带着新员工同时进行，新员工边看边学，进行一对一训练，以尽快在新岗位上独立操作。“传帮带”也叫“师带徒”，徒弟的工作情况纳入师傅的晋升与考核中。当M公司的员工晋升到餐厅经理时，他就应该掌握培养自己的团队的能力并付诸实施。M公司的总经理给部门经理做绩效考核的频率是每三周一次。在考核开始时，在给定的工作目标里有两条是必备项，一是作为你的下属，你将如何训练他们；二是明确说明你在何时可以完成何种课程。若想晋升，那么培养出自己的“接班人”是必要条件。如果没有做到，那将无法顺利升迁。这种方式一是在很大程度上保证了员工升迁之后，能与接替他的人顺利交接；二是能够保障他们尽全力培养他的继任人，并保证继任人能够考核优秀，因为这是与自身利益和职业生涯发展规划相关的。

第四，在职业发展方面，M 公司之前就形成了独特的晋升通道。虽然类似于多数企业的“金字塔”人才结构，但 M 公司的人才体系准确地说，更像一棵圣诞树，若员工有足够的能力，他就有机会上升一层，成为树干的一个分支，再上去又成一个分支，这使得员工的付出总会得到回报，即他们一直有升迁的机会。为了尽量减少员工工作倦怠的可能性，Lily 认为应该丰富员工的工作内容，可以通过岗位轮岗等方式，增加平时工作的挑战性。这不仅有助于实现员工快乐工作，还有助于培养全能高素质的员工，形成管理层的后备军。

第五，形成有效的约束机制。若员工有突出的工作表现，可以去 M 公司的企业大学继续深造，也可以升职加薪，或者通过满足员工的愿望进行奖励。但若是由于自身工作失误或者工作倦怠，给门店和公司带来损失或者故意抹黑，不仅对涉事员工进行相应的处理，对于该员工的上司(或“师傅”)也会有相应的惩罚。处于多高的职位就有多大的职责，在拥有相应工作权利的同时，更应该有相应的义务。促使餐厅经理(或“师傅”)关心下属(或“徒弟”)的工作状态和心理状态，有问题应及时上报，及时解决。

六、成效初显

经过为期 1 年的内部整顿，人力资源部的工作得到了公司高层的认可。在 M 公司，整个培训体系日益成熟，无论是计时员工还是高阶主管，根据不同的职业生涯规划，会形成独特的培训计划。脚踏实地地做事是对企业每个员工的基本要求，M 公司认为，如果领导者们没有在各个岗位都尝试经历过，他们是不能高效地管理好餐馆的。正如数据所显示的那样，绝大多数经理、中高级主管在刚进入公司时都是从计时员工开始做起的。他们通过各区域的训练中心以及企业大学的阶梯式培训，能够让自身的知识不断更新，能力不断提高。据资料统计，M 公司每培养出一位餐厅经理，需要 450 小时左右的培训，花费将近 100 万元左右。可见，为了人才培养，M 公司不惜投入巨额成本。

“圣诞树”式的晋升方式，让 M 公司保持了很高的人才留用率，特别是经理层以上级别的人才。M 公司认为，薪酬福利等物质回报很重要，但个人的发展机会更重要，尤其是对于新生代员工，所以对员工开展培训时，一定要将他的培训内容与他的未来的发展道路相结合。比如，应当根据表现及潜能将他 3 年的成长路径规划在内。公司内大量的案例证明，让员工清楚地看到自身的发展前景和成长路径是不可或缺的。

员工是企业市场经营中不可或缺的主体，其言行举止都会对顾客产生一定程度的影响。2015 年以来，M 公司经历了从重振到复兴的历程，员工队伍呈现规模化、年轻化和高素质特征。规模化是指员工队伍的壮大，由于餐厅的扩张，每年新进员工人数突破 70000 人，为企业的发展注入了强大的力量，但也给人力资源部门带来了非常大的挑战；

年轻化是指员工的平均年龄越来越小，90后甚至95后的面孔越来越多，一些餐厅完全由大学生队伍管理。让年轻人服务年轻人，在与顾客的接触中，能从同龄人的角度进行思考和行动，员工也能更好地传递M公司的品牌形象与企业文化，；高素质化代表新进员工的学历水平显著提升，大学生及以上学历员工占比越来越大；公司整体的培训和管理也不断完善，员工综合素质能力都有很大的改观，如在“形象大使”等要求高素质的新岗位上，年轻员工们的表现非常出色甚至超乎期待。

M公司在人力资源上出现的令人惊奇的改变使自己走在了前端，效益越来越好，不断锐意进取，在全球最具价值品牌榜上的排名持续上升。M公司以其独特的培训发展模式，赢得了胜利，这对其他企业来说，无疑是个好的借鉴。

另外，“质量门”事件发生之后，社会大众对M公司的信任度大打折扣。为了重新赢得大家的信任，M公司一是严选供应商，从源头上保证产品质量安全。二是向社会公众提供了“厨房参观”的机会，邀请部分顾客在不对员工工作产生干扰的情况下，参观操作区，提高生产过程透明度，充分发挥公众对员工的监督作用。三是主动承担企业社会责任，向社会公众传递可持续发展的愿景，并公开具体的行动计划，其中包括了绿色包装、儿童健康、食品营养、绿色生态、就业等领域，让公司成为“美丽中国”的一部分。这一连串的措施也慢慢得到了公众的认可，M公司的信誉度持续上升。

案例使用说明

1. 教学目标规划

(1)了解人力资源的相关知识，掌握培训管理的相关知识；

(2)通过对快餐业员工培训方式的了解，学会差异化的培训方法与流程；

(3)理解培训管理在整个人力资源管理中的作用，以及整个培训过程中的重点是什么，让学生系统整体地掌握培训的流程；

(4)从教学案例里提炼出里面体现的知识点，做到点连成线，线连成面，通过书本知识和案例结合，更好地运用知识。

2. 课堂讨论题

(1)M公司从重振到复兴，哪些因素起了重要作用？

(2)“干中学”和“传帮带”的培训方式的作用是什么？

(3)M公司人力资源部改革的亮点有哪些？

(4)如果你是M公司人力资源部长，还会在哪些方面采取变革行动？

(5)M公司的培训模式能否用在其他企业甚至其他行业？

3. 启发思考题

(1)培训是否只是人力资源部的职责？

(2)为员工做一个好的发展规划对员工培训有何意义？

(3)员工留任计划非常重要，企业如何通过培训管理留住人才？

(4)培训管理对整个人力资源管理的价值是什么？

参考文献

[1]冯俊，梁晓琛．本土与国际快餐连锁企业培训体系的比较研究．中国人力资源开发，2009，21(2)：65-68.

[2]王博艺，顾琴轩．餐饮零售业一线管理人员基于能力模型的培训课程设计和实施——以麦当劳中国汉堡大学为例．中国人力资源开发，2011，23(12)：59-63.

[3]薛可，卢晓晶，余明阳．品牌危机中微博网络与声望博文特征研究——以“麦当劳过期门”事件为例．同济大学学报(社会科学版)，2013，24(3)：47-53.

第六章　绩效管理

本章知识要点

一、绩效的内涵

绩效是员工依据其所具备的与工作相关的个人能力和素质所做出的工作行为以及工作结果。绩效的内涵随着研究视角的变换而呈现出差异性。从工作结果的角度来看，绩效是一个人工作成绩的记录，表示结果的相关概念包括职责、目标、结果、生产量等。从工作行为的角度来看，绩效是一个人表现出的行为本身。从工作能力的角度来看，绩效是一个人能力的体现。

二、绩效考评流程与方法

（一）绩效考评的流程

绩效考评的一般过程主要包括：确立目标，建立绩效考评系统，收集整理数据，分析判断和输出结果。绩效考评的核心目标是要通过绩效考评的选择、预测和导向作用实现组织的战略目标。绩效考评系统作为绩效管理系统的重要组成部分，主要由考评内容、考评周期、考评主体、考评方法和考评结果应用等要素构成。可靠的数据是绩效考评公正有效的重要保障。分析判断是应用具体的评价方法来确定其评价结果的过程。绩效考评输出结果则能够为进一步的绩效反馈和绩效结果的应用提供依据。

（二）绩效考评的主体

通常情况下，参与员工绩效考评的主体主要包括员工本人、员工的直接上级或主管、同事、下级、外部客户以及外聘专家等。其中值得注意是360°绩效反馈，指将组织内外部所有与员工绩效有关的主体，包括员工本人、上司、同事及顾客等对员工绩效进行全方位、多角度评价。由于绩效考评是一个主观评价的过程，评价者通常会出现晕轮效应、严格化倾向、宽大化倾向、中心化倾向、首因效应、近因效应和溢出效应等主观误区。

(三)绩效考评的方法

绩效考评的方法主要包括以下几种：第一种，比较法。比较法就是对评价对象进行相互比较，从而决定其工作绩效相对水平的评价方法。常见的比较法主要有交错排序法、配对比较法和强制分布法。第二种，行为法。行为法是一种试图对员工有效完成工作所必须显示出来的行为进行界定的绩效评估方法，如图解式评定量表法、行为锚定等级评价量表法和关键事件法。第三种，目标管理法。目标管理法指的是目标管理理论在绩效考评中的运用，最典型的则是结果导向型方法，

三、战略绩效管理工具

(一)外部导向法——标杆基准法

标杆基准法，又称标杆管理，它是指不断寻找和研究同行一流公司的最佳实践，并以此为基准与本企业进行比较、分析、判断，从而使自己企业得到不断改进，进入或赶超一流公司，创造优秀业绩的良性循环过程。标杆管理从适用组织类型的范围和内在的结构方式上可以划分为内部标杆管理、竞争标杆管理、职能标杆管理、操作性标杆管理、战略性标杆管理等几大类。

(二)关键绩效指标

关键绩效指标(简称 KPI)是对组织及其运作过程中关键成功要素的提炼和归纳，是衡量组织战略实施效果的关键指标。确定 KPI 应坚持目标导向原则、二八原则、执行原则和客户导向原则。KPI 分解的工具和技术包括鱼骨图分析法和关键成功因素法。KPI 分解的操作流程包括 5 个环节，分别是明确组织整体战略目标、确定组织战略子目标、内部流程整合与分析、部门级 KPI 的提取和形成 KPI 体系。

(三)平衡计分卡

平衡计分卡的核心思想是通过财务、客户、内部经营过程、学习与成长四方面指标之间相互驱动的因果关系，展现组织的战略轨迹，实现绩效考核—绩效改进以及战略实施—战略修正的目标。平衡计分卡体系包括事前和事后指标，强调不同绩效领域之间的协调和平衡。平衡计分卡实施的一般步骤可概括为：明确组织的战略重点和战略目标、分解组织战略目标、构建平衡计分卡指标体系、评价与反馈。

案例1 DM公司的绩效管理变革之路

【摘要】DM公司为了保持制度与发展速度的平衡，开始制定一系列的管理制度，最引人注目的是要数绩效管理制度。在这种模式下，由于业务成果与报酬挂钩，员工丧失挑战精神、追求短期利益、工作成效不好等弊端接连出现，DM的销售额也遭到了滑铁卢。鉴于此，DM公司开始大刀阔斧的改革，OKR管理替代KPI，并提供新的配套机制解决激励问题，打造更轻的人力资源管理模式，建立外部客户驱动机制，重视责任感等。随着新的绩效管理制度的实施，DM公司实现了市场份额和销售额的增长，但在创新方面落后于国内的其他手机品牌，新的绩效管理是否还存在问题引发了DM的思考。

DM公司是一家以智能手机、智能硬件为主打产品的科技公司。公司业务自2010年成立以来保持了非常快的增长速度，公司董事长兼CEO李雷为了让公司的制度和流程跟上发展的速度，于2014年进行了一系列的制度、流程修订，其中包括绩效管理制度。公司创建了一套严密而精细的KPI考核体系。李雷本以为这次变革能让公司走得更快更远，没想到却给公司带来了灾难。如何力挽狂澜成了摆在李雷眼前的难题。

一、公司简介

DM公司成立于2010年，总部位于北京，DM公司是一家以智能手机、智能硬件为主打产品的科技公司。DM公司在成立之初，推出的产品只有MNRD系统和微聊手机聊天软件。2011年，公司推出了DM手机，这款手机凭借低廉的价格、不错的配置迅速吸引了大量的顾客。从此，DM公司开始进军手机硬件领域。后来，DM开始布局生态链，和生态链企业合作推出数码周边产品，同时进军智能硬件领域。

到现在，除了手机领域，DM在职能家居产品、互联网电视和电视盒子等领域也取得了不错的成绩。如今，DM已经形成了硬件、互联网和新零售的铁人三项模式。其中，硬件业务以DM手机为主打产品，互联网业务以MNRD为主打产品，新零售业务以DM商城为主打产品。DM公司采用互联网模式开发产品，这样就可以去掉中间环节，降低产品价格。DM公司希望让各国人民都能用上中国制造的优质科技产品，并推出了大量深受消费者喜爱的高性价比的产品。

二、绩效主义的形成

DM公司在高速增长的同时，人员规模也在不断扩张，管理制度不够规范、流程不够明晰的问题日渐显现出来，为此，DM公司的CEO李雷在2014年开始着手制定一系列的管理制度，其中最引人注目的要数绩效管理制度。

李雷是理工科背景，但是早年曾经在国内一家颇有名气的软件公司任职，积累了不少管理经验。他认为，如果组织想要保持竞争优势，就需要重视组织与用户亲密关系的建立。前研发人员是一个人或一个团队埋头写程序、搞研发，但是现在这种方法已经行不通了，研发人员一定得亲自和用户交流，知道用户的真实想法。他还敏锐地意识到，这几年移动互联网兴起后，以往软件开发模式已被彻底改变。以前李雷所在的软件公司，一个软件大版本的更新可能要耗费一年的时间进行开发，但是如今DM公司的MNRD系统，更新速度最快的内测版只需要一个星期。移动互联网时代不同于工业时代，它对速度的要求已经提升到了前所未有的高度。慢慢做事是互联网时代的风格，在移动互联网时代，做事不够快就很难生存。

所以，李雷认为，DM作为一家创新型科技企业，必须以客户为导向，和客户交朋友；移动互联网时代的市场变化非常快，为了应对瞬息万变的市场环境，公司必须始终以效率为生命线，增强应变能力，不能再固守以往PC时代的经验，照搬之前的管理模式。DM公司的绩效管理制度，也是在这些战略的指导下制定的。

在李雷的指示下，人力资源部给所有部门、所有员工都制定了KPI，每月进行一次月度考核，以此确定绩效工资；每季度进行一次季度考核，以此确定季度奖金；每年年末进行一次年度考核，以此确定年终奖。

为了强调客户导向，凡是直接接触外部客户的部门，其员工的KPI指标中都有不少是由外部客户评价的。值得一提的是，DM公司的研发人员也是需要直接对接外部客户的，这是李雷提出的一种新做法。以往无论软硬件的研发需求都是由销售或者专门的市场调研部门，又或者是产品经理提交给研发团队的，这就导致研发人员无法接触客户。为了解决用户需求和研发的脱节，李雷决定由研发人员与客户直接联系，由此了解客户的需求，而客户的满意度，研发人员与外部客户的互动情况，也被列入了研发人员的KPI中。

为了强调效率，各个岗位的KPI中都有评价工作时效的指标。例对客户需求的响应速度，漏洞的修复速度，完成工作任务所耗费的时间等。李雷认为，这一套严密而精细的KPI绩效考核体系，不仅能对员工产生很好的约束和激励作用，还能让员工清楚地了解公司的价值观和战略导向，起到良好的导向的作用。所以，他对这套制度的效果充满了期待。

三、绩效主义的弊端

DM公司制定了非常详细的绩效评价标准，并根据对每个人的绩效评价结果确定报酬。DM公司希望以此激发员工的工作积极性，同时推动战略的落地。然而，事与愿违，绩效主义的弊端很快显现出来。

在这种模式下，员工工作的最主要动机就是获得外在的回报，比如想赚钱、升职或出名。由于业务成果和工资挂钩，员工倾向于确定比较容易实现的目标，并开始与公司讨价还价，丧失挑战精神，追求短期利益。所有的员工最关心的不是自己的工作能给公司带来多大的贡献，而是能给自己带来多大的利益。大家看上去工作都很努力，绩效考核的数据看上去都很不错，但是工作成效并不好。

李雷要求研发团队必须直接接触外部客户，具体的方法是研发人员必须通过公司论坛与客户进行交流，并及时回应客户的需求。在线时长、响应速度以及顾客的满意度都会直接影响员工的绩效考核得分。这个制度看上去十分合理，然而上有政策，下有对策。为了凑够在线时长，员工开始挂机。为了得到更高的顾客评分，员工们自己私底下注册论坛账号，并与自己的工作账号进行互动，给工作账号刷好评。每次绩效考核的时候，研发团队的得分都不低。然而从论坛和销售一线反馈的情况来看，顾客对于产品的投诉依然非常多，还有许多顾客反映一些实用的功能没有添加进去。

不仅是研发团队，整个公司的绩效考核数据看起来都非常不错，员工看上去也非常努力，但是从市场上顾客的评价来看，客户的满意度并不高。公司的人力资源管理者忙于统计业绩，其他员工忙于应对考核，大家在这些方面耗费了大量的精力和时间，而在其他真正为顾客创造价值的工作上却敷衍了事，整个公司上下都陷入了为了考核而考核的绩效主义困境。

绩效管理上的问题，很快反映到经营中来。DM 是以互联网模式起家的，所有的产品基本上在线上销售。然而，从 2015 年起，国内三四线城市和农村掀起了换机潮，而三四线城市和农村的物流不发达，并且很多消费者依然保持着线下购物的习惯，而 DM 在线下的销售渠道没有积累，在这个渠道没有竞争力可言。但是，在绩效主义盛行的 DM，即便有员工察觉到了这一点，也没有人想做出调整，因为绩效指标限制了他们。没有人愿意去拓展新渠道，开发新的营销模式，因为绩效指标里没有这方面的规定，谁都不愿意做这种吃力不讨好的事情。

2015 年 3 月，李雷宣布本年度年 DM 的智能手机销售目标为 8500 万至 1 亿部。到了年中，这一目标又被调整为保 8500 万冲 1 亿部。到了 2015 年年底，DM 官方公布全年手机出货量超 7500 万部，虽然这一数字也很大，但显然没有完成最低 8500 万部的目标。尽管销量没有达到预期，但这一年，DM 手机还是以 16.2%的市场份额保住了中国市场占有率第一的位置。

但是到了 2016 年，DM 遭遇了成立以来的第一次滑铁卢。在上一年，DM 还是中国第一，全球第三，到了 2016 年，DM 的出货量已无法跻身于全球前五的行列。在国内市场，DM 的销量也首次出现了大幅下滑，DM 在国内手机出货量仅有 4236 万部，中国市场占有率也跌破了 10%。

DM 因为开拓了互联网手机的市场而迅速成长，如今又因为失掉线下市场而遭遇危机。李雷看着这两年的业绩数据，陷入了沉思，本来推行的 KPI 考核就是为了强化客户导向，提升效率，使 DM 在移动互联网时代中立于不败之地，为什么到头来反而导致今天这般境地？他怎么也想不明白。

四、大刀阔斧的改革

(一) 更轻的人力资源管理模式——去 KPI

李雷不断地在思考，到底是哪里出了问题，他忽然想起有一个公司，和 DM 的主营业务类似，曾经如日中天，也曾经面临绩效主义的困境，连年亏损，如今又东山再起，这家公司就是索尼。李雷查阅了大量资料发现，在19世纪，凭借半导体收音机和录音机，索尼公司实现了快速发展。然而，索尼在2002年至2004年间连续亏损，2005年索尼亏损额更是高达63亿美元。十多年前索尼面临的境况，和现在DM所面临的是如此类似，看到这些，李雷又陷入了沉思，他在思考：到底是KPI错了，还是绩效管理错了？DM到底还需不需要KPI，到底还需不需要绩效考核？

经过思考，李雷认识到，KPI考核如果设计得过于复杂，对于人力资源管理者的要求就会提升，并且人力资源管理者进行绩效考核也将消耗大量的时间和精力；另外，烦琐的绩效考核程序对于员工来说也是一个很重的负担，员工需要耗费大量精力去应对考核，这样用于为顾客创造价值的精力就会减少。

DM的问题在于KPI考核导致的绩效主义，而绩效考核本身没有问题，有问题的是绩效考核的方法。绩效管理对于企业来说是必要的，虽然索尼曾经因为绩效主义而陷入泥潭，连年亏损，但这并不能否认绩效管理的必要性，毕竟，同时期的三星，也是因为卓越的绩效管理而蒸蒸日上。

于是，李雷决定，直接抛弃KPI的考核模式，打造一个更轻的绩效管理模式。所谓更“轻”，一方面是指减轻人力资源管理者的负担，人力资源管理者不再需要花费大量的时间去进行事务性的绩效管理工作，另一方面是指减轻员工的负担，员工不再需要为了个人利益而花费大量的时间去应对绩效考核。

(二)外部客户驱动机制

KPI不仅有约束的作用，还有导向的作用，一套合理的KPI考核体系能告诉员工公司需要他们做什么。DM去掉KPI之后，员工怎么知道自己需要做什么呢？对此，李雷的解决方法是在DM内部推行客户导向。

李雷和DM团队进行了大量的数据比对和分析，决定抛弃手机行业传统的“设计-制造-销售”的运作模式，取而代之的是“用户定位-用户意见-互联网营销-社区打造-订单生产-互联网销售”的新模式。

李雷认为，不应该靠老板管理员工，而应该由所有的用户来管理员工。移动互联网时代，用户需要什么，员工就为他们做什么。最好的组织方式就是和用户做朋友，让用户指导员工，员工自己管理自己。大多数公司都会建立健全的晋升机制，于是这些工程师会为了晋升而创新，由此会忽略用户的真实需求。但在DM不一样，DM要求工程师把事情做好，归根结底是要对用户负责。

直接决定产品品质的是产品经理。李雷认为，产品经理这个职位在公司占据重要的位置且要求非常高，一个优秀的产品经理不仅需要有非常高的悟性，更重要的是，他必须能够站到用户的角度思考问题，发现产品的优缺点。所以，李雷在产品经理的选择上做了大胆的突破，就是让用户来做产品经理，为产品把关。DM 100个产品经理里面，可能只有2个是本公司的，剩下的都是DM的用户、发烧友。但是，DM对于这些外部的产品经理的遴选也是很严格的，并不是所有的用户都能当产品经理。首要的条件是热爱DM的产品，对产品有自己的想法。DM会先在论坛上搜寻符合要求的活跃用户，然后邀请其进入产品的内测开发组，让其成为外部的产品经理。

除了产品经理，DM 的测试人员也来自用户。在移动互联网时代，不能再用传统的收集反馈信息的方式，所以现在 DM 要求员工通过论坛和微博等平台与用户进行交流，其中运用最广的一个平台就是 DM 自己的论坛。事实上，整个论坛就是它的一个 bug(漏洞)管理系统。用户可以在论坛上发布有关产品使用的体验效果、产品存在哪些问题、产品改进的意见和建议等。与此同时，用户还可以与其他用户进行分享和互动。DM 的员工，包括研发人员，也会随时关注用户对产品的反馈和吐槽，每天花费大量时间去认真看并回复用户，在论坛上和用户交流，直接倾听用户的声音，获得第一手的反馈资料。现在，DM 每发布一个新的系统版本，都会在论坛上新开一个帖子，让研发团队的每一位员工直接与客户沟通，收集客户反馈，这样就能第一时间抓住用户的需求，并第一时间加以修正。有的员工不理解为什么要这么做，在他们看来，与其花这么多时间陪客户唠叨个不停，还不如花多点时间在产品研发上面。DM 的副总裁李万强听到他们的想法后，便说："在 DM 工作已不能再像以前那样做，如果你不理解这样做的理由，那就权当是工作考核行了。"此外，为了提高工作效率和便于用户理解，DM 公司选择文字与图片相结合的方式发布相关信息，从而使得用户正确获取信息。

DM 把不要工资却绝对认真负责的用户变成了员工的管理者，这样就不需要太多的管理，论坛就是员工看到自己成绩的地方，如果客户不满意，直接改就可以了。这样既节省了时间和精力，也能够取得最好的管理效果。

(三)扁平化的倒金字塔结构

实行扁平化的倒金字塔式的组织结构，一方面是为了提升工作效率，减少内耗，另一方面是为了强化企业的外部客户导向，更好地满足外部顾客的需求。取消了 KPI 考核后，顾客导向和效率这两个目标就必须通过扁平化的倒金字塔结构来实现。

DM 公司内部主要分为创始人、主管和员工三级，并且其团队规模不大。DM 公司办公区域布局便是每一层代表一个业务单元，并由一个创始人进行管理。在这种模式下，大家各司其职且努力做好各自的工作。由于创始人可以随时与员工进行交流，汇报的时间大大缩减，这将有效地提高管理效率。此外，DM 公司大部分人都是工程师，他们的奖励只是涨薪。所以，员工不会钩心斗角，争权斗势，精力只放在工作上，极大地提升了工作效率。

DM 公司在产品管理上也呈扁平化。一线员工可以根据自己的判断直接解决用户的问题。例如，当用户对产品不满时，客服可以行使自己的权力，通过为用户提供贴膜等方式安抚用户。对此，DM 会简单地做个记录，但是不会详细问客服送礼物的理由。DM 下放权限，给予客服充分的信任，客服工作反而比以前更加谨慎了。DM 的工程师也经常需要亲自与用户沟通，DM 希望通过这种方式加深工程师对自己研发的产品的理解。DM 还让工程师们把每一段代码成果公布开来，接收用户的反馈。

(四)责任感

DM 每周的工作时长都是 6×12 小时，每周上 6 天班，一天 12 小时。去掉 KPI 后，在这么紧张的工作状态下，DM 却反其道而行之，取消了打卡的制度，让每个员工自觉地进行自我约束，由此形成自主性的责任感。李雷希望通过这种自主管理的方式，最大化发挥员工的价值。DM非常强调责任感，强调要把别人的事当成第一等事情。公司现在规定，一个员工完成工作任务后，需要将其交由其他工程师进行检查。这些帮忙检查的工程师应当完成检查后再进行其他工作。

五、去KPI后何去何从

DM内部去掉KPI后，并不意味着公司从此没有了绩效考核，没有了目标。相反，目标管理成为更加重要的管理手段。DM最大的目标就是用户满意。公司最关心的不是员工完成了多少任务，而是用户对产品的满意度，公司不会考核任务完成情况，而会考察员工为提升用户体验做了多少贡献。但是，DM仍然会制定销售方面的目标。比如，DM现在制定目标的时候会制定数量级标准，比如今年的手机销售量要达到多少千万台。但是现在DM不会再制定考核标准和对应的奖励，比如规定A档、B档、C档分别对应不同的销售量，根据员工完成的任务量不同，分别给予不同的奖励，DM现在是不会这么做的。制定目标不是为了考核员工，而是为了判断公司增长规模到底到了哪个台阶上了。

现在，DM公司主要以用户的选票作为绩效考核的依据。具体而言，DM公司每周会在论坛上组织评选活动，由用户对产品的功能和设计等进行评价。对于获得用户好评的员工，公司内部会提供相应的奖励。但如果用户的评价是差，工程师则需要根据用户提供的反馈对产品进行相应的改动。由于这一过程不再事先获取上级的同意，极大地节省了时间。

事实上，DM现在的管理模式非常类似于英特尔所提出的OKR管理。OKR也称作目标与关键成果法，与KPI的不同点在于它不是一个考核工具，而是一个指导工具。OKR关注的是目标，而KPI关注的是指标。这种关注“目标”的员工倾向于思考接下来要做的事情是什么。所以，应用OKR模式的主要目的在于提醒员工当前的工作任务是什么。比如DM所提倡的客户导向，还有制定的销售量目标，就是DM的OKR，它时刻提醒着员工公司的目标是什么，为了达到目标应该做什么。DM对于销售量的跟踪，也主要是帮助员工认识到实现目标的难度和距离。

用OKR替代KPI之后，企业会面临一个新的问题：没有了基于KPI的奖惩体系，企业如何激励员工？对此，DM公司制定了一套新的激励机制。具体而言，DM公司进行充分授权，为员工提供较高的工资，并且员工与团队共享经营利润。DM现在的研发项目都是团队项目制，谁有好的项目都可以单独拿出来，成立一个团队进行研发。团队研发出的产品如果市场反应良好，团队成员也可以得到相应的奖励。

正因为有了这些措施，DM变成了一个员工可以自由发挥的创业平台，每个人都是创客，每个人自我管理。创新不再只是高管和老板的事了，任何一名员工都可以创新。

其实，DM自创立以来就有一个透明的利益共享机制。DM一直有这样的观念：利益必须与全体员工共享，公司会尽可能地让每个人多得到一些利益。在DM刚刚成立时，就已经开始实施全员参与投资、全员持股的利益共享计划，这是DM利益共享机制的一个真实写照。DM刚建立的时候一共有56位员工，这些员工凑了1100万美元，平均下来每名员工出资约 20 万美元。DM 内部还流传着一个“卖嫁妆入股”的故事。员工小刘是 DM 初期的创始人之一，也是当时仅有的女员工，她在创业初期独自一人承担了所有支持性职能工作。听说公司要推行全员持股计划，她便通过变卖嫁妆实现入股心愿。除此之外，DM 还有较大范围的期权激励。比如，DM 的客服只要在公司工作超过半年且表现较好，就能够获取一定的期权。每年 DM 公司都会搞一些内部回购，让员工得到利益。

六、DM 的绝地反击

实行了大刀阔斧的改革之后，2017 年，DM 迎来了转机。这一年，DM 的手机销量达到了 9141 万部，中国市场占有率也重回两位数，达到了 12%，位居中国第四。

DM 在遭遇了滑铁卢之后，又再次起死回生。然而，李雷却高兴不起来。从销售量和市场份额来看，DM 的确表现不错，这不仅要归功于新的绩效管理模式，日臻成熟的供应链、数量不断增长的线下门店也是增长的重要原因。但是，从产品方面看，DM 的反弹，主要靠的是千元机，2017 年 DM 手机的平均售价仅为 881. 3 元。DM 抢的是魅族等同样主打性价比的厂商的客户。在国内中高价位的市场上，DM 依然表现平平，完全无法与苹果、华为、OPPO、VIVO 这几个主要竞争对手抗衡。

由于在千元以上价位的市场上缺乏积累和沉淀，DM 想冲击高端市场困难重重，而竞争对手不仅已经在这个市场站稳了脚跟，还在不断谋求上升空间。华为近年和德国镜头厂商徕卡合作，主打拍照功能；VIVO 推出了屏幕指纹识别功能；OPPO 也重新推出了 Find 系列旗舰新机，主打全面屏和拍照。相比之下，一直以创新见长的 DM，进入 2018 年以来，创新显得略为乏力，缺乏亮点。

DM 新实施的绩效管理模式本身就是为了解脱对员工的束缚，把每一个员工变为创客，推动创新，然而现在 DM 在创新方面似乎落后于竞争对手了。难道这个绩效管理模式还存在问题？李雷再次陷入了沉思。

案例使用说明

1. 教学目标规划

(1)加深学生对战略性绩效的理解，了解绩效管理如何推动组织战略的落地和实施；

(2)了解绩效考核的目的、作用；

(3)理解 KPI 的约束、激励和导向作用，了解 KPI 的使用情景和使用方法；

(4)了解 OKR 模式的特点和作用，理解 OKR 和 KPI 的不同点；

(5)了解平台化组织的含义、特点，掌握多种激励模式。

2. 课堂讨论题

(1)DM 公司的 KPI 考核存在什么问题？

(2)DM 公司去除 KPI 考核之后，是如何指导员工工作和激励员工的？

(3)第一次变革后，为什么 DM 失败了？

(4)第二次变革后，为什么 DM 能够逆转？

(5)在两次变革中，DM 公司是如何通过绩效管理支撑战略的？

(6)DM 公司的 KPI 和 OKR 有什么区别?
(7)DM 公司的变革体现人力资源管理的哪些理论?
(8)DM 公司两次绩效管理变革，给了我们哪些人力资源管理的启示?
3. 启发思考题
(1)绩效主义是什么?
(2)如何防止绩效主义的产生?
(3)如何评价 KPI 模式和 OKR 模式?
(4)OKR 模式如何与平台化经营相结合?
(5)OKR 模式的应用方法和配套措施是什么?

参考文献

[1]陈玉潇．向小米学管理：小米没有 KPI. 北京：人民邮电出版社，2015.
[2]韩煜东，汤宇航．互联网思维、传统思维与竞争优势的形成——基于小米公司和OPPO 公司的双案例研究．技术经济，2019，38(12)：8-15.
[3]李俊．小米为什么能赢．杭州：浙江大学出版社，2015.
[4]尤兆丰．小米的方法：互联网+时代的样本解读．北京：中华工商联合出版社，2015.
[5]张春雨，郭韬，王旺志．高管团队异质性对技术创业企业绩效的影响——基于扎根理论的研究．科技进步与对策，2018，35(13)：131-136.

案例2 绝处逢生：W餐饮公司如何打破绩效困境

【摘要】为调动员工积极性实现公司利润增长，W餐饮公司采用KPI绩效考核方式，并细化关键绩效指标，可实施效果并不好。于是，公司开始重新制定KPI，对服务员考核点台率，对分店考核翻台率和利润。但事与愿违，在这种客观绩效考核方式下，服务员之间恶性竞争、追求短期利润、服务质量降低、顾客满意度下降等问题频频出现，公司陷入了绩效考核困境。创始人老李决定进行绩效考核方式变革，去掉所有可量化的客观绩效考核指标，基于MOT理论选取顾客满意度、员工积极性、管理者培养人的能力三个主观评价指标，打造独特的绩效管理模式。新绩效考核方式的实施，使W餐饮公司打破了绩效考核困境，员工的积极性显著提高，公司整体利润实现快速增长。

W餐饮公司是一家以经营川味火锅为主的民营企业。为了实现利润增长，W餐饮公司想通过KPI绩效考核方式来调动员工的积极性，细化关键绩效指标，未能达到要求的就会扣分。这种考核方式的实施并没有达到预期的效果，反而出现了各种问题。创始人老李决定重新制定KPI，将顾客的点台率作为服务人员的关键绩效指标，将利润和翻台率作为分店的绩效考核指标，但是为了获得更高的点台率，服务员之间出现了恶性竞争、相互攀比的情况，将各种零食小菜免费赠送给顾客。分店为实现高翻台率，经常将晚到顾客预订的位置让给别人，而为了追求短期利润，分店在一些小项上节省开支，该送顾客的东西没送，给顾客的毛巾也没有及时更新，分店的服务质量明显下降。针对这些问题，W公司开始进行绩效考核方式改革，老李运用学习到的MOT理论，将所有客观可量化的绩效考核指标去掉，选取了顾客满意度、员工积极性、管理者培养人的能力三个主观评价指标作为绩效考核的指标，大区经理到各分店进行顾客满意度的调查，同时采取抽查暗访的形式对员工积极性进行评估。新的绩效考核方式的实施打破了绩效考核困境，公司整体利润实现了快速增长。

一、公司简介

W餐饮公司成立于1994年7月，是一家以经营川味火锅为主的民营企业。目前，W餐饮公司已由一家具有地方特色的小火锅店发展成为生产、经营为一体的大型火锅连锁餐厅，其分店遍布全国各地。W餐饮公司拥有3个火锅底料的生产基地，并在全国中心城市建立了10个物流配送基地，以方便货物的运输。公司的底料和调料也通过了国际质量管理体系的认证。经过20多年的发展，W餐饮公司在中国已有200多家分店。近几年，W餐饮公司已经走向国际，在美国、韩国、日本等国家开了近10家直营店。

W餐饮公司的成功离不开其独特的管理模式。在顾客管理方面，公司始终坚持顾客至上的原则，为顾客提供个性化的服务。W公司的个性化服务主要包括服务员热情的招呼和微笑，用餐前提供小食、美甲等，用餐时主动为顾客涮菜等。员工管理方面，W餐饮公司一直奉行着双手改变命运、人人生而平等的管理理念，给予员工关怀和支持，尊重和信赖员工。公司已有超过万名员工，他们大多数来自农村，家庭条件贫寒、文化程度低，但他们均充满着热情和对未来的期望，希望通过努力工作改善生活境况。员工也把公司当成自己的家，为公司贡献自己的能力。

但是，W 餐饮公司的绩效管理一直是令人头痛的事情。为了调动员工工作积极性，实现公司利润增长和快速发展，创始人老李决定采用 KPI 考核方式，但制定细化的 KPI 考核并没有取得较好的效果。经过开会讨论，公司最终选取了点台率、翻台率、利润作为关键绩效指标。具体而言，点台率作为各门店服务员的绩效考核指标，翻台率和利润作为分店的绩效考核指标。但事与愿违，以关键绩效指标进行考核的方式并没有改善现有的情况，反而出现更多问题，老李开始红轰轰烈烈的改革。

二、KPI 越细越好?

随着 W 餐饮公司规模不断扩大，员工队伍也不断地壮大。但由于公司还没有完整的绩效管理体系，各种问题频频出现。为了实现员工的有效考核，激发员工的工作热情，创始人老李决定制定一套完整的绩效考核方案。在老李看来，餐饮行业是比较特殊的行业，它具有劳动力密集、附加值低、碎片化等特征，这也是一直以来餐饮行业无法建立起一套现代化管理机制的原因。然而，解决这个问题依赖于组织的管理和激励制度，其中最重要的就是绩效考核。绩效考核考核什么呢？老李认为绩效考核就得看 KPI，只有硬性的关键绩效指标才能达到考核和激励的效果。

但是，KPI 具体考核什么呢？老李意识到，W 餐饮公司作为一家大型的连锁直营餐厅，其宗旨便是为顾客提供个性化的服务，而服务顾客的过程中隐藏很多可用于考核的关键绩效指标，如规定杯子里的水量，不达标者则会扣分。于是，老李召集人力资源部门的工作人员制定 KPI，并且要求 KPI 越细越好。在人力资源部门的努力下，形成了一套细化的 KPI 考核方式，即服务员为顾客提供服务的每个环节都必须达到规定的要求，如必须为顾客的手机套上套子、必须为顾客拿小食和饮料以及必须给戴眼镜的顾客眼镜布，如果没有达到规定的要求就会扣分。并且采用月度考核的方式，服务员月末的总得分为最终的考核结果，直接决定着工资的高低。老李对细化的 KPI 十分满意，员工的自身利益与其为顾客提供的服务密切相关，为了获取高的绩效工资，员工肯定会更努力地工作，顾客满意度也能不断提高。

然而，细化 KPI 考核方式在试运行过程非但没有达到预期的效果，反而使得顾客满意度不断下降，老李百思不得其解。通过调查发现，原来员工为了避免扣分，在提供服务的过程中过于死板且行为失常。顾客说不用再加水了，但服务员为达到规定的水量强行给顾客加水；顾客表示不愿意用手机套，服务员则会趁顾客用餐时，擅自把顾客手机拿过来套上手机套；更有甚者，不断地给顾客提供小食和饮料，在顾客用餐时依然站在旁边，顾客均表示没有自己独立的空间，这些问题都让人哭笑不得。顾客为了避免遭受这种"变态"的服务，都选择去别家火锅店用餐，更自在一些。老李这才意识到 KPI 并非细越好。

三、绩效主义的形成

经过一番思考，老李决定不考虑服务的细节，改为考核稍宏观的指标。在老李的指示下，人力资源部门开始重新制定 KPI。最终，老李在人力资源部门提供的指标当中选取了点台率、翻台率和利润作为关键绩效指标。依然采用月度考核方式，但增加了季度考核，即每个季度进行综合考核，考核优秀者可以获得奖金。为了激发员工工作主动性，老李将点台率作为服务员的关键绩效指标，顾客到店就餐时，被点服务员的次数越多，则该服务员所获得的奖金越多。

此外，为了保证整体的利润及各分店的团结协作，将对分店的考核纳入各个员工绩效考核体系当中，即各分店的总体考核结果会作为个人绩效考核结果的一部分。对各分店主要考翻台率和利润，翻台率主要用来衡量餐桌重复使用的次数，翻台率越高代表着顾客的满意度越高，分店的绩效越好；利润主要是指各分店在月度或季度考核时的总利润，利润越高分店的业绩越高，所能获取的相应奖金也就越高，该指标能够约束分店，避免不必要的开支。老李对重新制定的 KPI 充满了期待，他认为这些 KPI 具备良好的约束和激励作用，定能达到预期的效果。

四、事与愿违的绩效考核

W 餐饮公司制定了一套完整的绩效考核体系，将点台率作为服务员考核的关键绩效指标，同时将分店的考核结果与个人考核结果直接挂钩，并根据每个人的考核结果确定最终报酬。W 餐饮公司希望通过这种考核方式激发员工工作的动力和热情，为顾客提供更好的服务，从而推动公司的整体发展，但是，事与愿违，KPI 考核的弊端日益显现。

W 餐饮公司将“点台率”作为服务员的关键绩效指标。该指标主要衡量服务员被顾客点到的次数，被点次数越多代表顾客的满意度越高，则该服务员最终所获得的奖金也就越高。但是，为了获得更高的点台率，几乎所有服务员不仅为顾客提供“变态”的服务，还会充分运用手中的赠品权，将一些零食、小菜、饮料免费赠送给顾客。大多数服务员只为自己顾客提供一对一的服务，而对其他顾客置之不理，其他餐桌的顾客提出加菜的需求也被不是该餐桌的服务员忽略掉。更令人头痛的是服务员之间开始恶性竞争，送顾客的东西越来越多，造成每天的赠品都不够赠送的局面，由赠品带来的额外开支也随之增加。还有部分服务员为了与他人竞争，经常在店门口发生争抢，搞得顾客也很尴尬。以点台率作为关键绩效指标的客观绩效考核方式导致了服务员之间的恶性竞争，服务员为了更高的点台率会不择手段，点台率高了奖金也多了，可整个分店的成本也增加了，整体利润也就降低了。

老李要求对分店考核翻台率和利润。翻台率衡量餐桌重复使用的数量，翻台率越高则表明客户满意越高。但是对该指标的考核并没有带来预期的效果，反而造成了顾客满意度的下降，多数顾客表示能不去 W 餐厅就不会去。原来，分店一味地追求翻台率，可谓是花样百出。W 餐饮公司生意非常火爆，前来用餐的顾客必须提前进行预订或者到场排号等候，但通常到场排号很慢，因为提前预订的顾客是包括在排号内的，所以顾客一般都会选择提前预订，不预定是肯定不会有位置。但是，自从公司对分店进行翻台率的考核，顾客纷纷反映即使提前预订了也可能会没有位置，只要晚到几分钟，顾客就会被告知没有位置了。因为预订顾客晚到意味着空台，翻台率就会下降，分店为了保证翻台率便把晚到顾客预订的位置让给其他的顾客。为了获得较高的翻台率，有些分店还规定顾客用餐时间，快到截止时间就会不断地催促顾客离开，很多顾客都表示不满，觉得自己花钱吃饭还要受时间限制，体验感极差。还有分店邀请亲朋好友前来用餐或采用两人桌的方式。这样一来，分店的翻台提高了，顾客的满意度却不断降低。

对利润的考核，分店也有应对策略。W 餐饮公司的管理模式是总部统一管理选址和定价等，分店则在一些小项上(如赠送小食的种类)有决定权。分店为了实现利润最大化，只能减少小项的支出。以低价采购不新鲜的水果、劣质的用品和简易的小食，水果和小食更新时间与每日数量都进行严格控制，每日分量用尽后便不再提供。大部分顾客反映水果和小食都没有之前充裕，还有顾客吃到烂掉的水果。为顾客提供的毛巾、眼镜布和头绳都严格进行数量控制，有时候就直接不再提供。在日常用度上，拖把、扫把和抹布能不换就不换。分店为短期的利润考核指标，在小项开支上竭力节约，导致为顾客提供服务的质量不断降低，短期的利润增加了，但从长期来看，顾客满意度不断降低，前来用餐的顾客数量也会不断下降。

绩效考核上的问题带来的直接后果就是 W 餐饮公司整体利润和客户满意度下降，公司口碑也由之前的极好转变为良好。服务员之间的恶性竞争造成严重内耗，内部矛盾不断出现，还出现服务员抱团竞争的现象。各分店气氛压抑，都拼命地减少开支，服务质量越来越差。面对这种情况，老李陷入了困惑。难道是 KPI 又出现了问题？可是 KPI 是经过多次讨论最终确定下来的，而且点台率和翻台率都是餐饮企业普遍使用的考核指标，都没有出现这种问题。原来想通过这种考核方式激发员工热情和动力，从而推动公司快速发展，可结果适得其反，营业额和利润大不如之前。老李也不知所措。

五、“客观到主观”的改革

经过一番思考，老李大概知道哪里存在问题。他想到自己两年前在读 MBA 时老师讲到“公司考核什么，员工就关注什么”，KPI 考核只会让员工将注意力放到与个人绩效考核相关的方面。点台率、翻台率和利润都属于结果性指标，这些考核结果也只代表着生意的好坏，为顾客提供服务的过程是无法控制的。这与治理河水污染类似，不将重心放在污染源治理上，只采取除污泥、过滤的方式，治标不治本，无法从根本上解决问题。因此，不是绩效考核本身存在问题，而是选择的考核指标不合理，即忽略了过程性指标的重要性。

他还想到曾经学习的 MOT 理论，该理论主要强调顾客对服务的感知是由一系列的“关键时刻”所构成，而这些关键时刻会对顾客感知到整体服务质量产生重要影响。既然公司服务的宗旨是顾客至上，核心竞争力是为顾客提供个性化的服务，就应该以提高顾客满意度为首要。顾客满意度提高了，前来用餐的顾客就会增长，公司利润增长也就不是问题。如何才能保证员工能够为顾客提供好的服务呢？老李认为这不仅依赖公司有效的培训，更重要的是中层管理者具备培养优秀员工的能力，管理者不但自己要有工作积极性，还要培养出高积极主动工作的员工，否则他就是不称职。

W 公司绩效考核的问题主要在于过度重视结果性指标，而缺乏对过程性指标的考核。员工都忙着如何提高个人绩效考核分数，对与绩效考核相关的方面过度关注，导致为顾客提供高质量服务的精力被分散。公司不是不需要绩效考核，但正确指标的选定至关重要。于是，老李决定去掉所有可量化的客观绩效指标，选择顾客满意度、员工积极性和管理者培养人的能力三个主观指标作为绩效考核指标。服务员不需要为了争抢客户而浪费精力和时间，只需要为顾客提供高质量的服务即可；分店也不再需要在用度和免费赠品上节约，降低服务质量。

（一）顾客满意度

W 餐饮公司管理主要分三级，第一级为总部管理大区，总共设置了三个大区；第二级，大区管理小区，小区主要根据分店数量来确定；第三级，小区对分店进行管理。老李认为对顾客满意度的考核，不能用传统的方法——设计一份满意度调查表让顾客填写。试想一下，有多少顾客愿意在用餐后填这样的调查问卷？这样只会增加顾客的不满意。即使有的客户勉强填了问卷，其可信度也是比较低的。为了保证顾客满意度的真实性和可靠性，公司让小区经理经常去店里巡查，然后与分店店长直接对接，由此了解顾客哪些方面的满意度比之前好，哪些比之前差；熟客的数量是增加了还是减少了。小区经理会根据自己的经验进行判断，因为他们都是从服务员做起的。

员工对提高顾客满意度的贡献主要包括服务员主动向顾客点头问好；及时为顾客提供餐具、围裙、手机套等用品；捞面师在刷捞面过程中与顾客进行互动；店门口的接待员要及时告知等候区顾客等位信息；前台接线员态度温和，准确登记顾客的信息等。

（二）员工积极性

对于员工积极性的考核，以上级评价为主，以不定期抽查和神秘访客为辅。小区经理对各分店店长进行评价，店长对组长进行评价，组长对员工进行评价，均以定性的考核方式。上级与其直接下属一起工作的时间最长，沟通交流也是最多的，他们对下属的工作态度和表现最为了解。员工积极性主要体现在哪些呢？除了具体工作内容完成的好坏，老李认为从衣着佩戴到言行举止也能体现出现员工是否认真、积极地对待工作。公司规定男员工必须留短发，女员工必须化淡妆工作，不得随意穿自己的衣服，在工作时必须统一穿工作服。鞋子衣服脏了要及时进行清理或者更换，整个人要热情大方、面带微笑。在工作时，要集中精力，不可走神发呆等。因此，员工鞋面清洁程度、是否按规定着装、有没有面带微笑等均成为员工积极性的考核内容。表 6-1 为部分岗位的工作内容及对应的绩效考核标准。

表 6-1　　工作内容与绩效标准

岗位	工作内容	绩效标准
前台	1. 了解订餐情况，安排顾客就餐 2. 为顾客取号并安排顾客到等候区等候 3. 保持店面清洁 4. 完成上级安排的其他任务	1. 及时掌握订餐信息 2. 迅速安排顾客 3. 及时进行卫生清理 4. 对突发情况快速做出反应
门迎	1. 保持等候区的环境卫生 2. 及时向顾客反馈还需要等候的时间 3. 为顾客提供娱乐工具、吃食和饮料 4. 为顾客解惑答疑，随时帮助顾客	1. 提供服务和帮助的及时性 2. 时刻关注顾客的需求 3. 安抚等候区顾客的情绪 4. 准确反馈等候时间
服务员	1. 为顾客提供点餐、开关火、送小食等 2. 随时注意顾客的就餐需求 3. 负责所开台桌的收银	1. 积极主动地为顾客提供服务 2. 满足顾客的就餐需求 3. 为顾客提供周到的建议
收台员	1. 顾客就餐完毕后迅速收拾桌面 2. 用三条不同的毛巾进行清洁 3. 清洁完毕后将椅子归位	1. 清洁时间控制在 2~3 分钟内 2. 保证桌椅清洁的质量

此外，公司还制定验证考核结果的标准，如通过神秘访客的方法复查各门店的考核结果，保证考核结果的真实客观。而且 W 餐饮公司还建立越级投诉机制，下属对考核结果有异议或者认为上级评估不公平，则可以随时越级进行申诉和反映，包括大区经理和总部。W 公司小区经理和店长基本上能够比较真实地反映员工实际情况，基本上可以不受主观因素的影响。

(三)管理者培养人的能力

W 餐饮公司采取了独特的方式对管理者培养人能力进行考核。将管理者是否使 80%的直系下属能力在规定时间内得到提升作为总考核指标。例如，一个小区经理管理 10 家分店，当小区经理在规定时间内使这 10 家分店中的 8 家分店晋升为一级分店时，就说明小区经理让 80%的直系下属能力得到了提升，即这 8 家分店店长由二级店长变为一级店长。只有一级店长才有培养新店长的资格，只有培养出店长才有可能晋升为小区经理。此外，师傅要对自己培养出来的徒弟负责到底，徒弟质量的高低要在实践中进行检验，徒弟无法管理好分店，说明培养出来的人有问题，其考核结果作为师傅个人考核结果的一部分。

那么分店的级别如何评定呢？W 餐饮公司对分店级别评定的程序和方法有些复杂。首先，如果一家分店店长认为该店已经符合一级店的标准，就可以直接向上级申请进行级别评定。上级收到申请报告后会将情况反馈给他的上级，然后由总部派人对该分店进行公开和秘密的调查。但是晋升级别都有硬性的要求，没有达到规定要求，即使分店的经营状况再好也不能晋升级别。如一级店的规定要求之一就是优秀员工至少占比 10%，如果上报的优秀员工被认定为不符合一级店的标准，则该店就不能晋升为一级店，因为该店店长还没有达到培养新店长的要求。

W 餐饮公司采取完全定性的绩效考核方式，将顾客满意度、员工积极性和管理者培养人的能力三个主观指标作为绩效考核的标准，考核结果与员工的工资、奖金和职位晋升直接相关。绩效考核结果优秀者能够获得相应的绩效工资和奖金，考核结果达到规定标准即可实现晋升。所有员工都从基层做起，其管理线为新员工、合格员工、一级员工、优秀员工、领班、大堂经理、店经理、区域经理和大区经理。职位越高的员工，三个指标所占的比重越大。例如，对店长考核不会看分店利润，而是看店长是否注重提高顾客满意度和员工积极性，以及培养人才的能力。考核的结果分为不合格、合格和优秀三级。考核优秀的店长是会公开表扬的，考核合格者可以继续担任店长，对于考核不合格者，公司不会扣店长的工资，而是让他们接受一定期限的辅导，在规定期限内情况没有改善者则会被淘汰掉。

六、打破绩效考核困境

新考核方式的实施，打破了 W 餐饮公司绩效考核困境，员工工作积极性显著提高，在为顾客提供服务时更加细致和周到，不再出现恶性竞争的情况，员工现在将关注点放在了如何为顾客提供优质的服务上，服务员更加主动地工作，在接待顾客过程中能够处理好每个细节，让顾客体验细致入微的服务，从而更好地享受用餐时光。优质的服务质量带来的是顾客满意度的提升，各分店的熟客越来越多，还有很多顾客进行口碑宣传，吸引了不少新顾客。各分店生意日益红火，利润也保持着增长的趋势。调查显示，与同行的其他火锅店相比，顾客更加认可 W 餐饮公司，对其服务一致好评。该绩效考核方式运行的头一年，公司总利润上升了 6%，实现了有史以来最高利润增长。管理者培养人才的能力也随着经验的积累实现了提升，公司人才队伍不断壮大，从服务员到大区经理均具备为顾客提供优质服务的能力。公司进入了稳定发展的阶段，在餐饮行业占据重要位置。

W 餐饮公司在陷入绩效考核困境后，能够及时拨开云雾找到正确的方向，打造独特的绩效考核方式。公司凭借完全定性的绩效考核方式，带领公司走向了胜利。W 餐饮公司目前已经成为餐饮行业的巨头，在国内的连锁直营店不断增长，还将地道中国火锅推向国际，在美国、日本、新加坡等国家开设了分店。2018 年，按销售收入计算，W 餐饮公司在国内餐饮行业中位居第一名。W 餐饮公司的成功与其独特的绩效管理方式分不开，从“主观到客观”的绩效考核方式改革，使得公司找到正确的合适的绩效考核方式，从而推动着公司不断地发展。

案例使用说明

1. 教学目标规划

(1) 了解掌握绩效管理相关知识；

(2) 了解绩效考核的目的，作用；

(3) 了解 KPI 的使用方法和作用。

2. 课堂讨论题

(1) W 餐饮公司制定的 KPI 存在什么问题?

(2) 为什么 W 餐饮公司重新制定 KPI，结果依然不理想?

(3) W 餐饮公司第二次变革为什么能打破绩效考核困境?

(4) 如果是你，你会怎样选择绩效考核方式?

(5) W 餐饮公司定性的绩效考核方式对绩效管理有何启示?

3. 启发思考题

(1) 如何提取和制定 KPI?

(2) 如何兼顾过程性指标和结果性指标?

(3) 如何理解 MOT 理论?

(4) 如何发挥绩效考核在调动员工积极性方面的作用?

参考文献

[1] 白桦. 顾客期望视角下的售后服务绩效指标体系的设计. 中国人力资源开发, 2014, 26(11): 58-63.

[2] 高晨, 汤谷良. 主观业绩评价、高管激励与制度效果——基于我国企业高管评价的多案例研究. 中国工业经济, 2009, 23(4): 147-156.

[3] 蒋雪丽, 郝英奇. KPI 引导员工积极性的作用机理研究. 科技管理研究, 2011, 31(11): 105-109.

[4] 乐国林, 毛淑珍, 李凤兰. 嵌入心理资本的企业人力资源管理体系——以海底捞火锅店员工管理为例. 中国人力资源开发, 2012, 24(1): 41-44.

第七章 薪酬管理

本章知识要点

一、薪酬与薪酬体系

(一)薪酬本质及其构成

本质上，薪酬是分配和交换的一种方式。从生产力的角度来看，它是产品最终成本中的构成要素，代表着经营或其他经济活动中投入劳动的货币资金；从生产关系的角度来看，这是社会分工后不同经济主体之间的资源交换，是微观层次上收入分配与再分配的结果。从狭义上讲，狭义的薪酬主要是指个人以工资、奖金、股票、商品、福利和服务形式支付的劳动报酬之和。补偿总额包括经济报酬和非经济报酬。

(二)狭义薪酬的构成

狭义的薪酬分为两个部分：直接薪酬、间接薪酬。其中，直接薪酬又分为基本薪酬和可变薪酬两个部分，间接薪酬分为基本利益和特殊利益两个部分。基本薪酬又称为基础工资。它是以员工劳动的熟练程度、复杂程度、劳动强度及工作责任为基准，在充分考虑员工工龄、职务、技能、学历和基本生活费用的基础上，按照员工实际完成的劳动定额、工作时间或劳动消耗而计付的劳动报酬。可变薪酬即激励工资或变化性工资，是薪酬体系中与绩效直接挂钩的部分，侧重点在于激励员工表现、保持组织期望的某种行为和绩效。

二、薪酬管理与战略性薪酬管理

(一)薪酬管理的目标

薪酬管理的核心是激励大多数员工。薪酬是否能激励员工取决于员工是否关心企业利益。为了实现对大多数人的激励目标，企业的薪酬计划需要满足两个标准：首先，企业必须提供一种报酬形式，该形式仅由该企业在行业中拥有，或者其水平在行业中处于领先地位。其次，组织必须设计一套机制和途径，让员工感到有自尊、有成就感并为伴随公司成长而感到自豪。

(二)薪酬管理的对象与模块

一般来说，薪酬管理是指组织根据员工提供的劳动或服务，来确定他们应当得到的报酬总额以及报酬结构和形式的技术和制度的集合。根据薪酬管理的内涵、层次和联系，以及薪酬管理中的实际问题，可以对薪酬管理的内容进行进一步的模块化。薪酬体系的管理主要涉及组织薪酬体系的组成部分，支付各个组成部分所依据的因素以及各个组成部分之间的比例关系。薪酬结构管理主要涉及两个层次的薪酬结构管理，其结果将对员工离职率和工作热情产生重大影响。薪酬水平管理主要是指组织中各个部门、职位和整个企业的平均薪酬水平或水平的管理。员工获得的总薪酬的组成部分通常包括直接薪酬和间接薪酬。薪酬形式管理通常需要确定总薪酬的每个组成部分的支付形式和支付周期。

(三)战略性薪酬管理

战略性薪酬管理主要是指企业的薪酬体系设计应基于组织的战略来展开；应在确立了企业公司层战略和业务单元战略的基础上，根据这两个层面的战略来安排企业的人力资源战略和薪酬战略。战略性薪酬管理具备三大特征，即“战略相关性”“激励性”和“引导性”。

薪酬管理的制度层面需要确保企业薪酬体系的外部竞争性、内部公平性、合法合规性和有效性。薪酬管理的技术层面主要需要为企业薪酬体系的建立提供决策依据，如市场薪酬调查、企业内部的组织结构设计与岗位价值评价等。

从战略性薪酬的角度讲，企业要持续发展，必须解决企业价值分配中的三对矛盾：薪酬分配中长期与短期的矛盾；薪酬分配中老员工与新员工的矛盾；薪酬分配中个体与团体的矛盾。

三、薪酬体系、结构、水平与支付管理

(一)薪酬体系管理

薪酬体系是指工资政策、奖金方案、福利补助计划、保险金、公积金及带薪假期等各项支付给员工的报酬的总称，也是企业运用各种薪酬管理评价手段，按照一定的原则向员工支付报酬的政策和程序的集合。

薪酬体系决策的主要任务是确定企业的基本薪酬以什么为基础。一般而言，企业往往从市场、岗位、技能、绩效等四大要素中选择一个作为确定企业某一基本薪酬系统的基本依据，最终形成实践中的四大薪酬体系模式，即基于市场的薪酬体系、基于岗位的薪酬体系、基于能力的薪酬体系，以及基于业绩的薪酬体系。

(二)薪酬结构管理

薪酬结构是指一个企业的组织机构中各项岗位相对价值及其对应的薪酬间保持着什么样的关系，往往强调岗位或技能等级的数量、不同岗位和技能等级之间的薪酬差距，以及

用来确定这种差距的标准是什么。

薪酬结构管理的最基本依据是岗位的职责或工作本身。完整的薪酬结构一般包括以下三项内容：薪酬的等级数量、同一薪酬等级内部的薪酬变化范围(如最高值、最低值和薪酬变动比率)、相邻两个薪酬等级之间的交叉与重叠部分。

(三)薪酬水平管理

从广义来说，薪酬水平是指一个组织实际支付给员工正常工作时的报酬，包括经济性报酬和非经济性报酬。从狭义来说，薪酬水平可以直接定义为工资率，即基本的劳工价格，是支付员工在正常工作时数所赚取的经济性报酬。

一般来说，薪酬水平衡量不同组织之间薪酬支付能力的强弱。薪酬水平决定了企业薪酬的外部竞争力，它是企业吸引、留住人才的重要砝码，也直接制约了企业在劳动力市场上所能获取的劳动力质素的高低。企业薪酬水平决策类型分为“市场领先型”“市场追随型”“市场滞后型”和“综合型”四种类型。

(四)薪酬支付管理

薪酬支付管理主要包括两个方面：一是薪酬支付的方式管理，二是薪酬支付的周期管理。薪酬支付方式涉及外在薪酬和内在薪酬多个方面。外在薪酬通常分为直接薪酬、间接薪酬和非经济性薪酬。直接薪酬的内容有基本工资、加班及假日津贴、绩效奖金、利润分享、股票期权等。间接薪酬则包括健康与安全福利、非工作时间报酬、企业提供的各种服务等。非经济性薪酬的内容甚至包括较怡人的办公条件、较宽裕的午餐时间、特定的停车位、较喜欢的工作安排、业务用名片及动听的头衔等。内在薪酬包括参与决策、负担较大的责任、人格成长机会、较大的工作自由度及裁定权、较有趣的工作、活动的多元化等内容。

案例1　美一天集团退股疑云：中年危机后路在何方?

【摘要】早在20世纪末，名盛一时的饮料巨头企业美一天集团有限公司就推行了员工持股计划，该计划不仅推动了公司发展，也让员工得到了实际的利益。可好景不长，公司却突然在内部发布消息，开展了员工股份的清退行动。这次清退行动不仅在企业内部掀起了轩然大波，也引发了外界猜测：美一天集团发展遇阻，现在要通过上市寻求新的发展出路了吗？美一天如何发展引起多方关注。

“不缺钱”的美一天集团有限公司(简称“美一天”“美一天集团”)是跻身中国五百强的饮料巨头，其生产的饮用水、饮料家喻户晓。董事长刘一天曾多次表态，美一天集团“不差钱、不上市”，但美一天近年来的业绩却不太乐观。2013年后，美一天集团盈利能力大不如前，营业额表现不佳，出现连续下滑，2017年跌至456.8亿元。2018年，70岁的董事长刘一天在记者会上表示，“美一天集团现在正在开展业务拓展，除原有业务领域，目前美一天也在选择投资许多高新技术产业，希望实现多元化发展，我们在恰当的时机也会选择上市”。美一天内部已经发布通知，进行员工股份清退，外界纷纷猜测美一天是否要寻找机会上市，但另有消息称美一天集团方面否认了上市的说法。不论是出于何种目的，美一天的退股行动已经掀起了轩然大波，它明确告诉人们，面对“互联网+”时代的各方面挑战，传统企业开始行动起来开展变革了！

一、公司简介

1988年6月，刘一天用银行贷款以及花粉销货款作为创业起步基金，成功创办了苏城速灵儿童营养食品厂，创业初期主营代加工花粉，踏出了美一天的第一步。

为了不再依靠代加工产品发展，获得在市场上的长远发展能力，1989年，根据独生子女不愿吃饭、偏食、营养不良的状况，美一天通过坚持不懈的努力，成功研制并自主开发了第一个产品：美一天儿童营养液。美一天儿童营养液由于功效突出，一经投放市场，就获得了广大消费者的青睐。随后，公司为了未来进一步开拓市场，扩大品牌影响力，公司正式更名为“苏城美一天营养食品厂”。1991年，为满足消费者对营养液的需求，食品厂打算扩大产品生产规模。随后，在苏城市政府的牵线搭桥下，美一天营养食品厂在经过实地考察以及慎重考虑后，决定对杭州罐头食品厂进行出资兼并。本次对罐头厂的兼并对美一天的发展具有里程碑式的重要意义。在收购罐头厂后，美一天充分运用自身积累的资金、前期拓展的市场优势和品牌优势打开了市场，罐头厂起死回生。短短几个月的时间，罐头厂扭亏为盈，美一天市场销售收入实现了质的飞跃，第二年销售收入整体翻一番，达4亿元，利润7000多万元。这一战，美一天实现了“从小到大”的转变。

1996年，美一天制定了“产品优质化、生产规模化、管理系统化”的新目标。为了实现这一目标，美一天开始在国际市场上寻求合作伙伴，经过评估与不断的寻找，美一天经过多次接洽成功与法国达能集团达成合作意向并签订相关合作协议，在此合作框架下共同合资经营。美一天一次性引进外资4300万美元，合资经营5家公司。与达能集团合资后，美一天发展步入快车道。达能在10年内陆续投入约14亿元人民币，美一天亦相应投入了大致等额的资金。在合作期间，共有39家合资企业成立。与此同时，美一天抓住发展机会，进行设备与技术的系统升级，进行技术革新，提升公司产品质量与层次。美一天合资公司的经营蒸蒸日上，经营权一直掌握在中方管理层，这引起了达能集团的不满，他们不愿意看到美一天的向好发展。达能控股的乐百氏多年来一直亏损，而美一天的非合资业务则继续增长。达能提出以较低的净资产价格收购每一天非合资企业，美一天拒绝了这一不合理的要求。在几次诉讼之后，2009年9月，美一天与达能集团达成了最终和解并签订协议，达能集团不再参与美一天所有合资公司的经营。经过这场风波，美一天成长迅速，拓展了国际事业，同时也充分意识到了维护民族品牌的重要性，美一天的发展迈向新的台阶。

走过30年，美一天一直在不断创新。从一开始的跟随式技术创新，到借助合作的力量、引进创新再到美一天进行自主创新开创市场领先局面，美一天一直在探索，从未停止脚步。在创新战略指引下，美一天推出了一系列新产品，包括明星产品营养快线。美一天凭借着成功的营销策略打开了市场，获得了消费者的青睐。2006年，明星产品营养快线正式问世以来，生产量500多亿瓶，总产值达1200多亿元。美一天依靠自主研发、产品自主创新，实现了企业“从大到强”的转变。

二、首次冲刺上市失败

20世纪90年代初期，国有企业掀起大规模改制浪潮。为了推进企业进一步发展，美一天集团不仅在新产品研发项目上下足了功夫，先后推出了酸梅汁饮料、清凉露、平安感冒液等产品，还尝试拓展经营领域，开始筹建直接面向消费者的美食城项目，公司上下都信心满满、干劲十足，打算将公司业绩推向新的高度。

然而，1991年11月，刘一天连续收到3份新产品销售报告，负责人均表示消费者对新产品的反馈不佳，市面售卖情况堪忧，仓库中大量新产品存货滞销。刘一天意识到，新产品计划可能要“夭折”了，若不及时进行补救，整个公司的运营都会受到牵连。这时，来自苏城大学的公司顾问专家董教授建议公司启动上市计划来募集资金、盘活产品线。刘一天考虑再三，虽然自己也听说过公司上市的诸多好处，但作为一名传统的企业家，他不敢也不想贸然把亲手“养大”的美一天集团全盘交托给股市。刘一天多次召开专家会议，讨论各种方案的利弊，最终决定采用上市计划，但上市公司不能是美一天集团，而是依托美食城项目建立的新公司。

1992年9月，美一天的美食城快速发展，势头向好，刘一天有意推动美食成上市。根据刘一天预期的规划，如果美一天美食城股份有限公司(以下简称美一天美食城)能够成功上市，通过内部股份认购方式，美一天集团的员工可以获得不错的收益。同年，公司内部正式发文通告，美一天集团的所有员工都可以购买公司的股份，一块钱一股，5000股起购，不同职级的员工的持股比例不同。

令人意想不到的是，1995 年 3 月，证监会正式驳回了关于美一天美食城的上市申请。证监会调查报告显示，美一天美食城提交的上市材料不符合相关证券法规条例，上市申请不予通过。不仅如此，美一天美食城在 3 年内将无法进行再次上市申请，相关的三家中介机构也受到了不同程度的警告及罚款惩罚。

三、启动员工持股计划

美食城项目上市计划失败后，美一天集团再次陷入经营困境。美一天在困难之时，广泛寻找国际伙伴，功夫不负有心人，美一天经过多次协商，成功与法国达能集团签订战略合作协议。合作后的美一天集团业绩持续好转、蒸蒸日上，董事长刘一天也了解到不少与时俱进的管理方案。经人事部经理周晓波多次提议，集团开始着手拟建内部员工持股计划以达到激励内部员工、吸引优秀人才的目的。在参考学习了合作公司达能等公司成功的持股方案后，美一天集团根据自身实际情况制定了《美一天集团内部职工持股方案》，并向城区政府上交公司体制改革方案请求批复。1999 年 10 月 30 日，苏城区政府予以批复同意，11 月 18 日，苏城区经济体制改革办公室正式发文，同意苏城美一天集团公司改制为苏城美一天集团有限公司。1999 年年末，美一天集团有限公司经过内部高层会议以及表决，确定了进行股权改制的章程，一系列计划也提上日程，公司制定内部员工持股计划并着手推进。

改制后的美一天集团股份分配中，上城区国资局占股 51%，刘一天通过个人信用向银行贷款的方式获得 30.2%股权。此外，29 名高层管理人员共持股权 3.5%，1995 名正式职工共持股 7960 万元，占总股本的 15.6%。随后，上城区国资局正式对外发布消息，转换所持有的 10%的股权给职工持股会。美一天集团的持股结构最终变动为上城区国资局持股 41%，刘一天及其代表的美一天集团职工共同持股 59%。改制后的美一天集团成立了职工持股会，并正式通过红头文件公布了员工持股计划。根据公司文件，美一天集团正式员工的工龄超过一年、普通工人工龄超过五年，就可以申请持股。通过员工持股计划，集团内部持股员工也是老板，个人利益与集团整体利益挂钩。在此之后，刘一天将目光转移至投资领域，与职工持股会联合成立了投资公司，随后公司投资规模不断扩大，良好的发展势头持续上升。

美一天公司的员工持股方案中，员工持股是公司为了奖励优秀员工设置的一种特殊“福利”。股价按一元钱一股来算，员工可自行购买。每年分红都不一样，基本上一元钱能分八九角。公司与员工基本都认可这一设置，虽然是员工自己购买的股份，员工却称其为“员工福利股”，因为这些股份的分红非常可观，对于员工来说这是一笔不小的收入。若员工买了公司股份后绩效未达到公司要求的标准，公司有权将股份回收并返还本金。客户经理王志就因为绩效未达标，年度评级中未评上优秀客户经理，公司便将其购买的 10000 股股份回收，并返还了本金。对公司根据绩效评价发放回收股份的做法，员工并无抱怨的想法。

四、退股行动

经历了十几年风雨的美一天集团逐渐成熟，公司发展蒸蒸日上，美一天集团作为饮料巨头在行业内始终处于领先地位。因美一天的发展日益壮大，董事长刘一天的财富不断积累，2010年刘一天问鼎中国内地首富，并被业内称为“饮料大王”，他也曾多次向媒体公开表达美一天集团“不差钱”的良好运营现状，并且多次表态美一天公司不打算上市。

随着科技日新月异的发展，互联网经济给传统食品行业带来了多方打击，作为饮料行业巨头美一天也不例外。2013年，美一天集团营业收入达到782.8亿元的高峰，自此之后，美一天的业绩不断下滑，2017年跌至456.8亿元。在业绩下滑的几年时间内，刘一天号召开展技术领域的探索，公司展开了机器人、驱电机等技术研究和产品研发，希望借智能科技的东风助美一天一臂之力，然而这些跨领域新尝试并没有给企业带来扭转势头的作用，外界纷纷唱衰传统企业的发展出路。

2018年初，业绩下滑的第5个年头，美一天集团内部突然开始清退员工股份。这一举动不仅在企业内部掀起了轩然大波，也引起了外界的关注与猜测。

2018年，唐杰刚刚结束春节假回到美一天生产基地上班，却听到了同事们在悄悄议论公司发生的大事，公司开始退股了。唐杰是美一天的一名车间员工，工作不到3年，退股行动似乎并没有波及他，但是从熟悉的几个有股份的同事那里得知，他们的股份都被公司收回了。一段时间以来，公司员工的股份都被公司协商收回了，一场看不见的风暴悄悄地席卷了美一天集团。

不久，公司通过内部网对退股进行了说明，红头文件正式向公司员工下发。除了发布公司回收股份的公告，公司还向持股内部员工发布了股份回购协议的统一模板。按照公司公告，全国各地参与退股的员工按照协议模板打印后并签署，递交到所在公司后按照相应流程办理退股流程，由总公司对接进行退股协议的回收，有任何问题的员工可以及时和公司进行沟通。

根据《美一天集团职工持股会股份回购协议》，股份回购方(乙方)也就是美一天集团职工持股会，乙方以3元每股进行回购，其中股份回购价为1元，特别分红回报为2元，期间产生的所得税费由员工自己承担。在员工签订股份回购协议书之后，公司将依据退股协议完成员工的退股。美一天5年以上工龄的员工基本都持有股份，全部股东超过15000人，但在不到1个月的时间内，公司就完成全部退股。

五、退股疑云

公司内大部分员工对退股行动表示配合，按照公司统一要求走退股的流程并办理相应的手续。但是也有不少员工表示了质疑，不少员工私下议论纷纷。职场软件上的匿名用户自称是美一天集团员工，在收到《股份回购协议》后就挂在软件上，并发帖征求网友意见：“美一天两元一股回收员工股份。是不是太亏了?”该帖引起许多评论。在评论中大部分员工表达了自己虽然持怀疑态度，但不得不照办；也有网友认为股份本就是福利，员工相信公司支持公司即可；还有网友认为，公司清退股份对员工来说未尝不是好事，公司今年发展不尽如人意，未来前景不明，现在能以高于本金价格回收股份对员工来说不亏；还有网友向该员工询问公司人事变动情况，该员工回答并不清楚公司内部的人事变动，只知道年后来上班，看到了基地的大门口挂出广告牌，招收操作工、质检员和叉车工，但过去一年都没见挂过招工广告牌。

此外，不少人提出怀疑：实施员工退股之后，员工退出来的股份去了哪里？周斌称，虽然部分员工持有公司股份，但包括自己在内的持股员工在职期间都没有参加过职工代表大会，也没有被征求过公司事务决策的意见。目前职工持股会处理与员工持股相关的诸多事宜，职工持股会是公司的一个行政部门，由员工代表在主持，但员工还是没有参与公司事务决策的权力。那么，是不是由职工持股会回收所有员工的股份呢？

关于美一天基层工会联合委员会(职工持股会)有三条公开信息：第一，“苏城美一天集团基层工会联合委员会”在苏城美一天集团占股 24.6%。2018 年 4 月 3 日，这一持股比例变成了“未公开”。第二，“苏城美一天集团基层工会联合委员会”，投资了浙江真宗投资有限公司、浙江启力投资有限公司、苏城美一天广盛投资有限公司、磐石天诚投资有限公司，在四家投资公司中占股均 40%左右。这四家投资公司剩余 60%股份持有者与法定代表人均是刘一天。第三，“苏城美一天集团基层工会联合委员会”，投资了苏城萧山顺发食品包装有限公司，占比 34.53%。该公司的另一个股东刘一天，占股 65.47%。在这三条信息中的公司究竟哪一个才是员工口中的“职工持股会”，大家都表示不清楚。周斌和李莉也无法辨认，周斌只记得，购买股票的时候公司下发的凭证里，盖的章是“美一天集团”。

六、路在何方

除了内部员工质疑的态度，业内外人士对美一天的退股事件也高度关注。不少业内人士也发表了自己的看法，美一天在发展过程中，因为内部管理问题、管理层决策不当等问题，失去了很多发展壮大的良机，美一天需要一个发展的契机。成功上市能够帮助美一天转型并分担财务风险，公司进行退股、回收员工股份也是为公司能够成功上市做好准备，这也是上市必经之路。因此，此次退股事件应该是转型上市的前兆。美一天若选择走“上市”之路，激励员工的全员持股就成为绊脚石，吸取了上市失败的前车之鉴，美一天集团这次一定会做好充足准备。因此，这次的美一天集团退股行动是在为上市铺路。

但上市的说法未得到官方认可。2018 年 4 月 20 日美一天集团对因公司上市回购内部员工股份的消息予以否认，并对公司关于上市事宜进行了回应，美一天目前并没有关于公司上市的正式议程。集团总经理汪敏对本次美一天进行的员工股份回购的原因进行了回应：基于集团整体战略调整对所有员工持有股份高价收回，是为了更好地激励员工，目前公司也未收到员工提交的反对意见。

本次退股行动在公司内外引起了不小的风波，业内也纷纷猜测美一天是否在为公司上市做准备，公司是否要借助上市谋求新的发展机会。

不久之后在美一天集团 30 周年庆典上，董事长刘一天绝口不提“不差钱不上市”的说法，表明美一天会抓住发展的机遇，考虑在适当的时候上市。随后，刘一天之女刘梓茵又尝试并购一家港股上市的中国糖果公司，但是此次并购并未成功。

外界以及不少内部员工都将美一天的这些举动视为美一天公司战略的调整、准备上市的信号。除了此次退股风波，美一天为了挽救下滑的业绩，寻求新的发展机会，美一天开始谋求多元化的发展路线。美一天先是在熟悉的食品行业进行了尝试，曾在白酒、零售、奶粉等进行投资，也在其他领域进行了探索，房地产、金融等领域也有涉猎。但是多元化发展路线似乎并没有推动美一天的发展，公司在众多领域"雷声大，雨点小"，总体表现平平，未能创造美一天往日的辉煌。

今年是美一天集团成立的第30个年头，正式步入中年时期的美一天遭遇了发展的中年危机，此次退股到底是为上市铺路，还是仅仅是内部改革？经历了持续业绩下滑的美一天集团到底该选择哪条路继续前进？

案例使用说明

1. 教学目标规划

(1)学会分析员工持股计划的优缺点及适用范围；

(2)通过分析薪酬管理中的长期激励方案，思考员工持股计划的适用性和制度制定过程中注意的问题；

(3)基于案例中美一天集团实行清退员工持股的背景，思考公司战略应如何与薪酬制度相匹配；

(4)案例中美一天的未来之路并没有明确的方向，在当前时代背景下，综合分析传统企业如何通过制度变革实现持续发展；

(5)学会在不同背景下如何设计员工持股计划，以起到吸引人才与员工激励的双重作用。

2. 课堂讨论题

(1)案例中美一天集团关于上市、不上市的背景是什么？美一天上市会带来哪些影响？

(2)美一天清退员工股份的背景及可能原因是什么？

(3)利用相关理论并结合案例，分析员工持股计划的优缺点及适用范围。

(4)美一天在清退员工股份后带来了哪些影响？面对种种负面影响，在人力资源管理方面，可以从哪些方面着手改善？

(5)美一天的薪酬制度有没有与企业战略匹配？

(6)假如你是美一天董事长刘一天，面对当前时代形势，你会做出哪些决策帮助企业扭转发展势头？

3. 启发思考题

(1)员工持股计划推行前期，企业需要综合考虑哪些方面的因素？

(2)员工持股计划与股权激励、长期薪酬管理之间有何关系？

(3)发展战略与薪酬及人力资源管理战略之间的关系是什么？

(4)薪酬制度中还有哪些措施可以激励员工？

（5）员工持股计划与股权激励有哪些共同点，又有什么不同？

（6）假如你是人力资源部部长，面对退股行动发生后公司员工流动率增加、积极性降低等情况，你怎么办？

参考文献

[1]陈汉文，欧娟，黄轩昊．内部控制能够改善员工激励吗？——基于员工持股计划视角．北京工商大学学报（社会科学版），2019，34(6)：23-36.

[2]郝永亮，金昕，张永冀．"减持迷雾"下的员工持股计划——基于股权激励的对比分析．管理评论，2019，31(10)：164-177.

[3]王烨，盛明泉，孙慧倩．大股东监督与员工持股计划的替代效应研究——基于2014年员工持股制度改革的经验数据．财贸研究，2019，30(11)：94-110.

案例2　A公司的薪酬战略变革之路

【摘要】A公司成立于20世纪80年代，经过第一代创业人员的不懈努力，公司已经成长为一家跨国型通信设备供应商。2000年以后，公司快速发展，在市场上站稳脚跟并逐渐有了一席之地。公司依据市场变动以及实际发展需要，薪酬战略进行了两次重大变革。全新的薪酬策略使得公司上下凝聚一心，A公司也迎来了成立以来最辉煌的时刻，业务也不断向国际市场扩张。然而多元文化的员工背景增加了公司内部矛盾冲突，不同地区之间薪酬水平差异更是成为导火索，板块之间各自为政，李总又将如何改变这种局面呢？他感到了前所未有的压力。

一、公司简介

20世纪80年代初，A公司在深圳成立，主要经营通信设备。成立之初A公司凭借深圳市独特的地理位置，成为一家香港交换机生产商的代理。1989年，A公司开始自主研发交换机，并把小型企业交换机作为主要市场。由于当时国内并没有开展这些业务，公司很快占领企业版交换机市场。1995年，A公司销售额就达15亿元人民币，并打入香港市话网市场，开通了当时许多内地未开的业务，A公司开始不满于国内市场，向欧美市场进发。除欧洲市场外，1999年，A公司在印度建立研发中心，成为打开亚非洲市场的重要举措。在之后的两年间，由于亚洲金融风暴对东南亚国家的影响，各个行业出现不小的波动，A公司就抓住这次机会，以较大的价格优势成功打开东南亚市场。随后，A公司借助价格优势在中东地区和非洲等市场扩展业务版图。尽管2001年到2002年间，全球电信基础设施相关业务也不断萎缩，但是，A公司全球市场的销售额增长67%，销售收入达到5.54亿美元。自此A公司不断向全球拓展业务，从2002年开始，连续15年实现业绩超过15%的增长，即使在2008年遭遇全球经济危机的情况下依然保持业绩增长，在2012年之后更是借助互联网的发展迎来了新的高速发展期。

二、崭露头角的A公司

1980年李正义从国有企业下岗，带着从亲戚朋友借来的8000元来到深圳准备大干一场。在这里他遇到了刚刚大学毕业的王建军，两人一拍即合，租了一个办公室合开了“A牌交换机贸易有限公司”，主营业务就是将香港生产的交换机在深圳等城市销售。刚开始，很多企业还不知道交换机是什么，当时的联系方式也只是电话。为了开拓市场，李正义就挨家挨户地去小企业推销，为了拓展业务，公司推出免费试用一年的活动。就是凭借着这种倔强不服输的精神，A公司逐渐在深圳及周边城市打开市场，三年里公司就发展了26个业务员。

这时，李正义开始和王建军共同商议公司未来发展。王建军说："我们一直都是代理商，利润薄不说，现在深圳已经有了其他的企业开始卖交换机了，以后我们的市场会越来越难做。"其他几个业务员听了纷纷表示赞同。李正义想了一会郑重地说："是时候改变了，一直卖别人的产品迟早坐吃等死。"经过大家的一致决定，李正义决定今后公司开始转型——研发生产新型交换机。有了主意后，李正义干劲儿十足，开始筹备建厂的事情。A 公司虽然发展得不错，但是建立一套完整的生产线需要大量资金投入，而且公司员工中以业务员为主，很少有人懂技术。

一次偶然的机会，王建军认识了刚从国外留学学习计算机通信与应用的张俊。为了能让张俊加入公司，王建军和李正义商量后开出了十分诱人的条件——技术总监的职位以及每年 5%的原始股分红。就这样，通过这样的方式，A 公司的技术队伍慢慢壮大起来，短短的 5 年时间里已经成功研发两代交换机，投入市场后取得巨大成功。到 1995 年，A 公司销售额破亿元大关，公司也拥有两条完整的产业链，员工数量达 432 人，其中技术类员工占 40%左右。

此时 A 公司采取的薪酬策略是根据岗位付薪，整个公司的职位分为技术职系和管理职系两类，公司会对进入公司的新员工定期考核，员工考核中等级评定为 A 的就能够向上晋升一级。

在此前几年的不断努力下，A 公司凭借代理香港某公司的程控交换机打开了市场，获得了第一桶金。尽管 A 公司发展很快，但是 A 公司的业务范围还只局限于单纯贸易型，利润空间十分有限，是一家没有技术、没有产品的代理公司。李总认为公司要想获得长足发展，必须拥有自己的产品和技术，这一切都需要资金和技术人员的支持，但是由于民营企业的性质，公司很难获得外部融资。李总想到了内部融资的方式，让员工从工资中拿出一部分钱认购公司的原始股，等到公司获利再进行分红。

1990 年 A 公司正式提出员工持股计划。1992 年 A 公司变更为集体企业之后，A 公司开始全面推行员工持股计划。A 公司员工持股的基本制度是：在 A 公司工龄达到一年的员工可以购买公司股票，购买的数量由员工的职位高低、工作绩效和岗位任职资格决定，一般到了年末，人事部会通知员工购买数量，将工资、奖金等作为购买资金，不足的时候，还可以向公司提出贷款申请。员工购买股票的价格为每股 1 元，员工所持股票只有分红权，不具有其他股东权利，在员工离开公司后，公司会按照当初购买股票的价格对员工持有的股票进行回购，也就是以 1 元的价格进行回购。有了内部持股后，一方面员工意识到只有企业发展了有收益，他们自己才能从企业得到分工，员工的积极性得到了极大的激励；另一方面 A 公司通过这种方式，也积累了资金，A 公司进入高速发展时期。1994 年，A 公司的第一台万门交换机成功上市，终结了无产品、无技术的时代，之后的 1996 年 A 公司的销售收入就已达 26 亿元。

资金的问题解决了，如何才能吸引到高级技术人员呢？虽然员工持股使得 A 公司获得一定的资金，但是大多资金也用于公司新一轮的技术研发与市场拓展，暂时无法将员工整体薪酬提高，无法达到市场平均水平，薪酬体系吸引力明显不足。李总想能不能通过给技术人员更多的晋升机会、能力提升和更加自由的工作氛围这样"无形"的东西吸引和留住员工。所以A公司一开始就将员工的能力和绩效放在第一位，不搞论资排辈，为年轻的员工提供发展机会，大学刚毕业进入公司两三年的员工就可以管理十几个人的部门。

三、市场部“浴火重生”

李总十分看重员工的拼搏精神，他认为企业要成长、要发展就要敢于拼搏，敢于把自己放在“不安全”的位置，因此在A公司内部十分强调竞争，强调个人为企业创造的价值。为了让公司的员工更加具有开拓精神、不在功劳簿上养老，1996年1月，市场总监就曾经带领自己发展起来的团队，从主要领导到区域办事处主任集体辞职。重新上岗后市场部都是新员工，想要获得高薪、晋升，就必须拿出实际业绩。一时间轰动全国，各方纷纷揣测A公司这一“壮举”的原因。李总说：“市场部是需要开疆拓土的精神的，躺着功劳簿上的事情绝对不能有，我们公司也绝不会亏待为公司赚钱的人。这次大辞职不是为难员工，也不是作秀，而是要员工谨记A公司欢迎肯拼敢闯的人，不接受自我消耗的人。”在集体大辞职后，许多领导层干部，凭借自身的能力和多年的工作经验，重新回到公司管理层，并且职位都有所提升，成为A公司的中流砥柱。在李总看来，对于管理者来说，相比工作能力和个人品德来说，最重要的是管理者的心态。

经过此次的“大辞职”，A公司又重新注入新的活力，人人都努力工作，恪尽职守，捷报频传，市场业绩一再取得新高。2002年，A公司以220亿元销售额和29亿元利润居于全国电子百强首位。

此时李总发现，企业不断壮大，规模不断扩大，人也越来越多，之前简单粗放式的管理也出现了问题。公司经常出现采购材料与入库登记不符、事后补登记的情况，也常常发生客户售后信息长时间得不到反馈、顾客抱怨的事情，为此，李总感到十分担忧。知识分子的家庭出身让李总想到的是借助国内外专家的专业管理知识。2002年A公司正式邀请中国人民大学的教授帮忙起草了具有A公司文化的《公司基本法》，基本法内容包含组织的愿景、组织的宗旨、公司发展与经验战略、基本组织政策、人力资源政策等内容，又提出客户服务文化，同时聘请IBM、合益集团大型咨询公司进行管理咨询。通过一系列的管理改革与提升，A公司从上至下再次焕然一新，并且在李总的带领下形成强势的“狼性文化”。这一时期，在公司内看不到无所事事、游手好闲的员工，有的只是一个个埋头苦干的工作者。

尽管A公司上下团结一致，奋发向上，但由于市场不景气以及交换机市场的低迷，公司业绩出现下滑。面对此次危机，李总一筹莫展，一方面市场整体业绩下滑，企业如果不采取措施应对，势必会对企业造成严重的影响，另一方面李总又不愿意因为业绩下滑而辞退员工。正当李总陷入两难境地时，从创业之初就跟随李总的王副总说，“能不能今年少发点工资，咱们一起咬咬牙，只要渡过了难关企业能正常运营，还怕没有收入吗?”经过李总和几位副总的商量觉得此法可行，于是召开紧急管理层会议，最终形成A公司高管降薪，其他员工工资照发、不裁员的共识。2003年春节过后，454位高级管理人员对降薪倡议达成一致，签订降薪承诺书，有 362 位总监级别以上的高级管理人员降薪幅度超过 10%。经过这件事，员工普遍感受到公司是把自己当作家人，当作自己人，即使处境艰难也不轻易裁人，A 公司上下更加紧密地团结在一起了。

一系列大胆的改革与重要举措让 A 公司发展走上正轨。2005 年 A 公司销售额达到 453 亿元，其中 58%为海外销售。2003 年就成为中国最大民营企业。

四、一改到底的薪酬

进入快速发展期以后，A 公司实力增强，人才招聘需求随着上升，A 公司预计实施领先于市场的薪酬策略，大部分岗位的薪酬都高于市场水平的 1/3。在 2001 年之前，处于高速成长核心阶段的 A 公司通过内部员工持股使得员工获得丰厚的收益，在员工的收入中，工资、奖金、分红是基本相当的“1+1+1”模式，1997 年及以前进入公司的老员工是这一阶段的最大获益者。但是公司规模越来越大，2001 年之后新进来的员工也逐渐积淀成熟，成为公司新的中流砥柱，但是新、旧核心层之间收入差距巨大，该怎么改变这个现状，提高那些一直在为公司做出贡献的员工呢？

A 公司员工分为生产、研发、销售和客服四大体系，其中研发和销售的薪酬水平明显高于生产、客服。不同学历的员工刚进入 A 公司时薪酬存在差异，学历越高起薪越高，但是这种差异会越来越小，最终决定个人薪酬的还是员工的能力和业绩。A 公司整体薪酬结构清晰简单，在基本月薪、年终奖和股票之外，还包括一些福利和补助。与其他市场地位相当的公司相比 A 公司的福利并不多，这是因为李总一方面希望通过薪酬制度来激励员工，另一方面又警惕不让 A 公司成为养老机构，染上“福利病”。

经过几年的探索与学习，A 公司于 2006 年正式开始薪酬改革。薪酬支付标准由原来的按资历付薪向按职责和贡献付薪转变。李总说，“在 A 公司永远不是最老的人拿最多，永远是最努力最能干的人拿最多。”公司首先进行大规模、全面的岗位分析与评价，确定各个岗位的职责。再根据岗位职责和岗位战略贡献确定每个岗位的级别，员工的基本工资与岗位挂钩(部分岗位起薪如表 7-1 所示)。

表 7-1　**2011 年 A 公司薪酬等级表**

等级	员工类型	各个层级起薪(元)		
		C	B	A
13	13C 应届本科生 13C——15B 助理工程师	5500	6500	7500
14		7500	9000	10500
15	15A——16A 普通工程师 B	10500	12500	14500
16		14500	17000	19500
17	17C——17A 普通工程师 A	19500	22500	25500

续表

等级	员工类型	各个层级起薪(元)		
		C	B	A
18	18B——19B 高级工程师 B	25500	29000	32500
19	19B——20A 高工 A 或技术专家	32500	36500	40500
20	19B/A 三级部门主管	40500	44500	49500
21	21B/A——22B 一级部门主管	49500	54500	59500
22	22A 最高等级	59500	——	——

A 公司的薪酬调整从未止步，2013 年公司针对应届大学生和基础员工起薪做出调整，其中基础员工起薪平均上调约 30%，最高可达 70%，主要根据岗位价值与个人贡献进行调整。这次变动的主要是 13 级和 14 级的新员工和基础员工，他们的工作很辛苦，他们现在已经成为新一代的中流砥柱，工资上不去，就难以达到激励的作用。”在此次薪酬调整中，在基层员工薪资组成中，年终奖和分红将大幅下降，主要薪酬收入来自每月基本薪酬。

早在正式的薪酬改革之前，李总就有意识地调整工资、奖金与员工持股三者之间的比例，通过调控比例来达到激励员工和稳定核心队伍的目的。

2001 年，深圳市新发布了《深圳市员工持股规定》，A 公司很快意识到之前有个持股方式的潜在风险，同时，也是这项规定促使 A 公司改变现有制度。在李总的慎重考虑后，他下定决心要在公司实行严格持股计划的革新，将老员工所持有的股票逐步转换为期权。每年员工获得的利润来自分红和净资产增值部分。对于转让和离职兑现股票的情况也做出新的规定：对于普通员工，每年可以兑换 25%的虚拟股，中高层由于进入企业时间更久，持股数量更多，每年只能兑现 10%。但实际上随着 A 公司的稳健发展，虽然没有上市其净资产价格也在一步步攀升，虚拟股未来走势良好，因此兑现的员工实际很少。当员工离开 A 公司需要兑现全部所持股票时，企业设定了 6 个月的考察期，在考察期内员工不就职于与 A 公司构成竞争关系的创业公司或泄露 A 公司技术信息等行为才可兑现，因此 A 公司基本上没有恶性“挖墙脚”的现象。

2003 年，为了使企业保持活力，A 公司重新启动员工股权分配，启用数十亿未分配的公司股权，大规模向员工分配股票购买权。在本次的股权分配中，公司有意向新一代核心骨干成员倾斜，保证新一代核心层的稳定，旨在通过股权调整弥补新核心层与创立初期老员工之间收入差距巨大的问题。2008 年，为进一步调动新一批员工积极性，公司再次调整虚拟受限股制度。由原来的每年根据考核结果和公司经营情况分配一定数量的股权改为固定配股上限，也就是每一级别员工设定一个固定的配股数量，一旦达到该数量将不再参与之后股权分配。这次调整是希望限制已经持有大量股票的老员工继续扩大持股从而打击新员工积极性，同时也是贯彻 A 公司虚拟受限股改革的中心思想：把虚拟股作为一种激励手段，激励为公司做出贡献的员工持续奋进。

五、集体再辞职

从成立之初开始，为了凸显重视人才的理念，公司在员工入职时就给每个员工按照来到公司的顺序确定了工号，这个号码现在已经排到十万多位了。在A公司，工号不仅仅是一个人的代号，也是身份的象征——工号越靠前，表明进入A公司的时间越长，其地位也就越高，总裁李总的工号是001，当员工离开A公司后该工号就废除不再启用。以2001年为分水岭，之前进来的都算“老员工”，其工号在20000以内，而之后进来的则是“新人”。员工邮件使用邮件系统时，工号会出现在邮件中，于是工号的排序就成了“老员工”们判断邮件是否回复的依据了：工号比自己工号小的话说明是“更老的员工”，“老员工们”发过来的邮件马上就会回复，工号大的员工发过来的文件就可以放在一边，稍后处理。经常有一线销售和客服员工的邮件得不到回复，一线销售们在介绍产品时有疑问得不到快速的解答，客服在处理售后时接到的意见难以反馈到研发部门。新员工们开始感到十分不公平，工作积极性也没有以前那么高了，面对这种情况，李总感到深深的忧虑，与公司高层召开会议讨论解决措施。

2007年有关部门通知将于2008年1月1日起正式实行新劳动合同法。新劳动合同法对劳资双方的用工关系做出了新的调整，规定劳动者与用人单位连续两次签订固定期限劳动合同后，当需要第三次签订时，劳动者有权提出签订无固定期限的劳动合同。

对此A公司高层展开了激烈的讨论。财务周副总说：“我们公司从成立时的6个人到现在已经有80000人，其中2000年以前进公司的就有1万多人。按照现在劳动法的相关规定，这些老员工的合同到期后，需要续签的是无固定期限劳动合同，那我们公司以后的人工成本支出将大幅提升呀。”分管人力资源部的李总则说：“A公司走技术创新的道路，技术创新怎么能离得开人才呢，再说了这些老员工都是公司的功臣，如果不妥善处理，会造成整个公司员工人心浮动”。大家讨论了许久都没有一个统一的解决方案，最后还是李总想到了1996年市场部的集体辞职，他说：“如果让这批老员工也辞职，半年以后重新上岗，离职这段时间的补偿由公司负担，那公司都是新员工了。但是员工新上任后，不再用以前的工号，把所有的工号打乱，这样就看不出来谁是老员工，谁是新员工了。另外也不是所有的人都重新上岗，人事部对所有人进行考核竞聘，合格的才能上岗。”

A公司发布公告，通知工作8年以上的老员工，主动向公司提交辞职报告，辞职报告字数不少于1000字。为了让大家能够理解公司的做法，人力资源部组织了几次大型的“竞聘上岗答疑会议”，并开通反馈通道，由各个部门提交本部门关于此次“辞职”政策中不清楚的地方，在正式开始之前，李总在全体职工大会中说道，这次的员工辞职，是为了员工考核再上岗，而不是丢掉老员工，是为了破除由来已久的“工号文化”，打乱之前的工号，大家不再根据工号来论资排辈。经过多方努力，A公司内部抵制辞职竞聘上岗的情绪不复存在。尤其是和A公司一同成长的老员工们，都和A公司有很深的感情，不希望公司就此懈怠，公司发展得更好自己才能有更高的收入。

公司与员工达成一致后，由员工向公司提出主动离职。半年之后，由公司组织竞聘上岗，再次上岗的员工岗位和工资水平保持不变，离职期间员工都会得到相应的补偿，未能竞聘上岗的员工则按照之前离职办法处理，员工所持股份也将兑现。离职的补偿方案与员工的工作年限和工资挂钩，实行“N+1”模式。当年造成影响的“集体辞职事件”已经结束，大部分员工重新进行工作合同的签订并回到工作岗位，67名员工因个人情况选择退休或者病休，53名员工离开公司选择其他发展平台，16名员工因其他原因离开公司。此次辞职事件在社会上还是有不小的影响，引起各方的猜测，深圳、广东省以及全国工会都十分关注此事。在外界的压力下，A公司中止了部分员工辞职再竞聘程序，同时召开员工代表大会，对本次事件进行公开，在争取员工代表意见的情况下，对原方案做出完善。

案例使用说明

1. 教学目标规划

（1）学会分析划分企业各个生命周期的基本依据与对应的管理方式，尤其是不同时期薪酬战略调整与企业战略的对应关系；

（2）通过分析薪酬战略调整的内在企业状况，明确在不同生命周期薪酬战略设计的重要性，并学会薪酬设计的操作步骤和基本内容；

（3）对案例中涉及薪酬的各部分（工资、员工持股、奖金）的比例设定有一定了解，明确设定依据与原理；

（4）基于案例中涉及的新劳动合同法的实施，对劳动法具体影响与实践有一定了解，树立正确学习和运用劳动合同法的意识。

2. 课堂讨论题

（1）在A公司成立初期，公司采取什么策略吸引和保留员工？这种方式为什么会取得成功？这种方式是否存在不科学的过程？

（2）你怎么看待A公司的“市场部辞职事件”事件？

（3）A公司在组织各个阶段发展的特点是什么？这些特点会对组织的管理产生了什么样的影响？

（4）公司成熟期时薪酬战略发生了那些改变？为什么会产生这些改变？

（5）A公司初期的员工持股是怎么进行的？对员工产生了什么样的影响？员工持股与员工的薪酬之间的关系是怎样的？

（6）你怎么看待A公司第二次大规模的辞职事件？

3. 启发思考题

（1）新劳动合同法中有哪些改变？这些改变会对企业产生哪些深远的影响？

（2）你认为未来A公司的薪酬战略会做出哪些改变？为什么？

（3）改革后的员工持股计划是怎样进行的？什么原因导致这些变化？

（4）你认为应该如何在企业发展的不同阶段制定相匹配的薪酬战略，你的依据是什么？

（5）你对A公司长期的发展战略有什么建议和看法？

参考文献

[1]盖勇，马恩．薪酬管理．济南：山东人民出版社，2004.

[2]葛明磊．项目 HRBP 后备人才培养的探索性研究——以华为公司为例．中国人力资源开发，2015，28(18)：11-19.
[3]刘闻超．领导者激励员工的成本考量及优化思路．领导科学，2020，36(6)：61-63.
[4]马才华，何云佳．员工持股计划研究——基于华为与中兴通讯股权激励模式的比较．财会通讯，2016，37(26)：88-90，129.
[5]张广科，黄瑞芹．薪酬管理．武汉：华中科技大学出版社，2013.

第八章　员工福利管理

本章知识要点

一、员工福利的内涵

福利有广义和狭义之分，广义的福利是指企业、事业和国家机关等单位向员工提供共同的物质文化待遇来达到提高和改善员工生活水平和生活条件、解决员工个人困难、提供生活便利、丰富精神和文化生活目的的一种社会事业。狭义的福利是指员工福利，又称为劳动福利，它是企业根据劳动者的劳动在其工资、奖金和社会保险之外提供的其他货币、实物及一些待遇。员工福利具备以下几个特点：报酬性、均等性、补充性、集体性。

二、员工福利分类

(一)法定福利

法定福利是指组织根据国家法律的要求必须向员工提供的福利，即组织只要雇用了劳动者，不论组织和劳动者的意愿如何都必须按法律要求实施的福利项目。法定福利主要包括各种社会保险、法定假期、住房公积金等。

(二)非法定福利

非法定福利是指在国家规定的法定福利之外的企业根据自身的发展需要和员工的需要自愿向员工提供或企业与员工出资办理的其他福利项目。由于非法定福利具有很大的企业自主性，非法定福利具有很多种形式，根据非法定福利的功能来分可分为企业安全与健康福利、企业设施性福利、企业文娱性福利、企业培训性福利、企业服务性福利。

(三)弹性福利

弹性福利方案最大程度体现了组织对人的关心和关注，也体现了员工与组织之间这种新型的雇用关系，还有很多其他的好处。根据内容不同可分为附加型弹性福利、核心加选择型弹性福利、弹性支用账户型弹性福利、福利套餐型弹性福利、选高择低型弹性福利。

三、员工福利的作用

(一)组织层面

员工福利的提供主体是组织，提供员工福利的原因：一是国家法律法规规定必须执行，二是为员工提供各项福利措施对提高组织效益、满足员工需求有利。从组织的层面来说，作用主要体现在以下几个方面：(1)激励员工的积极性；(2)吸引并留住人才；(3)协调劳资关系；(4)促进企业实现战略目标。

(二)员工层面

员工福利的受众是组织员工，员工福利的好坏一定程度上决定了员工对组织的信任程度以及员工的敬业度。从员工层面来说，作用主要体现在以下几个方面：(1)改善员工的生活质量；(2)税收的优惠；(3)满足员工多样化需求；(4)保护和配置劳动力。

(三)人力资源管理体系层面

员工福利虽然属于薪酬与福利管理模块的内容，员工福利的作用对人力资源管理其他模块也有不可忽略的作用。从人力资源管理体系层面，员工福利的作用可以体现在以下几个方面：(1)员工福利在人力资源招聘中的作用；(2)员工福利在人力资源培训开发中的作用；(3)员工福利在人力资源绩效管理中的作用；(4)员工福利在人力资源员工关系管理中的作用。

四、典型的福利方案

(一)员工持股计划

员工持股计划是指公司内部员工个人出资认购本公司部分股份，并委托公司工会的持股会(或信托机构等中介组织)进行集体管理的股权组织形式。员工持股计划能够激励员工，提高其工作积极性；员工持股计划也使得经营管理者更加关心公司的利益，注重长期效益；员工持股计划能够吸引和留住人才。随着社会的发展，直接的经济性激励已经无法满足人才对于待遇方面的要求，而人又是最重要的资源。

(二)利润分享计划

利润分享计划是指员工根据其工作绩效来获得一部分公司利润的一种整体激励计划。在这种计划下，报酬的支付是建立在对利润这一组织绩效指标的评价的基础上的，利润分享计划是一次性支付的奖励，它不会进入雇员的基本工资中去，因而不会增加组织的固定工资成本。利润分享计划有利于员工的激励性进一步增强；利润分享计划有利于企业产量扩大、成本降低；利润分享计划是对我国现行的分配理论的发展。

（三）带薪休假福利

带薪休假的含义是“非工作时间的薪资”，也被称为“补助性福利”。从内容上看，带薪休假主要分为四种：节假日、病假、家长假和遣散费。组织实行带薪休假有利于员工合理分配和利用各项资源，短暂休假也利于提高工作投入。

（四）社会保险福利

在我国，组织为员工缴纳社会保险是法律所强制的，主要包括“四险一金”，就是养老保险、医疗保险、失业保险、伤残保险和住房公积金。但是有些保险福利内容在国外有，而我国尚未普及，如服务与家庭福利。这种福利是要求雇主提供的各种服务，包括个人服务、教育补贴、交通、餐饮以及其他与工作相关的“家庭”费用。其中家庭福利十分值得我国借鉴，当员工年龄越来越大的时候，生活-家庭平衡问题就越发严重，很多企业都提供诸如儿童保育、照顾双亲、健身器材以及弹性工作制，这些都能够让员工更好地兼顾事业和家庭。

（五）职业年金计划

2015 年 4 月国务院办公厅印发《机关事业单位职业年金办法》，从 2014 年 10 月 1 日起实施机关事业单位工作人员职业年金制度。《办法》所称职业年金，是指机关事业单位及其工作人员在参加机关事业单位基本养老保险的基础上，建立的补充养老保险制度。职业年金计划对事业单位员工、公共部门人力资源管理具有重要影响。

（六）弹性福利方案

由于组织员工的需求增加，组织开始尝试一种新的设计方式，就是让员工自己选择他们喜欢的福利方案，增加福利的弹性，这就是所谓的弹性福利方案。在自助式福利方案中，组织会给每位员工制定一个福利基金的预算，让员工自己花在他们自己偏好的福利上，但是这个过程受到两个条件的约束：一是组织必须认真仔细地限制每位员工福利的总预算，因为这种预算要是不合理，直接带来的是企业人工成本的增加；二是员工必须能够根据自己需求或者偏好的变化及时调整自己的计划。

案例1　M公司股权激励——千名员工实现财务自由

【摘要】本案例描述了M公司从创业初期到现今的股权激励方式的转变，从只有70多名员工到现在的10000人以上，M公司获得了突破性的发展，也经历了严重的人才危机。M公司是如何进行人才管理，又是如何利用股权激励留住人才、给予员工基本福利、调动员工的积极性的？在面临上市的股权纠纷时又是怎么处理的？本案例描述的情况可以帮助小型互联网创业公司找到在创业初期应该采取的具有激励性、竞争性的薪酬福利和恰当的组织架构，了解如采取股权激励计划使公司成功走出效益下降的困境，促进初期创业型企业的可持续发展。

2018年1月1日，天灰蒙蒙的，乌云密布，不见一丝阳光，好像空气都被挤压成一团，压抑得人喘不过气，仿佛就差一个导火索，一点就会爆炸。在北京北四环路的一座大厦的23楼里，老雷站在窗前，看着外面阴沉沉的天空，眉头紧锁。良久，他叹了一口气，最终颓然地坐进椅子里，陷入沉思。他想起了他们刚开始创业的时候，那个时候他刚刚带领JS公司上市，却毅然决然地从JS辞职，创办了这家手机公司，当时所有人都不看好他们，毕竟当时的手机市场被A、S和H三家公司占据，想要做一款可以跟他们竞争的新兴手机品牌哪有那么容易。

一、M公司简介

2010年9月，老雷和他的合伙人们正式成立M公司。M公司专注于研发生产中高端智能手机、电视机、投影仪等智能家居周边产品。“享受科技的乐趣，进入智能时代”是M公司的企业愿景。M公司善于将互联网运用于开发智能产品，用“匠心精神”做好每一件产品，利用电商平台省去中间环节，致力于让全球用户花最少的钱用性价比最高的电子产品。

M公司自公司成立以来，销售量年年突破新高，令整个世界惊讶。2015年，手机销售量达到5980万部，比上年增长197%，2013年，M公司手机销售量1570万部，比上年同时期相比增长了130%。2014年，M公司的销售额增长到963亿元，同比增长145%。一则2013年第三季度手机市场调查数据显示，M公司的智能手机登上了销售榜首，成为中国当时销量最高的电子品牌。M公司也成功进入海外市场，市场销售量已经远远超过100万部。第二年年底，M公司在老雷的带领和全体员工的努力下顺利完成新一轮融资。短短4年的时间，M公司成为目前全球价值最高的未上市科技公司，瓜分了将近20%的市场份额。

M公司在很多领域都颠覆了传统市场，将互联网思维应用在各个领域，例如互联网机顶盒、智能电视和智能家居、路由器等。M公司还专注于进行生态链研发。2016年3月29日，M公司根据现有的组织战略变革，对生态链进行产品升级与优化，推出全新联合品牌——MAIJIA。M公司将秉承开放共享、合作共赢的策略，携手业界合作伙伴一起推动智能生态链的发展。截至2016年12月份，M公司旗下生态链企业已达到70余家，其中很多便携式电子产品都成为占领大部分中国市场的热门商品，例如移动电源、电动牙刷、电子手环、空气净化器、插入式耳机等产品，都成为家喻户晓的品牌商品，在市场竞争中取得了巨大成功。

M公司的创业成功使他们的市场营销模式为人们拍手叫绝，赢得了大多数人的称赞。从软件、硬件、互联网服务到移动电子智能参与感，从口碑营销到自媒体营销，甚至到全新提出的智能生态链理念，M公司不断突破自己的产品边界，不断为用户带来全新的产品体验感和满足感，而这一次次新的突破均离不开商业模式的开放和创新。

二、从零开始，口碑营销

老雷在他大学一年级的时候，就有一个创办顶级互联网商业帝国的梦想，而在他将近40岁的时候，他发现这个梦想还没实现，所以，在40岁生日的时候他就想我一定要试一下，哪怕没成功，但我努力过了。

那个时候老雷和G公司当时的高管阿斌有业务上的往来，一来二去就跟阿斌成了朋友，经常在咖啡馆一起聊天，他们都认为安卓手机在中国市场很有发展潜力，而电商在将来是一种大势所趋。老雷坚信他的选择方向是对的，在下定决心后，老雷开始物色合伙人。阿斌当时在G公司负责安卓系统在中国的研发，老雷说咱们都是做电商的，你接触安卓也有一段时间了，我对安卓很有信心，说句老实话，我想拉你入伙，咱们一起做一款安卓手机。当时阿斌虽然对安卓也很看好，但还是担心：电子商务平台卖研发的手机能靠谱吗？这个营销方式从未出现过。自主创业？那么创业资金又从哪里来呢？

一开始阿斌比较担心利用电商营销模式来占领手机市场能否做成，因为他亲眼看到过G公司失败付出的惨重代价。但老雷在十几年前就做过电商模式，取得了一定的成绩，他对电商模式有很大的信心。老雷说，阿斌你相信我，我一定能把电商平台做起来。除此之外，阿斌说是老雷的一句话让他彻底坚定了信念，老雷对阿斌说，你拿着现在公司的股票，无非就是为了投资，而最好的投资就是投资自己！我们都是有资本的人，没钱了还可以去融资，融不到资还可以卖掉自己手里的股份，最恐怖的不是没钱，而是没有从头开始的斗志和信心。就这样，老雷把他的第一个合伙人“游说”过来，阿斌带着他的资金一起进入了M公司。

当时老雷和阿斌在一个咖啡馆里，老雷用一张餐巾纸为阿斌勾画了新公司的蓝图。他告诉阿斌我们首先从安卓的操作系统切入，做好用户使用习惯的市场调查，如果用户对我们的操作系统感到满意了，就开始研发生产我们品牌的手机，用新兴的电商模式来卖手机，这样营销也可以达到低成本。老雷还在餐巾纸上画出了M公司的组织架构设想以及意向的潜在合伙人名单。阿斌说，当时没想到一张餐巾纸，成了我想入伙的契机。老雷他们想根据自己的创业需求选择在不同领域里最合适的人。2009年年底，他们开始物色合伙人，当时阿斌给他介绍了很多他在G公司的同事，老雷亲自去跟他们谈，劝说他们，但都没有成功。他们说，老雷你要做手机产品啊，那你认识中国移动、中国电信的董事长吗？那你有自己的研发团队吗？老雷自娱自乐说我当然认识他们啊，但他们不认识我。他们听了就会觉得你既不懂得怎么做手机又不懂怎么跟运营商卖手机，那你这创业很不靠谱啊。那个时候老雷花费了很长时间，一遍一遍地劝说他们加入 M 公司，为他们描绘美好的蓝图，最终他争取到了几个合伙人的信任。

2010 年，老雷认清楚了一个现实，他觉得研发手机压力挺大的。中国是数一数二的制造大国，劳动力丰富，制造了很多很多的产品，甚至我们在全球各地的商店都可以买到“中国制造”的商品。中国制造的能力世界首屈一指，但是有一个很现实的问题是什么？当你走到各大商店去看，国产的产品工艺不算超群，为什么价格在同等产品中还处于中等偏上，性价比相对不高？这就比较邪乎了。当时整个国产品牌都有一些明显的弊端，其实不仅仅是手机行业，各行各业都面临着同样的问题。然而这中间的问题出在什么地方？

老雷举了一个“衬衣”的例子，在美国，三四十美金就可以买一件非常好的衬衣，但是在中国，没有一两千元是买不到一件好衬衣的，但价值一两千元的衬衣成本价也只有 100 多元。而当消费者买不起 1000 元的只能买 500 元的时候，厂家就不断地偷工减料，压缩成本到 50 元、30 元甚至 20 元。我们为了把东西卖出去，花费了太多的资本和时间在市场、营销和店面上，导致我们制作产品时不能在产品本身的质量上下工夫，偷工减料，降低成本，这样，我们当然生产不出好产品。老雷认为科技不是奢侈品，他想将科技平民化，让大家能用很平价的价格享受到高科技产品。所以，老雷就想他能不能做出世界一流的产品，按照制造成本价零售，拒绝大部分的钱花在产品本身上。

那么，公司如何能用接近产品研发生产的成本价格去低价销售？从哪些渠道可以降低整个产品的综合成本？老雷从各个方面想了很多，也做了很多。最终，他觉得还是要“专注”，只有专注才能精益求精，所以 M 公司一年只推出一款全新的智能手机。传统手机厂商短时间大量推出新款来吸引顾客，然而这些新款手机在功能上和工艺上只存在细微差别，但是它们的研发、库存、损耗等工序却都需要大量的资金来支撑。如果公司能够集中精力聚焦于产品本身做到极致，做到完美，那么它所耗费的成本肯定是最低的。

降低成本之后，老雷想着能不能利用互联网的优势，对组织功能进行重构，把多余的市场费用全部省去。所以，在 M 公司创业发展的前 3 年，市场费用的开销其实是很小的。因为市场成本低，售价较为亲民，M 公司成功地利用口碑营销让更多用户知晓并使用他们的电子产品，并且利用典型的从众消费心理扩大了消费群体。

三、快速发展、人心背离

在一系列营销策略的实施和员工的努力工作下，M 公司在 4 年的时间里迅速发展，取得巨大的胜利。2010 年 9 月，M 公司刚成立的时候，那时候公司只有 70 个人，办公区域却不小，总感觉空荡荡的。而如今，除去这所旧的办公大楼，旁边又开了一家新的办公区，人数也从原先的 70 多变成了今天的 7500 多人，人头攒动，座无虚席，以后，公司的人数还会增加，组织规模和场地还会扩大。

分别来到 M 公司的两座办公大楼，门外不仅有着 M 公司特有的手机品牌黄色标志，映入眼底的还有巨幅的红色双十一胜利“战绩”。当别人和老雷津津乐道谈到双十一战果的时候，他却说那产品销量仅仅只是一个数字，并没有感到多么激动。他更看重的是这一战的“亮相”效果：“不管是去年的 5 亿元销售额，还是今年的 15 亿元，只要高居榜首，我们就可以通过双十一向全世界人民展现公司的产品、品牌以及供应链管理能力。”此次天猫双十一销量创造了单日手机销售量最高的吉尼斯世界纪录，而 M 公司的产品占据了其中的 62%的份额。同时，M 公司所研发的手机、平板等 7 个品类都是销售量第一，展现了 M 公司的品牌延展能力。

在过去 3 年里，M 公司的销售额和净利润呈现连续爆发式的增长，老雷认为 M 公司是“急行军”，他用“远超预期”来总结 M 公司的 2014 年工作业绩。上年下半年，市场调查显示 M 公司位列全球智能手机市场占有率第三，可以看出 M 公司的增长强度不容小觑。原本当年 M 公司在做年度计划时手机销量目标是 4500 万台，但现在预计可以达到 6500 万台，超额完成 50%多。2012 年到 2014 年短短两年时间，M 公司营业收入已经连续两年呈现翻倍增长，并且有持续增长的趋势。老雷创立 M 公司时提出的估值 100 亿美元公司的目标，只用了 4 年时间就已经达到了。

但是，伴随着企业高速扩张、急速发展而来的是一系列“大企业病”问题的出现。同时，V 公司和 O 公司的快速崛起抢占了大量市场，M 公司的“换屏门”事件，手机“卡顿死机”问题以及更新换代频率越来越慢的一系列问题使得年轻用户对 M 公司的手机平台黏合度越来越低，用户转而使用其他手机品牌。从 2015 年第二季度开始，M 公司失去中国第一的位置后，手机销量就开始一路下滑，到 2017 年第一季度的 B 公司品牌手机市场排名时，第一名是 SX 公司，第二名是 A 公司，第三名是 H 公司，第四名是 O 公司，第五名是 V 公司。M 公司呢？已经在排行榜中找不到了。同时，公司员工流失越来越严重，不仅是核心技术员工，基层的客服人员、营销人员纷纷离开了这个大家庭。面临着销量下滑、员工流失等严峻的局面，老雷和它的创始人们都愁白了头，不知该怎么办。

四、收买人心、重塑辉煌

2016 年 9 月，在 M 公司的办公大楼的会议室里，老雷和公司的核心管理层聚在一起，激烈讨论公司最近遇到的问题，大家积极建言献策，想要解决公司面临的困境。会议初始，老雷列举了公司遇到的主要问题，外界都在说 M 公司要完蛋了，对手机市场业绩下滑基本就没有挽回的能力。老雷希望能够通过大家的集思广益，找到真正解决公司发展问题的策略、打破业绩下滑的魔咒。老雷询问了大家的意见，有的人说是产品定位的问题，有的人说是组织结构和营销模式的问题，众说纷纭。这时，分管人力资源的张总监站出来说：“我们现在首要解决的关键问题应该是组织人员管理和激励的问题。我们公司现在人员大量流失，尤其是核心技术员工，这么多技术员的离开导致新产品研发的延迟，人心不聚、员工忠诚度不高导致公司的氛围也遭到了破坏，我们应该想办法改善一下公司的人力资源管理。”张总的话一出，就得到了来自各方的赞同声音。

李总思考一会，说现在公司的员工越来越多，从以前的 70 多人到现在的几千人，原先的组织结构面临巨大挑战，已经不适合现在公司的发展，改变组织结构使其与企业战略相适合是亟待解决的问题，也可以帮助留住人才。听到这儿，张总紧跟着反驳道现在的公司没有发展到像 H 公司、S 公司那种大公司的地步。我们才开始创业，时间短，虽然我们发展迅速，但我们的主要战略还是卖手机，占领手机市场，推广我们的产品，因此，之前的联合创始人-部门主管-员工公司三层级结构模式非常契合我们公司的战略发展。这种扁平式的组织结构有利于缩减不必要的沟通层次，有效应对社群经济中各种需求，并塑造了一种轻松愉悦的共享式工作氛围。我们公司崇尚“用户导向、用户驱动”，需要尽可能地与用户融合、与用户近距离互动，组织扁平才能快速高效。

老雷听了他们的想法后，沉默了一会儿，然后他看向张总，问道：“那老张你觉得我们现在应该怎么做?”张总抬手示意小玲将资料发到各位总监手上，说道：“根据我们的调查，我们发现公司流失了很多技术员工，他们大多都是对公司的未来发展充满担忧，公司的业绩下滑和外界对我们的评价让他们失去了和公司一起奋斗的信心。同时，我们还发现一开始就加入公司的几个工程师和员工手底下的员工基本没有走的，业绩也保持平稳。”听了这番话大家开始交头接耳，纷纷疑惑为什么会出现这种差异。张总环视了一圈，继续说：我对比了这些团队之间的差别，并且也调查了同行业的其他公司的实际情况，发现了一个现象，那就是这些员工流失率低、业绩保持平稳的团队领导都持有公司一定量的股份，他们从加入公司开始就是公司的老股东，公司赚的利润也有他们的一份，所以他们的工作尽心尽力。而我们的竞争对手像 H 公司等针对核心员工也是采用公司股权激励的有效方式，将企业的经营利益跟员工的经济利益紧紧地绑在一起。说到这里老张停了一下，看到正位上的老雷眼里的光就知道他说到老雷心坎里了。“所以，现在我们要做的就是实施股权激励，调整员工的薪酬结构，让员工跟着我们一起往同一个方向使力。”张总掷地有声的结论回荡在每个人心里。

最终，这场会议变成探讨实施股权激励的方式，老雷坐在办公室里，看着新鲜出炉的股权激励方案，他由衷地希望这可以扭转公司地位下滑的势头。为了奖励现在依旧留在公司，为了公司发展做出积极贡献的老员工，M 公司开始推行“全员持股、全员投资”的股权激励计划，每位员工可以依旧工龄获得一定比例的股份，这 5 年来对企业做出重大贡献的还可以增加比例。老雷当着几千名员工的面说：大家应该都了解股权和股份，年终的时候你可以根据你手里的股权按比例从企业的利润中分红，你可以将这笔钱取走，也可以放在这里等着它继续盈利。等咱们公司上市了，你们一个一个可都是股东，都是咱们公司有发言权的人。听到这里，所有的员工都露出了惊喜的表情，老雷很明显地感受到大家的积极性都被调动了起来，他想到未来的发展，露出了欣慰的笑容。针对新入职的核心员工，M 公司为员工的薪酬设计了三种不同的薪酬福利激励方式供他们自由选择：一是与跨国公司同等水平的全面薪酬；二是 2/3 的薪酬+股权；三是 1/3 的薪酬+股权。股权激励的门槛并不高，只要一定时长的工作年限，工作期间表现良好，就可以获得公司股权。M 公司的全员持股计划，使得员工、股东身份一体化，员工利益和公司利益息息相关。这种公司治理结构稳固了人力资源队伍，减少了员工流动性，也强化了员工的主人翁意识，形成团队“共创、共担、共赢、共享”的激励模式。

然而，M 公司在正式开始实施股权激励计划的时候，却遭到了一些内部员工的反对。原来在 M 公司成立之初，就有一些高层管理者拥有一定的股权，就是这些老股东，在股权激励方案的推行中成为守旧派，一直阻碍方案的实行。老雷严厉抨击了他们的做法，认为他们为了自己的蝇头小利而损害公司的可持续发展，阻碍公司员工的发展，老雷的抨击受到了销售和研发人员的喝彩。同时，在严厉批评一部分高管时，老雷还给他们吃了一剂定心剂。M 公司的股权激励遵循持续激励原则，每一名员工获得的公司股份会随着入职时间的增长、职务的提升、业绩的变化而发生相应程度的改变。而且股票的行权价格由 0~3.4 美元不等，也就是说越早获得 M 公司的股票，其收益也就越大。

通过这一系列激励方案的实施，员工的积极性有了显著的提高。特别是在 2016 年销售额回升后，部分员工得到的分红激励他们更加努力地为了 M 公司的未来发展而工作。同时，也吸引了不少优秀的工程师加入了 M 公司，M 公司成功“绑”住了员工。

M 公司的营业收入主要分为智能手机、IoT 与生活消费产品、互联网服务等四个业务群组。其中，主要的业务收入来源依靠智能手机这一业务板块。2015 年，M 公司的经营利润仅仅为 13 亿元，尚未实现质的飞跃；而 2017 年单纯来自智能手机行业的收入就高达 805 亿元，占营业总收入的 70%，公司的经营利润也突破百亿元大关。由此可见，股权激励措施促使公司的收入出现明显提高，业务发展迅速，员工的工作积极性和工作投入也大幅度改善。

五、M 公司应不应该上市？

随着股权激励政策的实施，M 公司的手机、平板销量逐渐回升，成为首个在销量大幅下滑后还能成功逆袭的电子产品公司。2017 年，营业收入达到 1146 亿元的同时，M 公司的市场估值或将达到 1000 亿美元。面临这种境况，老雷又面临一个问题：要不要上市？短短 7 年的时间让一个公司从创业到上市确实是很困难，但也不是不可能。M 公司现在面临的状况就是一方面无论是财务、盈利还是发展融资等方面都达到了上市的标准，上市也可以帮助公司获得进一步的发展，发展新的业务板块；另一方面，由于前期的股权激励政策以及创业阶段 M 公司融资的原因，股权被大量稀释，如果现在上市，老雷就会处于十分被动的局面，他这个总裁将是名存实亡，一旦公司股权被人恶意收购，公司将面临十分严峻的境况。

在老雷跟几个合伙人说了这件事情之后，有人觉得他们可以把分给员工的股权收回来，重新实施企业盈利分红制；但老雷担心这样又会把公司好不容易凝聚起来的人心打散，说一套做一套是大忌，不可取。还有人说他们可以使用虚拟股权，但是这就需要重新变动所有的激励策略，有一点弄不好也是十分的麻烦，也会延迟上市的时机。就在这时，阿斌打电话来说：“老雷，你快看新闻，港交所实施了同股不同权，这简直是及时雨啊，我们可以上市了。”

挂了电话后老雷看着新闻，脸上终于露出了笑容。有了这一制度，即便老雷手上掌握的股权只有百分之三十几，但是投票权有了，老雷依旧是 M 公司的实际掌权人。但是加入员工持股期权后，M 公司的股权也明显被稀释。

案例使用说明

1. 教学目标规划

(1)通过分析企业面临的环境，明确各种股权激励方式所适用的范围；

(2)了解“同股不同权”的股权架构，分析 M 公司能否利用双层架构上市；

(3)基于案例中公司几次大起大落，培养学生的综合分析能力和决策能力；

(4)通过员工持股计划了解多样化的员工福利管理，明白员工福利在企业中发挥的作用。

2. 课堂讨论题

(1)创业初期，M 公司为什么能取得成功？有什么秘诀？

(2)M 公司前期的激励策略有哪些？简述员工持股计划的具体实施流程。

(3)M 公司销量下滑的原因是什么？是如何取得逆转的？

(4)M 公司股权激励方式应该怎么改，究竟要不要上市？在哪里上市？

(5)“同股不同权”的双层股权架构对 M 公司有什么影响？

3. 启发思考题

(1)企业的股权激励应该怎么设计？什么环境下可以实施股权激励？

(2)股权激励能激励哪些员工？可采用什么方式？

(3)如何理解“同股不同权”的双层股权架构？

(4)企业在什么情况下采用“同股同权”和“同股不同权”？

(5)企业上市所面临的常见问题有哪些？

(6)企业如何根据组织内外部环境选择正确的激励方式？

参考文献

[1]陈思睿，杨桂菊，王彤．后发企业的颠覆性创新机理模型——基于 X 米公司的探索性案例研究．管理案例研究与评论，2019，12(4)：365-382.

[2]高子茵，宋继文，欧阳林依，张明太．因时乘势，与时偕行——X 米模式背后的时间领导力．管理学报，2019，16(11)：1581-1592，1600.

[3]雷军．X 米如何成功逆转．企业研究，2017，24(9)：32-37，30-31.

[4]任潇艺，贾敬全．双重股权结构在中国资本市场的适用性研究．科技与管理，2019，21(4)：69-75.

[5]邹小芳．论同股不同权的必要性与可行性．企业管理，2017，38(4)：121-123.

[6]郑志刚．从“股东”中心到“企业家”中心：公司治理制度变革的全球趋势．金融评论，2019，11(1)：58-72，124-125.

案例2 T9部门的头等大事

【摘要】作为通信产业的支柱型龙头企业，BE公司十分重视本企业内部的管理建设，善于制定科学合理的管理制度，尤其是人力资源的福利管理以及全面的员工激励制度。只有全方位、多层次、针对性的福利才能完全调动员工的积极性。所以，BE企业被业界认为是薪酬福利激励做得最好的企业之一。但是，成立之初的BE企业却因为福利制度不到位、缺乏合理激励，员工流动十分频繁，而在人才招聘、职业培训中的成本也迅猛增加，后来意识到把人力招聘、培训成本用到福利制度上，简直是锦上添花，不仅用薪酬福利招揽了优秀人才，也稳定了“军心”，成为行业中的标杆企业。

BE公司成立于1987年，自成立后在通信行业发展飞快，短时间迅速成为行业巨头。30多年来，随着通信行业的发展及中国市场日益和国际贸易体系接轨，BE深知人力资源的重要性，大力加快企业的员工福利管理，福利制度也逐渐日趋成熟。虽然公司发展的内外环境一直处在不断变化之中，且该行业整体员工流动率普遍很高，但BE一直在业内保持着较低的人员流动率。其主要原因为BE公司一直将员工看作公司的宝贵资产，擅长根据员工需求和切实存在的问题，巧用福利制度来激发员工的工作积极性。董事会成员也会在会议中拿出相当多的时间和精力，用于讨论与员工工作和生活切身相关的问题，如不同层次员工的培训计划的实行策略、奖金津贴如何发放、工资年终奖的调整及其他的福利制度。同时，BE公司始终以吸引人才、留住人才为宗旨，尽力为员工创造一个轻松和谐、共同进步的优良环境为目标，不断调整公司现有的福利制度，真正推行了福利领先的战略，使BE的福利管理摆脱了被动的局面。通过设计并实行别具特色的福利制度，BE营建了自身的薪酬福利竞争优势，在留住核心员工上取得了优异的效果。

一、公司简介

BE公司是中国首家从事电信设备制造的合资企业，其产品涉及交换设备、数据、终端等多个品种，致力于为广大用户提交网络整体解决方案。而T9部门是BE公司交换网络事业部旗下的一个主要从事软件验证的三级部门，该部门主要负责的是BE旗下T9程控交换机软件数据的验证工作。对于BE公司来说，数据验证的工作是非常重要的，它直接关系到产品质量的认证及客户的产品体验。所以，T9部门的高效运转既是不断提高BE产品质量的保证，也有利于帮助企业不断升级软件从而为客户提供更高质量的服务，总部也一直都对该部门给予高度的关注。该部门地处BE公司上海总部的一号楼，到1997年，总部已为T9部门配备了20套专业的模拟机及其相应的配套设备，该部门的工作场地达200多平方米，固定资产2000多万元，PC机及测试仪器仪表达价值200多万元人民币。

经过多年的奋斗与发展，BE逐渐成长为中国现代通信产业中的领先型企业，被视为国家级的通信标杆企业，并且连续5年进入全国最大外商投资企业和电子信息行业百强榜，成熟的技术以及精益生产几乎垄断了国内的程控交换机市场。由它研发生产的T9程控交换机更是受到大量厂家的热捧，在市场上逐渐处于供不应求的状态，销售额和净利润与日俱增，2000年左右达到利润的最高峰。

二、并购后离职率攀升

自中国加入WTO后，国内的市场逐渐打开国门、走向世界。这既是机遇，也让BE企业面临着国外竞争的威胁。在科研、市场、管理等方面，更具优势的外商打破壁垒，正式宣布进军中国的电信领域，这无疑加剧了电信领域的竞争。在这种大环境下，BE逐渐意识到，单靠自己是不能保证在这种激烈的国际竞争中完胜的，必须与其他优势企业建立互利共赢的合作关系，才能消除自身的弊端，创新发展，应对外来竞争。与此同时，随着美国互联网泡沫的破灭，我国的通信行业也全面陷入萧条时期，电信设备市场以前所未有的速度呈现持续下滑趋势。这场行业的大衰退犹如瘟疫一般，席卷了全球大大小小的电信运营商。随着电信业的短期内复苏无望，美国大型电信企业JK正面临着欧美电信市场萧条带来的巨大冲击，陷入了前所未有的经济危机，被迫压缩公司的日常支出，大幅度进行裁员重组，以求节省人力成本，急欲在潜力巨大的亚洲市场探索更多的商机，占领更多的市场份额。

此时的BE公司研发能力处于相对薄弱的状态，在海外发展势单力孤，迫切需要通过合并等途径提升竞争能力，而JK公司在通信产品的研发生产方面实力强大，其不光拥有全球顶级的共享技术库，而且先前便在多个国家开展过业务输出，十分熟悉国外市场需求。最重要的是，BE和JK之前有过四年的合作经验，对彼此的业务及经营状况都比较知根知底，于是，JK提出购买BE的股份，同时，作为交换条件，它承诺提供给BE最新的通信技术，并为其输入科技的新鲜血液。

并购的消息一经传出，T9部门的员工便人心惶惶，人人自危，部门内也一直议论纷纷。"听说有的企业一合并，新公司的第一件事就是裁员""就算不被裁掉我们也会受到排挤""会不会降工资啊""到底公司有没有卖掉股份啊""人事变动估计少不了。我还是提前找好下家吧"……部长王琦看到军心涣散，但也无计可施。他想要缓解大家的不安情绪，但是具体的并购进程自己也不清楚，人力资源的整合方案也没有正式出来，他自己未来的职业生涯都不确定，也不知道是否能继续担任部长的角色，又怎么能止住大家的担忧呢，只能任由大家猜来猜去。并购一事就成为大家饭后茶余的首要谈资，每天都有不同的消息传来传去。大家根本就无心工作，做事的速度当然也比平日里慢了几拍。

终于在当年10月19日，并购的消息落实了。BE企业的董事长通过邮箱发送了一封《致员工书》的email，正式面向全体员工公开通报两个企业合并的现状。"完了，暴风雨真的来了"，一收到邮件，部门内又炸开了锅。"等着吧，接下来就要裁员了""哎，小刘和小袁今天怎么没来?""听说他两个今天都请假了""他俩不会去别的企业找工作去了吧""哎，听天由命吧"，那几天，大家基本上都在私底下互相打听并购的相关消息，根本无心工作。11月中旬，总经理又在内网中发布了一封《致全体员工信》，通知大家合并双方的相关领导共同组成了一个联合领导小组，统筹领导并安排检查的工作有条不紊地进行。在合并过程中，几乎每周公司都会以电子邮件的方式向全体员工通报公司合并的情况，包括小组讨论的重大事件和做出的重大决定。随着公司透露的信息逐渐增多，大家的言论反而逐渐变少了，工作的速度也加快了。

并购之后，部门经过调整，并没有裁员，只是增加了轮岗制度，促使员工接受多岗位的历练，尽量熟悉公司各部门的运转。这对每个员工无疑是巨大的挑战，但对工作能力突出、拥有创新思维的员工来说，也同时意味着更多展现自我、实现抱负的机会，不仅仅可以增加在不同岗位上的工作经验，还减少了因长时间在同一工作上的疲劳感。同时，因两家公司之前的管理制度大相径庭，如出勤管理制度、薪酬福利制度以及奖惩制度等，并购后 BE 公司流失了很多员工，但是并没有引起公司的重视，仅仅认为是正常的人员流动。

三、大家都去哪儿了

到 2006 年，T9 部门已拥有工作人员 45 名，其员工平均年龄为 23.5，按理说，他们正处于年富力强、敢于拼搏、有所作为的时候。但部长王琦却发现员工的工作热情越来越低，人心越来越不稳，大家感觉都没啥活力，一个比一个无精打采，今天他又收到一封辞职信。在今年的报告中，统计出来他所带的 T9 部门基层人员的离职率连续 3 年居高不下，以往每年部门内部基层员工的流动性最高都没有达到 30%的离职率，而今年已经跳槽的加上递交了辞职书的就有 22 人，一个部门前前后后走了接近一半的人，其中，光走了的加上有离职倾向的核心测试工程师就有 13 人，将近达到目前员工人数的 30%了。这个流动率在同行业、本企业中都“名列前茅”，这让王琦很头疼。经过仔细思考，他决定做个调查。除了由于绩效等原因被离职的员工，对于主动递交辞职书的员工，王琦都一一找他们进行了谈话，基本上了解了他们大多数人的想法。

访谈过后，王琦就明白了。别看这些员工都很年轻，但他们的想法还是比较长远的，而不仅仅是过一天算一天地混日子。从他们身上，王琦看到了一种求知的渴望和对现状的不满足，不少人反映想趁着年轻多尝试一下，毕竟外面那么多机会，况且感觉在这个企业和其他企业也没有什么区别，既然福利待遇都差不多，还不如换个环境多学点东西，积累经验。还有小张，听做同行的好友提到他们公司会不定期组织很多培训、旅游，还有定期体检等福利来提高大家的生活质量，他觉得挺不错的，挺有吸引力的，就决定在好友的推荐下去尝试一下。

王琦很理解大家的想法，毕竟整个 T9 部门的员工学历还是普遍比较低的，所以大多数人的学历还是存在较大的提升空间的。大家都知道，干 IT 这一行，知识的更新换代很快，所以对于从业人员来说，知识的补充学习是不可或缺的，近三四年的知识跟不上的话就会惨遭淘汰。更重要的是，由 T9 部门负责验证的 T9 程控系统数据复杂且更新较快，这就更对该部门的员工提出了较高的文化素质要求。所以，很多员工都想去培训机会更多的企业或者想通过跳槽、上学来提升一下自己的技能，这点王琦是完全理解的。而且，相比于其他企业，公司现有的福利制度相对单薄，没有涵盖多方位的激励，根本起不到明显的激励作用。

为了留住人才，经公司批准，部长王琦及其他管理人员帮助每个员工制定了相关的学习计划，鼓励文化素质较低的员工拿到更好的文凭，鼓励在职员工专升本，不断吸收 IT 行业知识，促使部门内部形成了一种认真工作、认真学习、努力向上的氛围。不久过后，新进员工小李就通过自购书籍并自学相关知识通过了自学考试并积极带动其他人参与成人教育；老员工小刘在闲暇时间通过网络自学了许多超前网络知识、计算机软件知识，经常在大家的午休时间讲给同事听。此外，部门内还有好几个年纪轻、本科毕业的员工考取了工学硕士、工商管理等，准备申请校企合作培训的在职学习项目。与以前不一样，现在 T9 部门几乎全部员工在不断努力地提高自身素质，大家不会想要跳槽，因为在这个爱学习的大氛围中，每个人的能力都提升得非常快，虽然也会感到压力，但是大家都很乐观。除了鼓励大家积极提高自身能力外，T9 部门还通过员工的工作能力以及业务完成量等方面，对每个员工的工作绩效进行 360 度全方位评估，然后根据绩效排名发放不同档位的奖金进行激励，实行奖金制度，旨在通过多劳多得的物质激励和精神激励来鼓励每个员工在各自的工作岗位发光发热。

此后，T9 部门平均每年仅仅 15%～20%的人离职，这个王琦认为是可以接受的，毕竟一定的较低的流动率可以增加部门内的活力，一年有那么几张新面孔进来也可以给大家带来一点新鲜感。同时，与之前只顾搞好部门内的事大不一样，经过调整，T9 部门显然已经成为 BE 公司的明星部门。不光部门的业绩好，T9 更是变成了一个大本营，每年都有好几个员工被上级点名要走。王琦虽然很不舍，但是更多的是高兴，既为自己的成就高兴，也替下属高兴。短短几年，据统计，T9 部门就先后为其他部门培养了 12 位测试工程师，9 名研发、技术支援工程师，还有 5 名被调到分公司的已经升到副总了。T9 部门这种向组织内推荐人才的机制既充实了部门内员工的知识量，更为兄弟部门培养了许多人才，同时为其他部门树立了一个促进员工学习、提升、发展的学习典范，得到了大多数人的认可和赞赏。

四、一波三折，薪酬福利定江山

到 2011 年，BE 的研发中心已经遍及十几个国家，开始更加注重技术开发和客户产品体验的大幅度提升。公司不仅拥有世界一流水平的生产制造平台，销售服务网络也遍及全国和海外 50 多个国家。同时，公司已拥有 1 万多名在职员工，其中研发人员 4000 多名。T9 部门也不断壮大，王琦也因为业绩突出被调到总部任职，他的职位由张青接任。张青是硕士学历，不光学历高，人也年轻，很富有活力，一到 T9 就开始了解部门内的各种事项，也很积极主动地与员工进行交流。此时的 T9 软件验证部门已有近百人，且普遍学历较高。但是张青一过来就发现一个问题，虽然是明星部门，但是根据这几年的报告看，基层员工流失率又有反弹的迹象，就连在刚刚的例会中，他就发现部门中层员工也有点怨声载道。张青把该问题上报给总部，发现近几年别的部门也普遍存在中层纷纷离职的迹象，于是，分公司决定请专家组进行调查诊断。

通过调查对比多家同行业、规模相当、具有竞争性的通信企业薪酬体系，发现 BE 公司基层岗位员工的工资明显高于该行业的市场薪酬平均水平，但中高层的薪资水平却远远低于市场平均水平，缺乏外部竞争力；薪酬结构也存在不合理的地方，对内缺乏一定的公平性和激励性，自然会导致中层管理人员的不满和离职。针对这一问题，基于同行业市场薪酬调研和数据分析的结果，公司对原有的、不合理的薪酬福利体系进行了调整，制定了新的与组织结构及战略相匹配的薪资方案。该企业还引入了外部专家根据公司主营业务进行了岗位评价，并以此结果作为制定薪酬的基础。后期的问卷及访谈调查也显示大部分中层对此次薪酬调整的结果较为满意。中层员工的问题解决了，那么基层员工呢？既然 BE 公司基层员工的薪酬水平已经远远高于该通信行业的市场平均水平，那 T9 内部基层员工的流动率为什么还居高不下呢？针对该问题分公司专门对 T9 部门进行了调查。

经专家组调查，发现目前 T9 软件验证部门中一个主要的激励方法就是根据员工的产出、能力、态度来进行金钱的奖励。这个奖励的制度，直接一点说就是提倡多劳多得。在过去大家年均二十三、四岁的情况下，大家都刚毕业，刚走出校门，收入水平肯定是不高的，所以实行这种奖励制度肯定会有一定的激励效果的。但是，现在看来，这种方式已经过于单一。此时，很明显可以看出上海的经济发展水平较高，企业众多，因此需要大量优秀的员工去塑造企业价值。但劳动力市场人才短缺，要想吸引人才、保留人才，只是一味地承诺员工高薪水是不够的。很多企业在提供具有竞争力的薪资的同时，还采取了相应的福利激励。经过员工访谈，专家指出在调查中因家庭原因而离职的人数也占较大比例，年龄稍长的员工离职原因主要是结婚生育，子女、父母的照顾等，年轻的员工离职最主要的原因有租房贵、交通不便等。不能承受公司附近租房价格的员工，只能搬到较远的地方居住，造成上班时交通极为不便。还有，虽然公司给的工资相对于其他企业而言不低，但是想买房子的员工还是感到压力山大。专家经调查还指出，该公司 85% 的基层员工年龄在 26~29 岁之间，这个年龄段的员工基本上正面临着成家立业的问题，购房正是大多数人面临的重大难题之一。这些都与公司内薪酬福利的设定有一定的关联，组织可以通过薪酬福利制度的调整在一定程度上缓解员工的这些压力。

为了能够更加有效地吸引并留住人才，分管副总决定调整相关福利薪酬制度，满足员工的各种需求，让广大员工更加积极地参与到工作中去。

(一) 继续力推自我完善

第一，根据公司的要求和指示，新部长张青在日常工作中，在积极肯定员工工作成绩的同时，经常鼓励他们利用闲暇时间让自己的能力更上一层楼。除了鼓励他们自我奋进外，部门内更是一直把培训当作薪酬福利的重要组成部分之一。新部长张青尤其看重培训，他指出，“对新进来的员工我们有专门的入职培训，这是部门的义务，我们有义务让员工了解和学习工作的流程和相应的技能；转正了的员工在不同的职业发展阶段，我们会根据员工的发展需要和企业、部门的发展战略时不时地提供一些在职的技能或者管理培训，让员工更好、更快地工作，并找到适合自己的发展方向。这整个薪酬福利体系都是经过人力资源部门精心规划和设计的，涵盖各方面的员工需求，内容是相当完整的。”同时，公司还鼓励员工继续深造，接受高等教育，如出国留学和硕博教育等，并且主动为员工负担学习费用，让员工避免沉重的经济压力。

另外，为了让员工真正融入国际化社会，把握国际企业的运作方式，完善各种技能需求，BE 公司规定核心技术人员都有机会前往欧洲的培训基地和开发中心交流学习，接受国际化的技能培训。部分绩效好的员工甚至能获取前往海外进行技术研发工作的机会。若管理层需要对中层管理人员进行组织赋能，可以申请去国内外名牌大学深造，学习专业的管理知识和标杆企业的管理案例。BE 企业还花费 1 亿元资金成立 BE 大学，邀请行业领军人物进行现场教学，对公司员工进行全方位培养，这一举措更是堪称公司培训员工方面的点睛之笔，大家对申请该大学的积极性持续高涨。

(二)关心员工所需

BE 公司设法让福利制度更加贴切地反映广大员工的需求。在上海房价畸高的情况下，BE 公司从员工角度出发，及时向广大员工推出了一项新的福利项目——无息购房贷款，规定凡是在公司工作两年以上的员工均可申请无息购房贷款，员工在公司连续工作 10 年以上，且获得“年度优秀员工”称号 5 次及以上的员工可申请贷款减半偿还项目。对于那些已经解决了住房，想购买或者升级私家车的员工，公司也推出了购车无息贷款专项，规定在公司工作年限满一年的员工可以自助申请该福利项目，在公司连续工作 5 年以上，且获得“年度优秀员工”称号 3 次及以上的员工可申请购车贷款减半偿还项目，这就满足了某些员工想要购买、升级私家车的愿望。

除此两项专门贷款福利项目外，在交通方面，对于乘班车上班不便的员工，公司允许其选择领取津贴，自行解决上下班的交通问题，也允许员工选择不领取津贴，搭乘班车上下班。此外，在每年的总结会上，公司允许员工代表就薪酬福利政策进行建言献策，及时反映员工的各种需求，对于这些需求，公司后续会仔细考量，并会在此基础上不断改进组织内的福利待遇问题。如此一来，许多年轻员工的压力着实减轻了不少，老员工也感受到了组织的温暖和关怀。

(三)绩效评估与福利薪酬挂钩

BE 公司的高层也都知道，福利给了员工，但是其真实效果如何还是无从知晓的。所以，在制定总的福利制度的时候，除了要向公司现有的组织战略看齐，还要不断运用制度激励员工自己去争取更好的产出。首先，公司认为不能提倡吃大锅饭，要让员工所享有的福利与其业绩紧密挂钩。组织内部实行的是半自助式的福利制度，并规定绩效好的员工有福利的优先选择权以及多项选择权。同时，T9 部门非常注重团队合作，一个人的奖金及福利和他所在团队的整体绩效密切相关，此外，BE 还鼓励业绩突出的员工及团队针对福利制度提出调整建议，公司会统一评议后进行适当采用。因部门业绩突出，总公司还为 T9 部门的张青等管理骨干配备了公务用车，力求给他们应得到的奖励，促进了公司内的良性竞争。

此外，部门内还会用各种各样的宣传策略和员工团建活动使员工对公司的各项福利项目耳熟能详，这样员工便会在各类场合能够详尽地为其他有意向来 BE 求职的人员介绍公司的福利制度，近期 T9 部门内部就有好几个被福利制度吸引过来的年轻人入职。

经过公司一系列福利制度的修改，T9 部门的福利制度不再是被动的管理及实施，而是在整个 BE 公司的福利制度建立起来的大优势下，T9 部门主动地吸引、留住大部分关键人才。经过这一系列的整改后，在国内高科技人才短缺、行业内流失率居高不下的背景下，BE 公司的平均员工年流失率保持在 6%左右这一较低的水平上，而 T9 部门的平均年员工流失率也仅为 3%左右。

案例使用说明

1. 教学目标规划

(1)学会分析影响组织内员工流动的因素，尤其是基于不同时期员工需求层次变化而引起的员工流动；

(2)通过分析员工流动的影响因素，理解组织内部相应管理策略的变化；

(3)基于案例中分别降低人才流失率的措施及结果，通过讨论对整个案例进行深入解析与评判，培养学生在复杂环境里的综合分析能力和决策能力；

(4)学会在特定的组织情境中掌握企业吸引、留住人才制度的灵活应用，并确定吸引人才、留住人才的相关策略。

2. 课堂讨论题

(1)影响员工流动的因素有哪些？T9 部门三次制度调整的背景是什么？

(2)T9 部门员工的构成有何变化？分别对其人力资源管理产生了什么影响？

(3)市场领先型的薪酬福利策略的优缺点是什么？

(4)T9 部门主要实行的员工激励的措施有哪些？有什么前提条件及优缺点？

(5)T9 部门确立不同薪酬福利制度的依据是什么？

3. 启发思考题

(1)影响员工流动性的因素有哪些？T9 部门三次军心涣散的主要原因是什么？

(2)T9 部门三次策略调整与其员工构成的变化有何关系？

(3)企业的薪酬福利制度有哪些主要形式，如何选择恰当的薪酬福利？

(4)市场领先型、市场追随型、市场落后型的薪酬福利制度各有什么优缺点？

(5)企业对员工激励的措施有哪些？

参考文献

[1]陈斌，彭长桂．不断融合，不断成长——上海贝尔阿尔卡特的人力资源管理．人力资源，2007，14(8)：40-47.

[2]戴黎燕，徐志科．跨国公司子公司信息化战略选择研究——以上海贝尔阿尔卡特公司为例．当代经济管理，2007，14(3)：35-39.

[3]汤田力．石油企业人力资源管理的问题及优化策略．经营与管理，2019，37(5)：51-53.

[4]王美净．分析上海贝尔公司实施的薪酬福利制度的意义．知识经济，2017，19(5)：123-125.

第九章　员工健康管理

本章知识要点

一、员工健康管理概述

员工健康管理最早起源于美国，其核心思路是：不仅要让员工干得好，还要活得久，活得好。员工健康管理的兴起，主要是缘于医疗成本的上升、商业保险的发展及医疗健康的进步。组织内员工健康管理的主要步骤大致包括员工健康管理体检、健康评估与决策、个人员工健康管理咨询、专项健康及疾病管理服务、个人健康后续服务。

二、职业倦怠的消除与管理

(一)职业倦怠的内涵及诱因

职业倦怠在国内也翻译为“工作耗竭”“职业枯竭”等，是指个体在工作重压下产生的身心疲劳与耗竭的状态，其表现是上班族在工作的重压之下所体验到的身心俱疲、能量被耗尽的感觉。职业倦怠的诱因可概括为工作的直接特征、组织与行业特征和个体特征。其中工作的直接特征包括工作量、角色冲突与角色模糊、工作中的人际情绪压力、信息和控制感。组织与行业特征有职业特征、组织的奖惩体系与公平感、支持和资源，以及组织变革。

(二)职业倦怠的危害与预防

职业倦怠者部分具备和趋近于慢性疲劳症患者，如不及时调整身心状态，生理和心理的问题会倾向于相互影响强化，最后呈现出相互纠结和恶化的不良趋势。职业倦怠在生理上表现出一种慢性衰竭，其症状几乎可以遍布全身，包括神经系统、心血管系统、呼吸系统等。职业倦怠在心理上的危害主要表现在对能力方面的危害、对情绪方面的和对意志力的危害。因此，职业倦怠者应积极维护自身健康，调节身心趋近于最佳的健康状态。

三、员工援助计划

(一)内涵

员工援助计划(简称 EAP)是我国近年来兴起的一项为员工个人、管理者、组织提供咨询，帮助解决员工各种困扰，提高工作效率的服务。EAP 核心内容是通过向一个企业或组织机构内的员工提供关注个人心理和行为健康的各种服务来达到提升他们的个人生活质量和工作绩效，从而使员工个人和组织都能够获得收益。

(二)核心技术与原则

对 EAP 供应商提供的具体 EAP 内容，从理论上进行归纳和总结可提炼出 EAP 核心技术，EAP 核心技术与 EAP 的最终角色一致。EAP 的核心技术通过提供的服务被分为经历层面咨询、个体评估、短程咨询、转介 & 质量监控、为组织提供咨询、阶段性报告、效果评估、确认 EAP 在组织和个人表现中的有效性。另外，组织提供 EAP 应遵循的原则包括保密原则、雇员自愿原则、免费原则、员工知晓原则和针对性原则。

(三)导入程序与建议

企业在实施 EAP 项目时，往往会遵循导入程序。第一，企业需明确责任部门统筹调度和组织实施，以实现与组织现有资源的匹配和融合。第二，由负责 EAP 项目的职能部门牵头，成立 EAP 工作小组推动组织实施。第三，EAP 项目工作小组应根据组织的特性和员工的需求，对 EAP 项目进行初步需求分析。第四，EAP 项目小组确立员工帮助计划项目的预期目标。第五，设置专职人员或指定专业机构。第六，建立员工帮助系统。第七，项目评估。

四、工作-生活平衡管理

从管理的角度而言，工作生活平衡计划是企业组织开展的帮助员工认识和正确处理生活同工作间的关系，调和职业和生活之间的矛盾，缓解由于工作生活关系失衡而给员工造成压力的计划和活动。在组织中推行工作生活平衡可从以下几个方面着手：第一，保证任务分配的明确性和职责分工的清晰度，也就是明确任务的性质、责任人、内容、期限、效果以及各项指标。第二，弹性工作制。弹性工作制主要包括弹性日程、压缩工作周、远程办公等。第三，支持计划，即组织为了减少工作、家庭冲突，提高员工生活满意度而采取的旨在帮助员工克服困难、顺利履行家庭职责的各项措施。

案例1　HY公司员工健康管理之路

【摘要】HY公司是一家高科技公司，公司发展迅速，目前已跃居行业前三位。公司自从成立之初起，就奉行加班文化，员工加班严重、工作压力大，许多员工出现了健康问题，公司现有的大病帮扶行动无法解决员工的健康问题。本案例通过HY公司三位创始人之间不同想法的碰撞，介绍了不同健康管理模式，探讨了企业如何在现有的基础上完善企业员工健康管理，以及如何选择适合企业的健康管理模式。

HY公司是一家高科技公司，由三位创始人分管研发、销售和财务，并负责整个团队的管理。该公司在2010年后进行了架构调整，加大了研发投入的力度。董事长兼首席执行官鼓励员工积极主动加班，并对他们进行军事化管理。然而，根据公司内部调查数据，公司超过一半的员工处于亚健康状态，40%的人患有心理疾病，30%的员工家庭存在矛盾，30%的员工有离职倾向。孙总这才意识员工健康管理的重要性。于是，孙总吸取之前大病帮扶失败的教训，请专业的顾问公司为公司管理层教授健康管理课程，希望以此推动公司员工健康管理制度的建立。在课程学习后，三位创始人就如何建立员工健康管理制度分别发表了观点，并介绍了不同的健康管理模式，最后该公司选择了员工援助计划和内外结合的EAP模式。

一、公司简介

HY科技有限公司是成立于2006的一家集安防产品研发制造、服务为一体的高科技企业，经过10多年的发展，公司在安防芯片领域已经跃居行业前三位。HY全球员工超25000人，其中研发人员和技术服务人员超16000人。2006年初，三位原本在同一家国有电子场上班的员工决定一起下海创业。由于当时安防领域还属蓝海，加上企业的三位创始人有深厚的技术积累，公司从成立开始就迈上了发展的快车道。2006年到2010年的4年时间，通过抓住低端安防领域的市场空白运用低价策略，公司的营业额累计高达10亿元。公司发展迅猛，占据了中低端市场的绝大部分市场份额。这期间，公司研发能力并不强，产品以中低端市场为主，技术含量不高，缺乏核心竞争力。

公司三位创始人分管研发、销售、财务，并负责对整个团队的管理。虽然三人都是技术出身，但也十分擅长管理。由于各自的技术水平高，他们可以根据每个人的技术特点给员工安排合适的工作任务，使员工的积极性得到了极大的发挥。公司经常加班到深夜，周末加班更是家常便饭，甚至有许多员工就直接睡在公司，但公司整体薪酬水平明显高于行业整体水平，加上三位创始人始终与所有员工打成一片，并给予了员工足够的关怀，因此员工并没有什么怨言，而且公司也要求员工定期体检，并会为那些患有重大疾病的员工提供帮助，但这些措施并没有上升到制度层面。这是两方面原因造成的：一是员工健康管理的理念源于欧美，国内对这一理念还并不太接受，并没有多少企业实施；二是公司员工平均年龄在30岁左右，大家的健康意识还不强烈，并没有对公司的健康管理有太高的要求。

2010年之后，公司进行组织架构调整，分管研发的、具有军旅经历的孙总被推举成为董事长兼首席执行官，就任伊始，孙总即决定对公司战略进行调整，瞄准高端市场，加大研发投入力度，并聘请国外顶级咨询公司为企业顾问，调整公司人才结构，大量名校硕士以上学历的人才成为企业主要的招聘对象，孙总为这些员工开出了高于市场两倍的薪酬。他鼓励员工们积极主动加班，对员工实行类军事化管理。加班文化、高薪酬、类军事化管理在2014年之前为公司发展提供了强劲的动力，帮助公司业绩成功突破50亿元大关。公司员工也享受到了公司高速发展的红利，在公司5年以上的研发人员已经有能力在公司当地买房安家。整个公司犹如一台巨型的机器，承载着每个员工对美好生活的向往，开始了不知疲倦的运作。公司内部的一项调查结果显示，由于长期加班以及无法陪伴家人，公司50%以上的员工处于亚健康状态，40%的人患有心理疾病，30%的员工家庭存在矛盾，30%的员工有离职倾向。当这份调查报告交给孙总时，孙总陷入了沉思。他意识到公司的发展表面上看正在高速向前，但他明白，公司的发展是离不开公司这批优秀员工的，如果公司不重视报告里面提到的问题，公司的发展会被严重制约。

二、大病帮扶不尽如人意

早在2007年，公司就由工会牵头设立大病帮扶基金。公司规定在公司实现盈利的情况下，公司每年拿出利润的1%放入大病基金，在公司工作满1年以上的员工每月只需缴纳10元，便可有资格享受这项福利。帮扶额度分为10万元、20万元、30万元三档，特殊情况可由职工大会做特殊处理。若当年基金出现缺口，则由工会协同财务部门共同拟定补足方案，并经职工大会表决。基金由公司财务部专门负责管理，职工代表大会负责监督，基金的运作管理情况直接向总裁汇报。帮扶基金设立之初，孙总通过召开员工大会宣讲了大病帮扶基金，他提到“帮扶基金的设立是出于公司对每一位员工的关怀，是对兄弟姐妹的关心与爱护，公司将会将大病帮扶基金写入公司的章程之中，希望大家同公司共同奋斗，共享公司发展成果”。当时国内设立类似大病帮扶基金的公司并不多，因此公司设立大病帮扶基金一定程度上提升了员工的满意度与忠诚度。由第三方评估公司对公司进行的内部调查发现，员工离职倾向明显低于行业平均水平。对于大病帮扶基金，员工也显示了极大的参与热情，参与率达到了100%。

后来，职工逐渐发现，每年得到大病帮扶基金帮助的员工不足5个，员工们发现这项福利离现实太远，远没有增加工资实际。他们中的大部分人可能一辈子都享受不了这项福利，久而久之员工们便对这项福利制度失去了兴趣，许多人都开始抱怨，公司设置这项基金没有实际意义，倒不如将基金作为健康补贴每年发给员工。近来更有员工在公司论坛匿名发帖“大病帮扶扶了谁”，该帖一出顿时引起了许多员工跟帖。一个帖子写到“那年我24，初入公司，我怀着对未来的无限憧憬开始了工作。见过凌晨四点的公司，也在公司落地窗前看过朝阳，却从未在这拥挤的城市碰上过晚高峰，可我还是将自己无私地交给了公司。那年我30岁，三十而立的我有了第一个孩子，可是这份喜悦不久就被冲淡了。30岁的我不再像24岁那年的我了，无休止的加班以及照顾家庭使我患上了抑郁症。将这个消息瞒下来的我，找到了为之奋斗 6 年的公司。可公司却告诉我，我的情况不属于大病帮扶范围，他们对此表示同情，却无能为力。我猛然明白，大病帮扶其实只是一种出于人道主义的援助，它只会出现在你生命行将结束的时候。这是多么荒唐可笑啊，它只是一个送行者，却不是个守护者。它不能在你心情郁闷时为你疏导心情；不能为你在无休止加班时提供健康指引；不能为初为人父母毫无经验的我们提供任何育儿帮助，它有太多的不能了。看看你周围的人吧，多关心他们，提醒他们定期体检。如果发现他们心情烦躁、易怒，要多疏导他们，因为公司不会这般关心你们，你们只能是彼此的依靠。虽然我如今 30 岁了，我依然决定逃离了，虽然前路未知。可只有逃离了这个对我健康不负责的地方，我才可能收获余生的健康。同事们、同仁们，祝你们健康。”此帖一出，顿时在公司论坛炸开了锅，不少员工感同身受，也曾产生过离职意愿。还有员工呼吁大家一起离职。令人奇怪的是，公司竟然没有删帖。殊不知，一项关于员工健康管理的大讨论正在公司高层逐步展开。

三、员工健康管理于公司何益

内部调查报告和员工们对大病帮扶基金的不满给了孙总极大的触动，他意识到必须要在公司内部实行新的管理制度，为此他请顾问公司为公司管理层专门上了一门健康管理课程，希望以此推动公司员工健康管理制度的建立。课上，主讲人提道：“员工健康管理实际上是依靠企业自身或第三方机构，通过应用现代化的医疗和信息技术从身心等多角度对企业员工的健康状况进行跟踪、评估，进而对员工身心健康开展系统性的维护，以降低医疗成本支出，提高企业整体生产效率。”在主讲人介绍完员工健康管理概念后，管理层也纷纷提出了自己的疑惑，其中主管财务的创始人李总提到“员工健康管理的理念是非常好的，但是对公司有什么好处，能否为公司创造利益?”

对此，主讲人做出了详细的解答。员工健康管理对企业的可持续发展至关重要。第一，员工健康管理有助于组织效率和组织绩效的提升。由于员工健康管理降低了员工对健康风险的担忧，他们工作动机和工作激情更高，由此产生较高的绩效。第二，员工健康管理的实施可以增强员工对组织的认同和忠诚，从而提升企业的凝聚力。据有关调查显示，员工健康管理的实施与员工的离职率之间呈显著的负相关关系。例如，IBM 分公司在实施员工健康管理后，员工的离职率下降到 5%。由此可见员工健康管理可有效地减少人才流失，进而促使公司保持人力资本的持有量，为企业的可持续发展奠定良好的基础。最后，员工健康管理有利于降低管理成本。健康管理能够提高生产率，节省招聘费用，减少错误解聘，降低缺勤率，降低管理人员负担。

四、我们能做健康管理吗?

专家的解答使孙总更加坚定了建立员工管理制度的决心。在上午的课程结束后，孙总立即召开了讨论会。会上，孙总说：“通过专家老师的授课，我们都明白了开展员工健康管理对公司和员工都是有益的，但我目前最担心的是公司并没有健康管理的专门人才和相关的部门和岗位，在这种情况下我们能不能开展好员工健康管理工作?”专家并没有直接解答孙总的困惑，而是抛出了一个问题："公司目前的文化氛围如何？"

孙总首先做了回答，他认为目前组织氛围较为宽松，公司从创业之初就秉持着尊重每一位员工和让每一位员工都能发挥自身能力的信念。李总随后补充道，他觉得组织氛围融洽，虽然公司经常性加班，但公司的管理却十分人性化，例如公司设置了领导接待日，员工可以通过这个渠道向管理层反映自己的诉求，员工也可以提出自己对公司战略和管理的看法、建议。专家听了他们的回答表示，按照他们的回答，组织已经具备了开展员工健康管理的组织文化氛围和顺畅的沟通机制。此外，专家还通过近两天对公司的观察提出了关于改善工作环境的建议。他举出了一个 Google 为员工创造舒适办公环境例子，来强调办公环境对员工健康管理的辅助作用。Google 总部位于加州山景城，办公区域的设计别具一格，员工可以使用滑板车穿梭于不同部门，并划定了较大范围的休息区。创始人王总则表示："我之前也看过有关 Google 的有关报道，公司内部也曾想过对公司的办公环境做一次大的调整，但由于种种原因被搁置了。同样是科技公司，我们有时候真的有必要向这些国际知名公司取取经。"两个小时的讨论很快就结束了，大家一致认为应该在公司开展系统性的员工健康管理工作，但选择何种模式还没有确定，为此孙总请专家给与会的管理层发了一份健康管理的详细资料，并让大家回去仔细思考，并在下周的会议上讨论确定最终的模式。

五、各抒己见

下午的会议结束后，孙总和另外两位创始人碰了头，各自表达了自己的看法。孙总曾经是军队的工程师，后来转业到了地方国企。在他身上有着极强的使命感和荣誉感，他希望企业更多地关注对社会的回报。他对企业发展有着远大的理想和抱负，他身上有着强烈的社会责任感。孙总说："我的想法很简单，就是将公司做到行业第一，基于这个前提，未来的员工规模一定会大幅度增长，那么我们完全可以自己开展员工健康管理、探索健康管理的模式、培养专门的人才；我觉得未来健康产业是一个十分有潜力的行业，以后我们可以将健康管理发展成公司一个新的利润增长点；同时，我们公司经常性加班，员工平时缺乏锻炼，因此我认为员工健康管理的重点应该在身体健康层面。办企业就像办社会，我们要对员工和他们的家人负责啊！"

创始人李总说："公司目前处在发展的上升期，没有过多的人力、物力投入到员工健康管理的工作中，而且公司并没有健康管理的经验和人才，完全由企业自己做员工健康管理对于当前的企业而言并不现实，很可能失败。目前新生代员工进入职场，他们的诉求是多样的，我们不能用以前的思维去管理员工了。现在的员工不同于我们那个年代的人了，这些员工更加注重心理层面的组织关怀。如果在组织的工作不顺心他更多地会选择直接跳槽离开公司，因此更多地应该关心员工心理健康层面，为他们提供心理咨询等服务。而这些是企业目前所不具备的，所以企业应该将员工健康管理交给专业的机构管理，公司购买服务即可。"但同时他也认为，员工既然是企业的人了，公司就应该将员工家属也当成家人，可以将员工家属纳入目前的大病帮扶行动中。

创始人王总提出："作为一家立志成为行业第一的公司，就应该承担更多的社会责任，不论公司选择哪种健康管理模式，都应该将员工的家人纳入公司健康管理的范围，真正将员工的家人当成自己的家人。未来公司规模足够大之后，我们肯定是要自己开展员工健康管理的，但是目前经验和人员都不足，可以先请外部专门的公司帮我们做，我们可以安排自己的员工进行学习、培养专门人才。我们是一个企业，盈利是我们的第一要务，目前自己做员工健康管理与这一要义不符。”这次碰头会三人并没有达成一致意见，遂决定在下周的会议上继续讨论。

六、一拍即合

周末的会议如期举行，王总开门见山地表达了自己的看法，他说：“看了专家给我们资料和公司大病帮扶基金的运作效果，我觉得咱们公司是在做疾病管理。简单点说，就是员工的健康出现了问题时我们才来帮助他，有点“亡羊补牢，为时晚矣”的意思。一方面并不能及时发现员工的健康问题并进行治疗，另一方面，这并不能减轻员工个人和企业的负担。因此，我认为，咱们公司要在员工健康出现问题之前，就对其健康状况进行跟踪和评估，维护员工的身心健康，降低员工和企业的医疗成本支出。”孙总、李总、专家都对王总的看法表示了赞同。

李总表示：“我们公司的大病帮扶基金的设立的出发点是好的，但效果却不尽如人意啊。我算过一笔账，如果公司 5000 人，每年 2%的员工及其家属符合大病基金帮扶的条件，人均获助 15 万元的话，公司基金最少需要支出 900 万元。如果是这样的话我觉得 900 万元没有发挥应有的价值。我们不能指望设立了大病帮扶基金，员工健康这一块公司就可以高枕无忧了。大病帮扶基金可以视作最后的保障，一旦员工真的出现了重大健康问题，公司可以及时对其进行帮助。我更希望每个员工都不要享受大病帮扶这项福利，因此我们要做的就是要让员工少生病、不生病。”

专家指出：“各位老总能有这样的想法，是员工的幸运。企业之间的竞争实质上是人才的竞争，而员工的健康和幸福决定着员工的投入，也是企业可持续发展的关键，所以企业要将其视为企业管理的重要组成部分。”孙总补充道：“人力资源是第一资源嘛，若没有员工，企业也很难发展到今天的规模。我之前了解到，将近九成的欧美企业引入了员工援助计划，但国内尚未普及。员工援助计划目前看来是适合我们公司的，但我们也不能只紧盯着目前出现的一些健康问题，还应该考虑到未来可能出现的新问题。”专家答道：“您的想法我很认同，员工援助计划是由专业人员对员工的健康状况进行评估和分析，并采取针对性措施予以解决，它可以帮助企业解决未来可以预见的一些健康问题。”听了专家的解释，孙总心中似乎有了答案。他虽然是技术出身，但深知管理一个公司的不易，因此也时常为自己充电，对于一些管理理论和一些先进公司的管理经验，他已有了一定的了解。在这次会议之前，他心中已有了选择工员工援助计划的想法，之所以之前没有提出来，是担心另外两位创始人反对。因此，希望通过外部咨询公司的授课和讲解，让另外两位老总对健康管理做全面了解之后，再提出自己的想法，但没想到三人一拍即合。随即，孙总提出：“公司暂定开展员工援助计划，由人力资源管理部门负责推进。”

七、好事多磨

虽然其他两人都同意了自己提出的员工援助计划，但孙总此时并没有过多的喜悦。通过上次三人的碰头会，他知道三人对如何推行员工健康管理存在着巨大的分歧。虽然他作为董事长拥有最终的决定权，但他深知公司能达到今天的成就，他们三个人亲密无间的合作发挥了重要作用，所以这件事必须同他们取得共识。专家仿佛看穿了孙总的心思，于是同孙总耳语道："虽然已经确定了员工援助计划，但你们打算选择何种 EAP 模式呢?""企业内部自己做，我打算在公司内部设置专门的 EAP 部门"，孙总答道。话锋一转，孙总直接询问起了另外两位老总的意见。李总沉思了一会道："孙总，上次我们三人碰头时，我表达了自己想将员工健康外包给专门的机构去做，我们购买服务即可。当时我也说了一些理由，但通过专家的授课和资料，我更加坚定了自己的看法。首先，外部 EAP 专业机构拥有我们自己内部自己开展员工健康管理所不具备的专业性和经验；其次由于提供 EAP 服务的员工并不来自组织内部，员工的隐私可以得到更好的保护，因而服务的使用率会更高；最后，也是最为重要的是，聘请外部专业机构，可以使公司更专注自己的主营业务，公司只需要支付项目管理成本即可获得全套的专业服务。"

王总似有疑惑地说道："对于购买外部专业机构服务的优势，我认为李总说得很有道理。但毕竟外部的专业机构不懂企业内部的文化和管理制度，这种情况下，他们提供的服务能针对性地解决问题吗?"孙总接着说道："老王说的这个我也考虑过，我认为我们应该自己设置专门的 EAP 部门。首先，为员工提供服务的是熟悉企业文化和管理制度的内部员工，为不同特性的员工提供不同的服务内容。其次，充分利用组织现有资源推进项目的实施。再次，EAP 的咨询室设在工作场所内，能更及时地提供服务。最后，通过内设 EAP 模式，我们可以培养自己的专业人才和开发自己的健康管理模式，将我们的 EAP 部门建设成新的利润中心。"李总听了有点不悦道："我们就一门心思做好自己的本行就行了，我们并没有专业的员工健康管理人员，员工很难对服务质量产生信任感，并且 EPA 的实施成本也过高。公司内部的 EAP 服务人员和员工处于相同的环境，设计项目时难以避免主观倾向。所以，我不看好内设 EAP 模式。"

三人都没有办法将对方说服，会议一度陷入了停滞，孙总和李总似乎还产生了不愉快。王总看着眼前的局面，无奈地说："我们是不是应该换个思路，这两种模式并不是非此即彼啊。我们可以选择内外部结合的 EAP 模式，其中我们自己的员工主要要帮助其他员工了解和认知 EPA，逐步提升员工对 EPA 的接受和认可。外部的专业机构主要提供调查、培训、咨询等专业服务。这样既可以逐步培养自己的内部员工，又可以节省公司的人力、物力，专心做自己的主业。你们觉得怎么样?"孙、李二人的脸色稍微缓和了些，多年的共事中，他们深知彼此不会轻易改变想法，必须借助一定的外力来使对方接受自己的想法。王总的提议并没有得到回应，会议无疾而终。可专家明白，王总的提议最符合公司目前的需要。

会后，孙、李二人找到专家，希望为两者安排到国外某知名公司参观。可他们心里都明白，参观只是为了打消心中最后的疑虑，看看国外公司实行 EAP 的实际效果。公司最好的选择还是EAP，二人很快成行，他们参观了该科技公司的办公园区，舒适的办公环境令他们赞叹不已。员工的精神面貌更是令他们为之动容。他们还走进了一间充满艺术感的心理咨询室进行了参观，并饶有兴趣地和工作人员聊起了天。孙总问："女士，你是这个公司的职员吗?"女职员面露难色地说："先生，我应该算是这个公司员工吧，其实我也不知道。我是一家健康管理公司的派到这个公司来的。但我每天在这里上班，而且这间工作室的另外两位女士是这个公司的员工，所以我应该也算这个公司的员工吧。"孙、李二人顿时有所悟。在同所参观公司高层座谈中，孙、李二人了解到，该公司实行EAP之后职工离职率降低了约5%，整个公司的生产效率也有了一定效率的提升。现在公司自己培养的健康管理人员已经十分专业了，甚至有公司找到谈健康管理合作的事情。公司在一开始推行健康管理时也走了不少弯路，那时候公司规模不大，管理层就决定将健康管理外包给专业的公司，但外面的公司不了解公司的文化、实际运作，员工使用率并不高，而且成本极高。于是，公司决定和专业公司解除合作，自己独立做健康管理，但这时公司规模已经发展起来了，加上没有专业的人员，所以这次尝试也失败了，公司为此还损失了不少利润，于是才有了现在的模式。孙、李二人深以为然。

在参观回来后两人对专家说了一番意味深长的话："去国外参观了一些顶尖的公司，我们发现员工健康管理纯粹就是为了员工。组织选择何种EAP模式，还是要从本企业的实际出发。EPA的定位、人员设置和实施策略等都是需要认真考虑的。此外，还需要保证服务的专业性，并能够取得较好的成效。最为重要的是让员工认可且愿意使用该援助计划。还是老王看得最清楚啊，我们俩都没他厉害啊。"

那个帖子依然在公司论坛上，却不知被谁给置顶了。帖子下面又有了一系列的留言，许多人对发帖者表示感谢，认为没有他公司的健康管理不会这么快迎来改变。还有许多人留言道"回来吧，朋友，以后你的健康、你的家人公司帮你守候"。他不会回来了，他曾经抨击的大病帮扶也不会回到曾经那个人人厌恶的状态。HY公司选择了员工援助计划和内外结合的EAP模式，但通往行业第一的旅途中，随着公司规模的增长，HY公司的员工健康管理之路注定不会一帆风顺，未来的路还需要不断探索。

案例使用说明

1. 教学目标规划

(1)了解企业员工健康管理的相关知识，试分析HY公司开展员工健康管理的原因；

(2)分析在不同企业发展阶段，员工健康管理有何不同；

(3)通过分析不同EAP模式，掌握在面临多种选择时，如何分析、选择对组织最为有利的方案；

(4)理解员工健康管理理念。

2. 课堂讨论题

(1)试分析孙总、李总、王总各自的管理风格；

(2)你觉得HY公司如何能让大病帮扶行动更好地发挥效果?

(3)除了组织文化氛围合适外，你认为HY公司开展员工健康管理还需要具备哪些条件?

(4)员工援助计划(EAP)与疾病管理相比有什么优势?

(5)如果是你，你考虑选择哪种模式推行员工援助计划?说明理由。

3. 启发思考题

(1)新生代员工日益走上职场，现有的健康管理模式是否需要变革?

(2)如果你是公司的人力资源总监，你认为除了员工健康管理，还有哪些人力资源管理工作适合外包?

(3)当不同的高层管理者出现意见分歧时，应该如何协调不同的意见?

(4)员工的心理健康越来越被组织所重视，你认为公司是否应该设置健康管理师这一职位?

(5)企业创始人的理念如何影响公司治理?

参考文献

[1]韩铁光，张娜，庄润森，张媛，曹黎，荆春霞. 深圳市企业员工健康素养情况及其影响因素. 中华疾病控制杂志，2016，20(4)：428-430.

[2]王兴琼，陈维政. 员工健康与组织健康关系探讨. 商业研究，2008，46(10)：79-83.

[3]张燕，陈维政. 管理员工健康 控制工作场所偏离行为. 中国人力资源开发，2010，22(1)：50-52.

[4]朱瑜，王雁飞，蓝海林. 我国EAP实施现状与发展方略探讨. 企业经济，2007，20(4)：51-53.

案例 2　H 公司员工健康管理势在必行

【摘要】H 公司自创立起一直奉行竞争性文化。在该文化的指导下，H 公司取得了巨大成就，与此同时诸如员工无法正常休息、员工心理压力大、员工健康问题频发等弊端日益暴露，加之研发部小李因连续加班晕厥、抢救无效死亡，引发了对员工健康管理的思考。为此，H 公司制订了相应的应对方案，如设置员工健康与安全岗位、营造尊重员工的文化氛围、创造愉悦的工作环境、建立健康考核和信用制度等。

H 公司是一家民营通信科技公司，在短短几年时间，它凭借着过硬的技术和高质量的产品，取得了举世瞩目的成就。H 公司的董事长老王，一直奉行竞争性文化的理念，即强调竞争和拼搏的重要性，在公司外部，与对手竞争要不惜一切代价竞争，在公司内部，员工之间也要相互竞争，弱肉强食，适者生存。在这种竞争性文化背景下，公司迅猛发展，占据了国内外大部分的市场份额。但是，加班加点导致员工无法正常休息、员工的心理压力大、员工身体出现异常等弊端日益显露。与此同时，H 公司的员工小李连续加班一个月晕厥，因抢救无效死亡，年仅 26 岁。该事件引起各大媒体的关注，H 公司与过劳死一同被推到了舆论中心，一时成为众矢之的。这也引发 H 公司对员工健康管理的思考，感到建立相应的员工健康管理制度势在必行。

一、公司简介

H 公司创立于 2000 年，是一家通信科技公司，主要产品包括智能手机、电脑移动宽带终端等。H 公司在创立之初，主要是从事交换机生产的业务，国内市场为主，随着公司的壮大和发展，H 公司开始开拓市场，把触角探向了世界市场，第一单虽只有几十美金，但随后都是与各国签订上千美元的大型设备供应合同。通过努力和创新，目前，H 公司拥有涉及数据、交换、移动等系列通信产品，成为一流的通信设备制造商。

H 公司重视产品研发和服务，其研发人员占到总人数的一半左右，其强大的研发团队为实现技术创新以及保持核心竞争优势提供了重要保证。H 公司成立了多个研发中心、联合创新中心、培训中心等。此外，公司在创新研发上的投入较大，占到总收入 10%。截至 2018 年，公司已获得近万项专利，其中大部分的专利都是发明型。H 公司通过不懈努力和技术创新，在多项技术上取得了世界领先水平，在国际市场上具有绝对的竞争优势。

二、竞争性文化

H 公司的高速发展和取得的巨大成就都要归功于公司的竞争性文化。竞争性文化强调竞争与拼搏，它能够凝聚员工，鞭策员工个性和精神。H 公司的竞争性文化主要表现在以下四个方面：

（一）敏锐的嗅觉

敏锐的嗅觉主要体现于对危机和机会的敏感。虽然 H 公司已取得了巨大的成就，但该公司的管理依然强调居安思危，让员工时刻谨记不可好高骛远、骄傲自大，要保持危机感，只有这样在面临危机和挑战时才能应对自如，并能够抓住发展的机会，实现质的飞跃。这种危机意识使得处于初期的 H 公司专注于生产，实现了不断的进步。对机会的敏锐性主要体现在营销人员的身上，团队成员均具有敏锐的市场洞察力，能够及时发现市场环境的变化并采取相应的应对措施，同时他们还能够及时发现和抓住机会，均具有较强的审时度势的能力。正是这种对机会的敏感，使得 H 公司在市场环境动荡的情况下能够迅速实现变革，抓住时机实现新的飞跃。

（二）对外团结一致

H 公司的竞争性文化不仅仅强调竞争的重要性，还注重在与公司外部竞争对手争夺市场份额时团结一致。这主要体现在团队合作上，这种团结协作、众志成城的精神在整个公司特别是营销部门发挥着重要的作用。在这种精神的推动下，团队中每个成员都将以团队目标为自己的奋斗目标，大家各自做好本职工作，充分发挥自身的作用。因此，H 公司团队具有较强的凝聚力，全员形成一股力量应对市场竞争和挑战，以取得最终胜利。为争夺市场和抢占先机可不惜一切代价，但对自己团队，要胜则举杯相庆、败则拼死相救。这种团结一致的精神将 H 公司的员工紧紧绑在一起，面对外部竞争和挑战时能够表现出更加的韧性和弹性，能够更好地实现组织的战略目标，进而保持组织的竞争优势。对外团结一致是 H 公司文化的重要表现，也是该公司实现发展的重要因素之一。

（三）奋斗拼搏

H 公司的竞争性文化在这方面的表现主要有两点。第一，在面对外部竞争时，H 公司通常会采取凶狠的价格策略。早在前几年，为了争夺市场份额进而保持竞争优势，H 公司通过优势产品的利润来补贴劣势产品，与竞争对手展开价格战，最终成功占据了市场领先地位，维持了自身的竞争优势。第二，在产品研发方面，竞争性文化也体现出了不屈不挠、奋力拼搏的拼劲。H 公司的研发人员踏实肯干，坚持从一点一滴做起，不怕吃苦也不害怕坐冷板凳，公司的员工会主动要求加班或积极主动地揽任务，并为公司建言献策；在面对是失败和挑战时，能够做到不气馁、不放弃，表现出极大的韧性，正视失败，并能吸取教训。也正是这种奋斗拼搏的精神，激励员工不断向前，从而实现公司的战略目标。

（四）倡导内部竞争

H 公司的竞争文化不仅体现于对外部的猛烈进攻、消灭竞争对手，还体现于公司内部的决斗和血腥的氛围。公司内部的员工之间也是相互竞争，遵循“弱肉强食、适者生存”的法则。员工时刻保持高度的警醒，不断学习进步，以免被淘汰。为了能够继续留在公司，员工通常与其他同事保持着竞争状态，为了形成自身的竞争优势，员工会努力学习提升自身各方面的能力。公司内部还有严格的管理制度和超强的劳动强度，员工几乎每天处于高度紧张的状态。此外，公司还制定相应的人才招聘机制，旨在网罗后备人才以替换那些被淘汰的员工，这也促使员工之间的竞争更加激烈。

H 公司的竞争性文化推动着公司不断发展，并取得了惊人成就。公司的董事会坚信，这种文化是正确的，需要不断强化。

三、竞争性文化是一把双刃剑

竞争性文化是一把双刃剑，在所谓的“文化”背后，深藏着固有的本质——残酷无情。H 公司在竞争性文化的指引下，实现了销售量和市场份额的增长，但公司董事长老王也意识到由该文化所导致的员工问题重重：

（一）高强度工作，员工无法正常休息

在竞争性文化背景下，员工加班加点已经是家常便饭，部分员工甚至将公司当作自己的家，一天 24 小时都在公司度过。他们每次进餐的时间被压缩到 15 分钟之内，由于大部分无法保证充足的睡眠时间，大多数员工均养成了不吃早餐的习惯，也就造成了一部分员工患有胃病。H 公司一直倡导高强度的劳动，起初是一周休一天，后来改成一周休半天，再后来是半个月休息一次。这种高强度的工作使得公司内部员工无法正常休息，更不用说锻炼身体了，员工的空闲时间几乎都用来补觉。由于无法正常休息，大多数员工不仅出现众多的身体问题，在工作时也经常没有充沛的精力。

（二）内外部竞争，员工心理压力大

竞争性文化倡导为达目的可不择手段，拼尽全力对付市场竞争对手，击败对手以赢得胜利。然而，这种不顾一切的厮杀，最终会使公司元气大伤。在企业内部的管理中，竞争文化缺乏温情和人性，极易形成刚性文化，员工与上级之间及员工与员工之间将会互相提防，缺乏信任，这将必然产生巨大的内耗。一方面，H 公司对外竞争中强调狠、快、准，在击败竞争对手的同时，耗费了巨大人力、物力和财力，在与竞争对手的对抗中，公司的员工背负着必胜的压力和紧张的心理，这也使得员工耗费巨大的精力。另一方面，在公司内部，H 公司奉行等级森严、优势劣汰的管理制度，内部各员工之间是相互竞争的状态，为了不让自己被公司淘汰，员工必须努力工作，形成自身的竞争优势，这便导致了上级与员工之间、员工与员工之间的相互提防和怀疑，无法实现合作共赢。由于整个公司被紧张和压抑所包围，员工的心理压力大，担心自己随时会被炒掉，这也使得公司的员工流动率很高，尽管高工资吸引很多人来公司工作，但工作压力也使得部分员工离开了公司。

（三）工作环境压抑，员工健康问题频发

H 公司常年的工作氛围便是紧张的、压抑的，虽然这种工作环境在公司前期并没有造成任何问题，但随着工作强度和工作压力的加大，员工的健康问题频发。在 2004 年，多数员工出现职业倦怠的情况，在工作中，注意力不集中，难以准确理解和记忆阅读的内容；思维愚钝，对以往可以顺利完成的工作也深感难以完成。2005 年员工则出现职场抑

郁的问题，表现为记忆差、注意力不集中、工作兴趣严重丧失。相继，员工身体方面的疾病频发，如患有胃病、脑膜炎等。员工健康问题的频发使得整个公司处于一种更加压抑沉重的氛围中，员工的工作投入和工作积极性也大大降低。

由竞争性文化所导致的种种问题引发了老王的思考，竞争性文化是否真的存在弊端，是否真正造成这些问题的直接原因呢？老王准备观察一段时间，再做定夺。

四、矛盾一触即发

在老王观察的过程中，公司的小李因患脑炎，多天抢救无效死亡，年仅 26 岁。该事件引起了各大媒体的关注，并且不约而同地打出了 H 公司“26 岁员工过劳而死的标题”。H 公司与“过劳死”一同被推到了舆论中心，“加班”“床垫文化”引起了人们的热烈讨论，高工资、高效率、高强度的竞争性文化受到了空前质疑，H 公司成为众矢之的。

小李是重点大学毕业的硕士生，自毕业就在 H 公司从事研发工作，由于公司离住的地方比较远，小李每天夜晚 11 点半才能到家，然后早上 6 点半就要起床赶去公司。小李所从事的研发工作更是经常加班加点，很多时候直接睡在公司。就在小李病倒的一个月前，其所在的研发部门进行一个封闭性的研发项目，由于该项目的特殊性，项目的内容是严格保密的，项目的研发人员是完全与外界隔离的状态。在项目启动后，小李经常在公司过夜，甚至加班到第二天早上，并继续早起工作。如果困了，小李就在实验室的地上铺上睡垫休息一会。在其身体不适之前，小李已经连续加班 3 个多星期。为小李诊治的医生表示，小李长时间高强度工作以及巨大的心理压力，削弱了他的免疫系统，导致其各个器官均出现衰竭的现象。

小李的同学回忆说，小李的身体一直很好，特别喜欢打篮球，球技也很好，他常常打四五个小时的篮球都不觉累，这样的身体，在 H 公司工作不到一年就垮掉了，实在让人难过。他自从在 H 公司上班，和朋友一起玩的时间几乎没有，他也跟朋友们说过自己压力很大，但还是要拼命工作，因为他不想被淘汰。小李的同事表示，加班也是公司绩效考核的重要组成部分。尽管公司并没有制定成文的规章制度，但诸如是否继续加班也是考核新员工的隐形规定。小李是新的技术员工，加班加点是十分正常的现象。

小李死亡事件使 H 公司成为众矢之的。在企业内部，员工人心惶惶，工作效率大幅度降低，在公司外部，社会各界均对 H 公司的竞争性文化提出了质疑和批判。调查发现，在 H 公司工作的员工最真实的感受就是累。面临此境况，H 公司该何去何从？老王和公司高层管理者进行了深刻反思，竞争性文化是否真的存在问题，应对员工健康的问题，该如何制定相应的方案？

五、员工健康管理势在必行

H 公司竞争性文化日益暴露的弊端以及小李死亡的事件，已说明了公司内部存在的问题不仅仅是文化方面，还有员工健康管理方面。长期以来，公司重视竞争性文化的塑造，却忽略了员工健康的管理，在高强度、高竞争压力的环境下，员工的健康管理至关重要。

老王和公司的高级管理层经讨论一直认为，公司必须重视员工的健康管理，为员工营造轻松的工作氛围，员工的健康管理势在必行。为此，H公司在员工健康管理方面做了以下的努力。

(一)设置员工健康与安全岗位

为了缓解社会对H公司竞争性文化的质疑和拷问，应对员工健康管理问题，H公司设立了专门的员工健康与安全岗位，任命专门的人负责管理员工的健康问题，还在其下成立了健康指导中心。这个指导中心不仅要为员工提供基本的健康服务，还需要制定员工健康饮食和办公的标准。强制要求公司的员工参加全面体检，重点复查引发过劳死的疾病。另外，公司还制定了医疗协助管理制度，为患有疾病的员工提供医药费的减免和补助。公司员工有任何问题都可以随时找到医生。员工健康与安全岗位的设置受到了国内外的支持和称赞。记者在采访公司领导时，问到员工健康与安全岗位设置的背景和目的，公司的领导者是这样回答的："丰厚的薪酬是为了激发员工更加努力地工作，以便过上富裕、幸福的生活，而不是让我们精神自闭。"

H公司加大对全球员工保障投入，建立重大疾病、突发自然灾害等预警机制，以降低其对员工健康的负面影响。H公司始终坚持员工"生命安全第一"的原则，任何情况下都要首先关注员工的健康和安全。此外，公司还会基于员工体检结果，汇总出员工高发的疾病，并向员工详细介绍这些疾病可能的诱因，以及相应的预防和治疗方法。

(二)营造尊重员工的文化氛围

员工健康管理体现的是"以人为本"的管理理念，所以公司需要营造尊重和重视员工的文化氛围，向员工传递公司对其的支持和关注。具体而言，H公司要对员工进行人性化管理，善于倾听员工的需求，帮助员工进步，让员工参与决策等。为了减少员工健康管理发展的障碍，H公司还建立了健全的沟通反馈机制，员工可以通过与相关人员进行沟通和交流，彻底解决相关健康问题。此外，公司还重视员工的职业发展，并为员工提供多种晋升和发展通道，以及专业技能和知识培训的机会，从而激励员工更加积极主动、乐观健康地工作。

(三)创造轻松、高效的工作环境

H公司开始提倡"高效工作，快乐生活"，为员工创造高效、轻松工作环境。对此，H公司定期会举办一些关爱员工的活动。如"家庭总动员""轻松一跑""全员休息日"等。通过参与这些活动，员工不仅能够从繁忙的工作中暂时脱离出来，还可以推动员工之间的相互关爱，员工可以用乐观的态度感染身边的同事，也可以向他人诉说以排解心理的不快，从而营造积极向上的工作氛围。老王还通过讲述自己的亲身经历，帮助员工解决各种精神压力和思想困惑，他在公司创立之初曾经历过抑郁和痛苦的时光，但最终还是通过多交朋友多与朋友交流度过那段难熬的日子。此外，H公司还改善了员工的办公环境，提供相应娱乐设施，如羽毛球馆、篮球场、游泳池等。最重要的是公司增加了加班的相关规定，员工要加班到夜晚10点以后的，必须事先获得上级的批准；严禁员工在公司过夜；对于加班的员工，可以申请第二天调休；公司还将不断提醒员工关注身体健康，做到劳逸结合。

（四）建立健康考核和信用制度

H 公司通过建立健康考核和信用制度来进行有效的员工健康管理。具体而言，一方面，公司基于员工健康档案，综合评估员工的健康状况，并划分为不同的健康类别，进而建立健康制度。也就是说，将员工健康状态作为绩效考核的指标之一，员工不仅要完成基本的工作任务，还需要保持身体健康。在每次绩效考核过程中，全面评估员工的健康状况以确定相应的健康等级，并进行跟踪调查和反馈，从而了解员工健康级别的动态变化。在这种模式下，员工的工作目标和健康是紧密结合在一起的，是对二者的综合考核。另一方面，基于员工的健康等级，建立健康信用制度，即公司设置了健康信用评估系统，并将健康信用级别作为员工职位调动的重要参考指标。员工的健康信用等级是与员工的健康等级高度相关的，员工的健康等级越高，其健康信用级别也就越高。另外，如果员工的健康信用较差，公司则不会给予其晋升的机会，但也不会进行降职处理。

（五）实行 EAP 计划

为了应对员工的健康管理问题，H 公司还实施了员工援助计划，即 EPA。H 公司设立了专门的 EPA 部门，在公司内部宣传心理健康知识，并配合精神疾病康复治疗。首先，EPA 部门将有关焦虑、抑郁等心理疾病的相关知识发布在公司网站上，或印成健康手册分发给每一位员工，从而促使员工提高对相关疾病和心理健康问题的了解和认识，帮助员工早发现问题。EPA 部门还会定期开展相关的培训，并以互动的方式了解员工的健康方面的需求，并鼓励员工积极主动参与到培训当中，敞开心扉，主动分享。EPA 部门还协助外部心理专家，完成精神疾病康复治疗。其主要职责为向患有疾病并返回工作岗位的员工提供支持性护理，并进行动态跟踪，从而提高完全康复的可能性。

（六）推行 EHS 管理体系

H 公司在全球运营所在地推行 EHS 管理体系，建立了事故问责机制，制定并推行 EHS 绝对规则，保证各方员工的生命安全和身心健康。H 公司高度重视 EHS 事件管理，建立 EHS 事件管理 IT 平台，覆盖 EHS 事件的上报、调查、改进等环节，保障事故闭环管理，对造成严重后果的 EHS 事件管理者进行问责，并对安全管理最佳实践进行奖励。发布多语言版 EHS 视频操作指导书，内容涵盖驾驶安全、野外环境 EHS 风险评估、高空作业、吊装安全、用电安全等。例行开展与客户 EHS 专题交流，了解客户 EHS 要求与期望，并应用到公司 EHS 管理实践，持续提升交付 EHS 整体能力。

案例使用说明

1. 教学目标规划

（1）加深学生对于员工管理的理解；

（2）了解员工健康管理的目的、作用；

（3）理解员工健康与安全官的作用；

(4)了解 EAP 计划和 EHS 管理体系在员工健康管理中的作用。

2. 课堂讨论题

(1)H 公司的竞争性文化存在什么问题?

(2)H 公司对员工的管理是否合理?

(3)公司员工小李的死亡是否与公司的狼性文化有关?

(4)H 公司的员工健康与安全官是什么?

(5)EAP 计划如何理解?

(6)EHS 管理体系与 EPA 计划有何区别?

(7)H 公司的案例体现人力资源管理的哪些理论?

3. 启发思考题

(1)员工健康管理如何界定?

(2)员工健康管理的价值有哪些?

(3)如何实施员工健康管理?

(4)如何通过员工健康管理减少员工的流动?

(5)还有哪些措施有助于企业的员工健康管理?

参考文献

[1]苌凤水,励晓红,张晓丹,杨玉慧,王奔奔,周一心,邓云,吕军.上海市企业员工健康管理认知状况分析.医学与社会,2019,32(1):47-51.

[2]蒋石梅,孟静,张玉瑶,李笑春,刘芳.知识型员工管理模式——华为案例研究.技术经济,2017,36(5):43-50.

[3]刘红委.美国密苏里大学员工健康管理及经验启示.中国学校卫生,2013,34(6):728-730.

[4]王雁飞.国外员工援助计划相关研究述评.心理科学进展,2005,23(2):219-226.

第十章　员工流动管理

本章知识要点

一、员工流动管理概述

(一)定义

员工流动管理是指从社会资本角度出发，对人力资源的流入、内部流动和流出进行计划、组织、协调和控制，以确保组织对人力资源的可获得性，从而满足组织现在和未来的人员需要和员工的职位发展需要。在组织层面，员工流动分为员工的流入、员工的内部流动和员工流出三种形式。

员工流动管理关系着员工的职业生涯发展、组织的竞争力和社会的稳定等方面，所以员工流动管理要保证组织所需人才的可获得性，发展出符合未来组织需要的办事人员，使员工的进步和发展机会与自身需求相一致，增强员工的工作安全感，保证员工管理的公平性，实现人岗匹配。

(二)视角

从员工视角，员工在流动中做出的选择包括：一种情况是由潜在选择进入现实选择形成的流动；另一种是再选择引起的流动。从社会视角，产业结构、人口结构、社会制度等都影响着劳动力流动的可能性，它们对组织施加的影响包括员工价值观的转变、外部机构影响力度加大、政府以立法和行政手段对组织施加影响。从企业视角，企业进行员工流动管理的最大动机是最大限度地用好人员以实现利润最大化。

(三)理论基础

勒温的场论认为，个人能力和条件与他所处的环境直接影响个人的工作绩效。如果一个人处于不利的环境中，则很难发挥聪明才智，也很难取得应有的成绩。一般而言，个人对环境往往无能为力，改变的方法是离开这个环境，转到一个更适宜的环境去工作，也就是员工流动。

卡兹的组织寿命学说从组织活力的角度证明了员工流动的必要性，同时指出员工流动不宜过快，流动间隔应小于2年，这是适应组织环境和完成一个项目所需的下限时间。一般而言，人的一生流动7次到8次是可以的，流动次数过多反而会降低效益。

库克曲线根据对研究生参加工作后创造力发挥情况所作的统计绘出曲线，从如何更好地发挥人的创造力的角度论证了员工流动的必要性。人的一生就是在不断开辟新的工作领域的实践中，激发和保持自己的创造力的，即走完一个S形的曲线，再走下一个S形的曲线。

目标一致理论认为个人潜能的发挥与个人方向和组织方向是否一致之间存在一种可以量化的函数关系。当个人方向与组织方向完全一致时，潜能得到充分的发挥；当二者不一致时，个人的潜能受到抑制。解决这一问题有两个途径：一是个人方向主动朝组织方向靠拢，或者组织方向朝个人方向靠近；二是进行员工流动，即员工流动到与个人目标比较一致的新单位去。

二、员工流动率分析

(一)准则及影响因素

员工流动需要以增强员工的满意度提高和投入感为导向，以提升员工工作能力为导向，以提升员工动力为导向，在坚持效率的基础上兼顾公平，实现人岗匹配。员工流动的原因可以从个人、企业、社会三个角度切入分析。个人因素包括个性、家庭和如年龄、任期和工作能力的其他因素；企业因素包括工资水平、企业变革和企业特性；社会因素包括经济、政治、技术因素。

(二)流动率计算

总流动率(TTR)：$TTR=S/N\times100\%$
自愿辞职率(VQR)：$VQR=Q/N\times100\%$
解雇率(DR)：$DR=D/N\times100\%$
同批员工损失率(CWR)：$CWR=\mathrm{Li}/N\times100\%$
员工留存率(SR)：$SR=\mathrm{Si}/N\times100\%$

三、员工流动的动态管理

员工流动的动态管理是指从社会资本的角度出发，对人力资源的注入、内部流动和流出进行计划、组织、协调和控制的过程，以确保组织人力资源的可获得性，满足组织现在和未来的人力需要和员工的职业生涯需要。

(一)员工流入管理

员工流入来源于外部招聘、临时雇用、租赁等。企业在做员工流入管理工作时，应将企业文化作为招聘的标准，建立流畅的招聘工作流程，考核招聘人员，使之具备相应的知识，关注招聘成本，持续关心征召渠道，树立企业在劳动力市场的良好形象。

（二）员工内部流动管理

员工内部流动是实现高效人才组合的必要条件、防止人才外流的重要手段、激励员工的有效形式。其手段包括建立企业内部人才市场，构造人才流动信息链，建立企业内部跳槽制度，进行周期性的人才盘点。员工内部流动的方式有内部调动、岗位轮换、晋升、处罚和降职。

（三）员工流出管理

员工流出不等同于人才流失，保持一定的流动性是有益的。按照员工流出企业的意愿来划分，员工流出可分为员工非自愿流出（如解雇、临时解雇、裁员等）、员工自愿流出（如自愿离职等）和员工自然流出（如退休、伤残、死亡等）。

案例 1　GB 公司高管团队成员为何集体离职?

【摘要】企业双方高管团队在并购初期处于磨合期，也是冲突矛盾容易爆发的时期。S 集团并购国内 A 企业后成立了 GB 公司，其派到 GB 公司的人员与 A 企业的高管成员在新公司形成了两个派系，文化、个性、管理方式等的冲突使得在 S 集团原本实施良好的 5S 管理方式在 GB 公司推行时困难重重。本案例详细描述了 GB 公司高管团队在这些冲突下是如何出现集体离职现象的，并引发了在相对规模差别较大且文化背景不同的企业并购中如何减少人才流失的思考。

会议室的气氛格外凝重。这是 A 企业被 S 集团并购后，第二次公司高管扩大会议，会议的讨论内容是一名新员工提出的一份新的设备清洗流程。探讨过程中，大家普遍认为这份设备清洗流程与公司生产线的实际情况不符，并各自表达了自己的改进意见。可是这引起了 S 集团派来的新的制造工程总监 Bodi 的不满，并要求大家必须严格执行这份新的设备清洗流程。制造部赵经理面对此要求，站起来直接反驳道：“在制造工程领域，我们已经有多年的经验，我们也很清楚设备的日常维护流程。假如这次会议只是通知我们必须遵照新的设备清洗流程，我觉得这个会议也没有进行的必要了。”这次会议又一次以争吵的方式结束。

一、公司简介

S 集团是一家世界知名的汽车、工业技术及服务供应商，共拥有大约 30 万名员工，总部在德国，一直秉承着“诚实、爱岗、进取、务实、高质”的企业文化和“诚信铸业、精益求精”的核心价值观，非常注重产品质量和创新，在世界范围内建立了良好的企业形象。S 集团在中国的市场开拓已经超过百年，现今，其全部的业务部门已经落户于中国，在国内总共有 50 家公司，分布于杭州、无锡、上海等地。2007 年，S 集团在中国并购了已经上市的 A 企业，前后共投入 1 亿多欧元收购了该公司高达 90%的股份，之后成立了 GB 公司。至此 GB 公司成为 S 集团在国内的一家汽车零部件生产企业，主要使用现有的工艺技术和生产线为汽车动力系统提供相关支持，落户于山东大连，现有员工数超过 1000 名。公司的组织结构如图 10-1 所示。

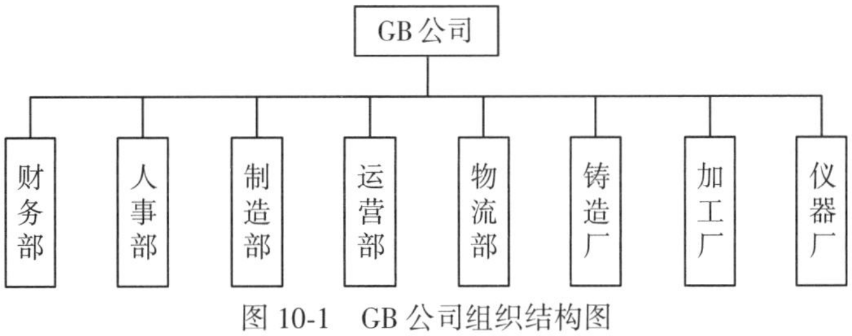

图 10-1　GB 公司组织结构图

A企业原来是一家已经挂牌上市的澳资企业，成立10多年来一直从事汽车零配件的生产制造和销售业务，一步一步由小企业做到了上市公司，但经营规模远不如S集团。由于2005年后在国内经营业绩不断下滑，到2007年，A企业接受了S集团的并购。A企业的CEO是职业经理人Genty，他是澳大利亚人，在公司已经工作10年，为人和善谦让。由于A企业是澳资企业，在成立初期便一直面临澳方员工和中方员工在思维方式、沟通方式和做事方面的差异和冲突问题。所以，Genty成为CEO以来在管理上一直提倡开明的方式，致力于将澳洲文化与中国本土文化相融合，让员工们理解不同文化背景的同事为人处世方式，并形成了大家普遍认同的企业文化，一直倡导团队的互助合作，以及注重顾客和员工的满意度。在Genty的管理下，公司不仅拥有良好的办公氛围，他还为公司组建了既有领导力，又有执行力的高管团队。

S集团并购A企业时，考虑到管理费用和培训成本等问题，决定将A企业的高管团队多数都保留下来，新成立的GB公司的CEO依然是Genty。这也就相当于GB公司是基于A企业成立的，尽管高管团队成员不完全从A企业保留，但是绝大多数都是从A企业直接调任过来的。所以，原高管团队的成员自然而然地成了“自己人”，而S集团派过来的成员便成了“外人”。所以，GB公司现有高管团队成员形成了“两派”：一派是A企业原高管团队成员——总经理Genty，财务部李经理，人事部刘经理，制造部赵经理，铸造厂张厂长，运营部周经理，物流部孙经理；另一派是S集团从总部与其他分公司派遣的人员——加工厂吴厂长，仪器厂方厂长。

二、新官上任三把火？

GB公司成立之初，S集团总部任命Bodi为中国区制造项目的负责人。他的主要工作任务是产品质量的提升与改进，以及将S集团一直实施的5S管理在GB公司落实。在新的人事调度下，Bodi成为了赵经理(制造部)的顶头上司，赵经理须事事向他报告请示。“5S管理”的具体内容如表10-1所示。

表10-1 **5S现场管理法**

“5S管理”又称为“五常法则”，是实施全面质量管理的第一步。	
整理(Seiri)	将工作场所的各类物资分类成“必要的”和“非必要的”两种，操作车间只留下必不可少的物品，做到工作空间里面无杂物、物料有序摆放、道路通畅，以此增加操作空间、减少意外事故发生率、及时清理库存、提高工作效率等。
整顿(Seiton)	整理后的必需品依据规定的位置与摆列方法，依次有序摆放好，做到类别明细，数量准确，标示明确，以快速找到相关物品，这不仅能提高生产运营效率，还能提高生产的安全系数。
清扫(Seiso)	工作区域产生的垃圾废物及时清理，保证现场干净整洁，相关工作人员养成讲卫生的好习惯。

续表

“5S 管理”又称为“五常法则”，是实施全面质量管理的第一步。	
清洁（Seiketsu）	对前三个阶段的成果进行维持，保证作业区的最佳状态，掐断安全事故发生的潜在源头，营造好的工作环境。
素养（Shitsuke）	每个人都应成为讲道理有教养的人，在工作场所按章操作、依规办事，对每一份工作任务都一丝不苟。

被派到 GB 公司时，Bodi 在 S 集团已经任职工作了 9 年，此时他 35 岁。他曾在总公司任职过区域主管，也在欧洲的一个工厂做过车间主任，还在中国一个工厂做过部长助理。其性格和做事方式与 Genty 截然不同，性格直率，个性张扬，做事自信严谨、认真勤奋，但比较孤傲、武断，且有点盲目自大。由于 5S 管理在 S 集团发挥了很好的效果，所以 Bodi 对 5S 管理的积极作用深信不疑。当他发现被并购企业的内部管理方式并不是 5S 管理时，便决定在全公司范围内（包括办公室和车间）推行，并用规章制度进行约束。A 企业之前作为一家上市的澳资企业，整体的管理制度和流程都渐趋完善。事业部型的组织架构使其各部门之间协调互补、责任清晰，管理方式也将澳洲文化与中国本土文化进行了良好的融合。所以，公司的产品生产销售与市场拓展业务能按时保质的完成。

但是，在 5S 管理推广时，由于企业员工原先的管理理念印记太深，并且对 5S 管理原则理解不到位，5S 管理法推行得太过急切，大部分管理层和基层员工都未达到其规定要求，所以他们都被警告甚至遭受了罚款。所谓一口吃不成大胖子，在反馈未果的情况下，这进一步激起了员工们的不满，多数员工表示，5S 管理在 GB 公司是“绣花枕头”，中看不中用。它太过强调维护办公场所的外表形象，如一定要随时随地保证工作场所的一尘不染、物品的有序排列，为了避免遭受罚款，员工们只能无时无刻地关注自己工作的环境，而忽略了产品的生产与质量问题，致使交付时无法让客户满意，企业无法按期交货的现象频频发生。

而 Bodi 在此时，依然没有认识到问题所在，依然固执地对 GB 公司过去的管理方法大肆批评，还频繁点名责备不配合他工作的原高管团队成员，并向 S 集团告状。Bodi 的行为引起了 GB 公司其他高管团队成员的强烈不满，也纷纷向 S 集团提出管理和生产的意见和建议。他们认为太过冒进地实施新的管理方式，只会适得其反，如员工心理情感问题、技术骨干离职问题、产品与服务的质量滞后问题等。所以，新的管理模式的运用应遵循循序渐进的原则，而不是像现在这样强势及“一言堂”。

面对客户的催单和 Bodi 的指责，长期处于无法按期交货的巨大压力下的孙经理（物流部），终于在多次建议无效的情况下，提出了离职，且很快获批同意。物流部经理的职位由副经理接替。与此同时，李经理（财务部）面对新的财务管理方式，也无法适应，再次对新的管理模式下的财务体系变革提出意见。她认为，并购前的 A 企业曾经挂牌上市，财务制度渐趋规范。被并购后，GB 公司退市，成为非上市企业，其财务体系与之前有较大的差异。所以，在财务部还没有将工作适应过来时，强行推行 5S 管理，使财务部在短时间内的工作出现混乱与矛盾。这也导致财务部由于工作质量问题、员工能力不足等问题被多次要求整改，而李经理本人也由于领导不力被多次责骂。无可奈何，李经理只能主动辞职，而S集团很快委任了一位新的财务部经理。

三、冲突升级

5S管理在GB公司推行时，制造部的赵经理始终都是主动积极的态度。根据5S管理的规定，设备必须进行专门定期的清洗，对于这一步骤被并购之前并没有完备的流程设计。于是，Bodi招聘了一位学习这方面专业知识的新员工，对他介绍并让他理解了集体对设备清洗的要求后，便让这位新员工着手起草新的设备清洗流程书。经过多次反复修改，自己觉得可以实施后，便召集公司高管开始讨论这份文书。这就出现了案例开头描述的那一幕，会议上的冲突导致了Bodi和赵经理的关系紧张，两人甚至对对方避之不及。不久之后，赵经理也提交了辞职信。

在Bodi与各高管成员的冲突中，GB公司的总经理Genty一直努力想调和双方关系，尽量使公司高管团队内部的派系之争得到解决，但多次调解都以Bodi的强势姿态结束，其自身的权威性也受到了Bodi的数次挑战。由于对公司控制权的逐步丧失，以及对之前三位老员工的离职一直感到歉疚，所以在赵经理离职后没几个月，Genty也离职回国了。紧接着，S集团又从总部派过来了一位新的CEO，Johnson。Johnson一来就将Bodi晋升为了公司的二把手，公司的派系之争更加剧烈。此时，原管理团队一大半高管已经离职，随着新成员的不断加入，他们权力逐步被削弱。而Genty的离职产生的多米诺骨牌效应，让他们感到一股巨大的无形压力。随着Bodi在公司中的所获得的职位权力日益增加，剩余的几位高管团队成员与Bodi的冲突也与日俱增。不出意外，在原CEO离开的2个月后，运营部经理也另谋了出路。

42岁的周经理，拥有丰富的履历，自身是名牌大学MBA毕业，曾在Toyota等大型汽车企业任职，入职A企业后，任职生产经理，后晋升为运营经理，是创始人之一，在公司享有很高的声望。有着东北人豪爽大气、敢作敢当的性格，对工作认真，对员工真诚，看重产品的生产，也关心员工的生活。在任职期间，对于公司鞠躬尽瘁，毫无保留的运用自己所掌握的知识与技能，与企业共成长。虽然公司被并购，但他对于新的管理模式始终持积极的配合态度。但看着5S管理推行所出现的问题，他觉得自己不能再一声不吭，所以在一次高管例会上，他对目前GB公司出现的党派纷争、产品质量下降、员工消极怠工等问题进行了反思，而这却让Bodi认为这是不配合他工作的表现，在会上非常生气。但周经理觉得自己只是在陈述客观事实，便出现了与Bodi当场争论的局面。没多久，周经理发现很多他所做的工作或者项目突然被转手他人，并且运营部的工作也被Johnson接手。让他在公司有一种明显的被架空感，思考了自己在公司的发展前途后，周经理认为机会渺茫，便辞职了。离职后不久就有猎头联系他。如今，周经理加入了国内另一家发展潜能很好的汽车企业。

果不其然的是，人事部刘经理与Bodi的冲突还是爆发了。Bodi曾在一会上提及裁员计划，原因是公司目前一线工人数太多。而刘经理认为，公司目前已经有大量的一线工人，特别是老员工离职，并且面临着产能提升计划，如果裁员，会让订单无法完成。Bodi

便拿出了一份自己计算好的人岗分配情况表格，认为从公司现有的人员量看裁员是必须的，而且这样做可以得到中国区总负责人的信任。根据这份表格，刘经理根据公司的现状，一个一个地指出 Bodi 在计算过程中存在的不足之处，并坚持说，只有在生产人员足够的情况下才能保证产品的产量与质量。而 Bodi 却坚持认为："S 集团在一百多年的发展中，已经有很多成功的案例，你只需要按照我们的成功之路走。"事后，刘经理也失去了工作的热情，开始另谋出路。一个月后，刘经理也走了，人事部的工作只能让总经理 Johnson 暂时代理。

四、公司大换血

随着一封接着一封离职信的增加，原高管团队的 5 位成员，在不到 2 年的时间里，相继离开了 GB 公司。除此之外，原企业的几乎一半的中层管理者、一大半的技术过硬的老员工也陆续辞职了。由于管理人员和大批老员工的离职，公司剩下的员工人心惶惶，担心被裁员，感受不到归属感，工作没有自主权和发言权，GB 公司员工的工作状态和工作效率都大不如前。不到两个月的时间里，公司多数订单都出现了无法按期交货的情况，这引发了购买商的严重不满。面对客户的催单，Bodi 想起了过去人事部经理对他的建议与指出的纰漏，可是事已至此，他只能硬着头皮加大生产线的工作效率，按期完成订单。

所谓"屋漏偏逢连夜雨"，正当 Bodi 努力完成客户订单时，S 集团对 GB 公司全面实地的考察也开始了。考察团发现两年以来 GB 公司无论是经营业绩还是 5S 管理的推行状况都未达到理想的情况，并且通过进一步调查还发现员工的满意度和顾客的满意度都偏低，公司整体的状态都大不如前。考察团将考察结果汇报给总部后，一项新的人事调动函又下来了。Bodi 被调回欧洲某工厂继续担任制造部经理，Newer 成为新的中国区制造工程总监，协助 Johnson 在 GB 开展工作，首要任务是提升公司业绩，继续推进 5S 管理。Newer 在 S 集团工作虽然只有 5 年，可是他负责的工厂业绩在各分工厂中排名始终靠前，性格上依然有着德国人谨慎细致的特征，做事讲究策略章法，逻辑性强，且不服输，与 Bodi 的骄傲自负不同，他为人更为谦和。

五、新人新气象

Newer 与 Bodi 交接好工作，到 GB 公司就任时，面对的便是客户的催单、员工的投诉抱怨和消极怠工、5S 管理成效甚微、公司业绩下滑等问题。到任后，Newer 首先了解了 GB 公司现有的人员配置情况，被并购企业保留下来的高管团队共 6 人，现只有铸造厂张厂长还在位。物流部经理离职后由副经理接替其职位，就目前看来胜任情况还不错；制造部经理离职后由 Bodi 负责制造部工作，而 Bodi 离职后现在处于空缺状态；人事部经理现在还处于空缺状态，总经理 Johnson 接手运营部工作后现在兼顾人事部工作，工作压力让他喘不过气来。生产线上的工人数量更是缺乏，特别是技术熟练的工人。在与 Johnson 商议后，紧急召开了新一次的高管内部会议，会议的内容是关于完成订单和人员配置的。会议上大家普遍都认同现在应该集中精力把延期的顾客订单保质保量完成，并尽快为各个岗位配备充足的人手。Newer 也对大家进行了安抚，表示虽然公司依然处于并购后磨合期，现阶段也出现了很多问题，但 S 集团对于 GB 公司的潜力还是非常看好的，公司肯定不会大规模无缘由的裁员，让大家安心工作。会后，大家仿佛如打了镇静剂一般，全身心地投入延期订单的赶工中，终于在最后期限到来前完成了客户订单。

此时，Newer 结合自己在 GB 公司短暂的工作经历，也仔细分析了原高管团队成员离职的原因。他认为虽然 Bodi 行事较为独断专行，但出发点与原高管团队成员一样，都是希望 GB 公司越来越好，但在沟通交流和工作的配合上总是出现摩擦和争端，所以其主要原因应该还是文化和价值观的冲突。一是 S 集团奉行欧洲文化，Bodi 本人德国文化的特征尤其明显，比如以本国的产品服务和管理方式为标准，不轻易让步和妥协；而 GB 公司多数员工都是信奉中国本土文化，强调中庸和谐之道，对于太过强势的方式无法接受。二是 GB 公司成立前，A 企业已经做到了澳洲文化与中方文化的良好结合，面对欧洲文化，员工们普遍无法快速适应。所以三种文化的交织，只会让并购企业的冲突更为明显，而 Bodi 此前并未做任何解决和协调的方案，强势的工作作风让问题一度处于失控的状态。除此之外，由于 S 集团与 A 企业的相对规模差别太大，再结合 Bodi 强势的工作作风，被并购企业的高管团队一直处于被压迫状态，这种高压状态下，让高管团队成员的不信任感越来越强，也越发忧虑自己的职业发展路途，直到最后辞职。

在对公司的现状思考清楚后，Newer 与 Johnson 通过内部员工的推荐、自荐、S 集团派遣和外部招聘等方式将人员配备齐全，调整了人事安排：现阶段制造部的工作还是由 Newer 负责，但 Johnson 作为总经理不再负责哪个具体部门的工作，主要承担全公司的战略统筹工作。无论是新员工还是老员工，Newer 都给予他们充分的工作自主权，同时建立健全各项工作规章制度，使员工各司其职，各尽其责。对于 5S 管理的推行，Newer 吸取前车之鉴，不再操之过急，在 Bodi 的工作基础上暂时未再全面推进。他认为管理方式的顺利推行与文化价值观的融合息息相关，现在主要的工作任务要稳定“民心”。

第一次全体员工大会后，各色各类的培训工作和团建任务开展，Newer 更是深入车间，体察“民情”，公司的意见箱也遍布各车间，一切都呈现自我革新的景象。慢慢地，员工的怨言声不再那么多，原本离职意向强烈的员工在未确定去向前也愿意留下来静观其变，公司的派系不再那么明显，员工之间原本不理解的做事方式现在也能谅解，出现冲突时不再盲目争吵，而是尽量站在对方的视角去进一步沟通交流。

在团队成员之间的信任感、责任感都提升的情况下，此时，Newer 觉得可以进行 5S 管理的进一步推行工作。他研究了 GB 公司现有的规章制度，发现其实关于 5S 管理所倡导的原则，在这份企业规定中都有涉及和重复的地方，不同的是，5S 管理更加细致和要求严格。所以，在高管扩大会上，他提出将 5S 管理与 GB 公司现有的企业规章制度进行结合，对于现有规章制度中提及的，进一步具体化和操作化，对于未涉及的，进行补充，并提议缓慢推进。大家都表示同意。会后，Newer 先在自己负责的制造部进行了 5S 管理的全面试点。由于在之前的培训工作中，大家对 5S 管理的内容和作用已有了深刻的了解，所以这次的试点大家并没有当初那么排斥。在推进过程中，也是根据出现的问题和大家不理解的地方做及时充分的沟通，对于落实的程度也是由松到严。在制造部推行的这几个月内，制造部的工作进度并没有因为严格执行 5S 管理而受限，部门的业绩情况反而更好。

为了证实将5S管理本土化的方式可行，Newer扩大了试点范围，铸造厂、加工厂和仪器厂都成效显著。随后，高管团队取得了共识，认为5S管理本土化方式不仅能让员工更容易接受，减少矛盾冲突和适应期，还能让企业变得更有效率。Newer决定在全公司范围内开始5S管理的推行，并且允许各部门根据实际情况有所调整，要求对推行过程中出现的各种问题与部门主管及时沟通反馈，各部门主管再反馈到Johnson和Newer处，做到及时解决。然后进一步设置了奖惩方案，对于做得好的部门不吝啬奖励，对做得不好的部门严格惩罚。

Newer觉得在自己就任后的这段时间，更多地是做到了不同文化和价值观的融合，在此基础上无论是公司规章制度的整顿，还是管理方式的革新，人员的流动管理，都容易了许多。面对接下来公司业绩进一步提升的工作，他信心满满。

案例使用说明

1. 教学目标规划

(1)了解掌握员工流动管理的相关知识，分析导致员工离职的原因；

(2)了解企业并购初期可能会存在的问题，思考在相对规模差别较大且文化背景不同的企业并购中如何减少人才流失；

(3)从高管集体离职现象中看到并购公司本身存在的一些问题的本质，做到从多维度进行分析。

2. 课堂讨论题

(1)试着比较Genty、Bodi和Newer的做事方式有什么不同?

(2)你认为5S管理适合GB公司吗?

(3)5S管理作为一种好的管理模式为何在Bodi推行过程中得不到支持?

(4)在案例中，除了Newer做出的分析，你认为导致GB公司高管团队集体离职的因素还有什么?

(5)若是你，在GB公司并购初期会怎么做?

3. 启发思考题

(1)企业并购前期应该注意一些什么问题?

(2)在企业规模差距较大且文化背景不同的并购企业中，怎样减少核心人才的流失?

(3)员工流动会给企业带来哪些影响?

(4)好的管理方法是否适用于同一类型的所有企业?如何做才能发挥其最大作用?

参考文献

[1]郭文臣，肖洪钧．被并购企业高管团队成员集体离职的影响因素探究：基于嘉宝公司的案例分析．管理案例研究与评论，2011，4(5)：352-360.

[2]黄速建，令狐谙．并购后整合：企业并购成败的关键因素．经济管理，2003，25(15)：6-13.

[3]乔坤元．上市公司高管离职：原因、影响和行为．山西财经大学学报，2013，35(4)：72-86.

[4]徐耀群，郑皓．5S管理研究．商业研究，2005，42(13)：55-57.
[5]张龙，刘洪．高管团队中垂直对人口特征差异对高管离职的影响．管理世界，2009，25(4)：108-118.

案例 2　G 公司技术骨干离职潮

【摘要】近 30 年来，我国建筑施工行业的改革不断深化，各建筑企业间的竞争也日趋激烈。众所周知，企业的竞争从根本上来说就是人才的竞争。对于重视项目管理、轻人力资源管理的建筑施工企业来说，无疑是“兵行险招”。本案例以 G 公司技术骨干离职为背景，探析民营建筑企业在规模快速扩张的情况下技术人才缺乏的问题，并引发大家对建筑企业如何通过改善员工薪酬体系和职业生涯通道以减少人才流失的思考。

2017 年，对于刘丽丽来说，可谓是“黑暗”的一年。从一毕业就加入 G 公司，一直干到人力资源部部长，期间从未遇到过今年这种大规模的技术骨干离职事件。公司在改革后的 3 年里，内部规章制度更加完善，管理队伍配合更加默契，公司发展达到了新的高度。然而与此同时，随着规模扩张人员严重不足、临时招聘的应届毕业生经验不足等问题也日益显现，公司一批经验充足、能力优秀的技术骨干的离职更使得人员缺乏的情况雪上加霜。

一、公司简介

G 公司是一家集设计、采购、工程施工为一体的民营建筑企业。该公司成立 40 多年以来，日益壮大，现有员工 5000 余名，拥有大中型施工设备 1000 余台，下辖 1 家控股子公司、1 家参股子公司、3 家全资子公司、多家区域分公司。G 公司认为建筑企业应做到良心为先，质量诚信是立身之本，秉承“创新、亲民、包容、诚信”的价值观，用专业化的服务态度，抢占市场优势地位。通过对技术难题的攻关，保持公司在建筑行业的技术领先地位，提高公司的核心竞争力，走技术创新之路。近年来，公司先后获得 10 多项国家发明专利，有多个国家级示范工程，拥有 100 多项企业施工工艺标准，公司的科技力处于江苏省建筑企业的领先地位。历经 40 多年的风雨，这家集市政、路桥、钢结构、机电安装等业务的安装工程有限公司相继取得国内外各种施工资质。

G 公司总部在江苏省南京市，业务辐射全国，共承建了 300 多项国家级及省市大中型重点工程，且分别在江苏省内各市和北京、天津、上海、重庆、成都、昆明等多个城市均设有分公司。此外还承建了朝鲜、越南、沙特阿拉伯以及非洲多个国家的重点工程，并将海外工程特别是海外优质、重点工程作为企业日后的发展方向之一。公司成立以来，荣获“鲁班奖”以及百来项其他国家及省部级工程奖项，比如 500 千伏龙潭变电站和 500 千伏梅里变电站，还有运达国际广场、上海中心大厦等这样的超高机电安装项目，也有金陵石化炼油厂、茂名港油码头、安庆石化炼油厂这样的化工、石油、油气贮备等独特的工程项目；在全面质量管理方面投入了大量的人力财力物力，获得了“金屋奖”这一荣誉，不仅有省级标准化示范工程，还有国家 3A 级安全文明标准化诚信工地。现已形成了大型高端项目机电安装、石油化工、设备制造、基础设施四大业务板块以及 EPC 工程总承包能力，是目前国内名副其实的、最具竞争力、成长性最好的综合建筑安装企业之一。

二、薪酬风波

这一年又很快过去了。全球经济也开始复苏与回暖，市场重归活跃。趁此契机，G公司高层定下新的战略目标，准备大展拳脚。然而，公司的人力资源部却面临着新的挑战，公司技术骨干大批离职，使得整个部门进入了新的攻坚期。

元旦假期刚过去才几天，G公司的某项目负责人王宽却向人力资源部提交了辞呈。他经过多次心理挣扎，终于下了很大的决心，选择离开这个已经奋斗了5年的地方。回想起，当初对项目技术一无所知的自己，一毕业就进入G公司，从基层员工做起，凭借自己的资质与努力一步一步往上爬，最终做到了技术主管。业主、监理和底下员工都夸他谦逊、耐心、专业，而他也始终把自己最好的一面呈现出来。在其他人看来，5年时间从基层员工到技术主管的位置，算是很优异的成绩，但是王宽本人却并不满足。与他在其他公司工作的同学相比，同样是工作5年，人家已经做到项目负责人，不用说薪酬待遇也必定远在他之上。心中略有不甘，他决定换一个环境或平台，为自己的未来"搏"一次。像王宽这样，既有在大型建筑企业的工作经验，又有过硬的技术，在外面可谓是"香饽饽"。因为在G公司的这5年里，他参与过材料采购谈判、施工方案的编制、项目质量检查、工程核算等工作，工作能力和技术经验得到了全方位的锻炼。这样的员工不是十天半个月的锻炼就可以培养出来的。对于G公司来说，年初就有这么优秀的人才离职，预示着这一年注定不平静。

随着春节假期的结束，人力资源部的工作重归正轨，开启新一年的新气象。刘丽丽本以为过完年，自己能放松放松。然而，事与愿违，连续两天收到辞职信的她，心里不免有些不高兴。更可气的是离职的两位技术负责人，还都是自己从知名企业"挖"来的，能力、技术都是非常出众的。这一下子，可忙坏了她。一方面，她得短时间内从公司内部找到能顶替这两位的员工；另一方面，还得及时弄清楚他们的辞职原因，为年终总结做准备。其中一位在信中说明了离职原因，猎头公司给他开出了目前工作的两倍薪酬，外加奖励一套房和帮助解决孩子上学的问题。经过慎重考虑，选择离职。另外一位笼统地在信中讲述他要离职。刘丽丽电话联系到他，具体了解了一下离职缘由。同样是因为今年的涨薪幅度不如预期，才提出离职的。

一次偶然机会，刘丽丽从在猎头公司的同学那儿了解到，A公司有两名技术人员的业务能力非常出众，她希望引进这两位优秀的员工。通过多方引见，终于见到并成功说服两人加入G公司。经过培养，他们分别主管两个项目。从以前负责某一项目模块的技术主管到成长为能独当一面的项目经理，管理能力和技术水平得到了全方位的提升。苦于公司目前的组织架构以及晋升机制，短时间想要升职，难于上青天。为弥补在晋升方面形成的心理落差，飞速成长的他们似乎都有些"膨胀"，不满意现在的薪资，多次向公司申请加薪。作为人力资源部部长的刘丽丽，虽然考虑到公司目前正在削减成本，不一定会通过这一请求；但另一方面，深知在市场上"挖"到优秀员工是多么的不易。于是刘丽丽抱着试一试的态度，还是帮助他们向上级提出申请。果不其然，公司管理层鉴于企业运营成本过高，权衡再三还是拒绝了其申请。由于未能获得领导的认可与支持，两位经理还是离职了。

对于任何一家建筑公司而言，项目经理这个职位不是随便从市场上“挖”个人就能填补的。所以，G公司只能暂时从其他项目上抽调两名相对经验丰富的技术负责人来接管当前项目。他们除了需要接管原项目的技术工作，还需完成工作交接，整体的工作压力非常大，这也促使交接工作未能按预期进行。更严重的是，上面两位项目经理主管的是公司重大项目工作，项目工程复杂、周期长，时间还很紧迫。在一个月的时间里，交接工作才完成一半。在他们离职后，现有的各个项目团队的工作量都非常大，以至于不能很清晰地开展工作。并且由于人数的陡然减少，各个项目经理根本没法很好地平衡每个项目的进展，工作过程中漏洞百出，这也使得客户对G公司的满意度急剧下滑。

三、祸不单行

正所谓祸不单行，G公司陷入技术骨干集体离职之时，又开始了新一轮的骨干人员离职，这次是年轻的邹强和肖柯提交了辞呈。犹记得3年前，邹强通过圈内某位项目经理的介绍，作为一名技术人才引进公司，那时的他相关工作经验不足，专业资历缺乏，既没成家也没立业。入职G公司之后，刘丽丽称他是公司这几年引进的不可多得的人才，并向其详细介绍了公司已承包的工程项目以及一系列规章制度(绩效考核、薪酬与福利政策、职业生涯通道等)。邹强对此表示满意。恰逢公司刚刚承接某空调公司机电分包项目，公司委派他直接担任项目技术负责人，这是他来到这个公司的第一个项目。因为之前有相关的行业从业经历，邹强非常熟悉大型通风空调设备的构造及运行原理，使得刚来的他在技术板块展示了不凡的技术实力。为了更进一步地提升自己的专业素质以及展示自身的能力，他经常利用周末的时间继续工作，不断完善优化设计施工图，并多次与专家们一起讨论可行性与独特性，给这个项目带来良好的经济效益。

基于他的能力与态度，公司将他列为核心技术骨干，为他专门作出全面的职业生涯规划，全力支持他进行工程师职称的评选，并且为他提供各种各样的考试补贴政策和相关培训。在公司的支持下，他评上了职称，并顺利通过考试，拿到了行业内最高含金量的证书。邹强非常高兴，拿到了一级建造师的证书就意味着自己离项目经理的职位不远了。他似乎显得有点洋洋得意。第一个项目竣工以后，邹强立即投入第二个项目中，依旧是个项目副职，这时候的他已没有两三年前工作热情，主动性、创造性减弱了。闲谈之中，甚至还表现出对该位置的不满情绪。

刘丽丽似乎听到了某些风声，决定主动联系邹强，和他谈谈当下对工作的想法。见面时，她很是吃惊，眼前的这个人，相比刚招进来时，面容沧桑了许多，完全不像29岁年轻人的状态！刘丽丽诧异地询问道：“在公司工作的这三年里，有何感受？自己的工作开展是否顺利？”邹强本不想说得太直接，可思虑再三，还是说了实话：“真心是觉得，公司各种薪酬福利制度挺好的，这些我都很满意的，就是，就是……”“就是什么？没关系的，可以坦白说。”刘部长耐心地问道。

邹强环顾一下办公室四周，支支吾吾地说：“那个刘部长，您看，我已经干过两个项目的技术负责人了，也已经拿到了一级建造师资质，那下一个项目我是不是可以独当一面了?”渐渐的，刘丽丽清楚了他近期情绪不佳的原因，非常能理解这个想法，正所谓“不想当将军的士兵不是好士兵”。“邹强，你看，是这样的，今年你29岁，正处于职业生涯周期中最为重要也是时间最长的年龄段，很清楚你对自己的未来有着清晰的方向，也很能理解你目前对晋升的渴望。你来我们公司这几年做的两个项目都挺出色的，我们都看在眼里，但是目前公司项目都已经有完整的项目团队，我们也在积极商谈其他项目，一接到新项目，会提前考虑的。”她耐心地说道。同时，刘丽丽及时跟公司副总申总反映了该情况，希望能好好地跟他聊聊，给他一颗定心丸，并且有合适的项目时，项目经理的人选会考虑他。

就在谈话之后，邹强安心工作时，突然间听说，前几天跟他一起吃饭的某项目经理离职了，这事多少对他有些触动。他时不时会想起与他聊天的画面，又时不时地反问自己：真的要在这儿等待，等待还不知何时才能当上的项目经理吗?我正处在职业阶段的“职业中期”，是职业发展中非常关键的一个阶段，成为这个行业的专家是我毕生目标。正如大家所说，邹强是个人才，年纪轻轻，有房有貌，收入也不低，还有经验和证书。随后，邹强还是给刘部长发了辞职邮件。刘丽丽很是惊讶，以为之前找他谈完话后，他能听取她的建议，暂时打消辞职念头。没想到，这么快就收到了他的辞呈，她赶紧告知申总。申总非常重视，不忍公司失去这么优秀的人才，开始找邹强谈话，向他说明公司对人才的重视，细说公司的晋升政策。公司发展势头很好，很多地区市场扩张得也很顺利，所以只要时机成熟，到时候他会得偿所愿的。但是，邹强态度很坚决，他感谢公司的挽留，表示有幸加入G公司这个大家庭，跟大家一起共事很愉快，自己收获颇多，就是想换个环境试试，给自己一次机会。看到邹强去意已决，最终申总和刘部长也没有再继续挽留他，并对他的未来表示美好祝愿。

这几天，肖柯又胃痛了。最近饱受胃痛之苦的肖柯频繁请假，多则一个月少则一两天。刚开始，公司高层非常能理解肖柯的情况，毕竟他为公司的项目开发立下汗马功劳，也十分关注他的身体状况。但是频繁的请假迫使项目进程滞后，引发业主不满。公司不得不委派新的人选接管，肖柯的地位逐渐被边缘化。

肖柯开始反思自己，一方面回顾了自己在公司的工作过往，从刚开始信心满满地来到G公司，准备在此奋斗出属于自己的天地，到获得各种奖项充分证明了自己当初没有选错路，并享受着成功带来的满足，再到期许自己能更上一层楼，这一路都好像比同龄人都多出了些许运气。另一方面，又痛恨自己“不争气”的身体，成为自己前进道路上的阻碍，种种思绪不断涌上心头。不过肖柯还是迈出了勇敢的一步，向公司高层委婉表达了自己想要晋升的希望，可公司一直没有正面回应。他决定最后一次向公司表达自己的意愿，这次公司以国内市场竞争日益白热化，成本不宜过高为由，婉言拒绝了他的晋升请求。这对肖柯来说是一次大的打击，逐渐让他心灰意冷。一想到他把青春都奉献给这家公司，却换不回来一个属于他的晋升机会，心里多少有些失望。他觉得现在是换个平台实现自己突破的时候了，通过多方途径开始寻找新的发展机遇。不久，行业内多家公司向他抛来橄榄枝。通过各方面的权衡，他确定了新的方向，于是就将辞职信送到了部长办公桌上……

后来依稀知道，邹强和肖柯辞职后去了不同的业主公司，即甲方。像他们这种拥有几年建筑企业的工作经历与技术经验，无论最后去哪个业主公司，他们都会很得到重用。但是，长远来看，对于员工的职业生涯来说，“甲方”就一定会比“乙方”好吗？刘部长不禁陷入沉思。

四、多事之秋

2017年真是个多事之秋。更令人想不到的王正宇也提交了离职申请。他本科毕业于清华大学建筑系，又是国外重点名校的硕士研究生，专业基础扎实，实习经验丰富。一毕业回国，就加入了G公司做技术员，还指派现在的魏院长做他的指导老师，当年魏院长是项目经理，有带新人的任务。俗话说“严师出高徒”，魏院长正是这样的严师，无论是对自己，还是对下属，他都严格要求。为公司培养了好些骨干人才，王正宇就是其中之一。通过自己的努力，加上强烈的责任心以及事业心，他成为公司最优秀的青年建筑师之一。从一毕业来到这儿做技术员，再一步一步地到技术主管、技术负责人，到最后有自己的团队，王正宇一直对魏院长心存感激，而魏院长也非常中意他，经常有意无意地带他参加各种大小会议，特别是国内建筑行业最高级别的会议，院长期待让他能有一个与同行人才交流的机会。高兴之余，他也非常感激魏院长，能给自己这样的机会。在交流会上，他认识了建筑行业的许多“大拿”，结识了诸多业内精英。由于留过学，加上英文流利，又对欧美国家的文化背景有一定的了解，他很快与来自英国利物浦大学的Corbusier教授熟络起来，两人一见如故，像是打开了话匣子，聊起工作停也停不下来。Corbusier教授非常欣赏王正宇，认为他很有设计天赋，希望他能够到利物浦大学继续深造，通过多方思想的交流与碰撞，将中西方的建筑设计风格做到天然的融合。参加工作以来，王正宇其实一直也都希望能这样一个出国学习交流的机会，现在得到Corbusier教授的肯定，并且获得邀请，他一连高兴了好几天，也一直在寻找机会，跟魏院长商量这件事情。终于有一天，魏院长刚好在办公室，王正宇向他说起，那天研讨会利物浦大学的Corbusier教授邀请到英国进修的事情，本以为魏院长会非常支持他去学习交流。可没想到的是，魏院长居然以公司目前项目多，不宜出去为由，拒绝了他，更不用说帮他向公司申请。王正宇继续向魏院长表示，可以等公司这段时间的工作稍微有所缓和，再去也不迟。魏院长立马脸一沉，说等过了这段时间再说吧！看到魏院长的脸色，王正宇没再继续说下去。跟着魏院长多年，他明白这是在拒绝自己的请求，同时心里也非常清楚自己去英国学习的事基本上泡汤了。王正宇顿时十分失落。

自从王正宇向魏院长提及自己想要出国深造的事情之后，他们的关系便不似之前了，没有以前那么亲切融洽。无论是参加大型会议还是小型研讨会、交流会，魏院长也再没叫上王正宇一起参加，这让他心里很郁闷。因为他深知不管在什么样的企业，都需要有人支持和提携，自己才能成长得更快。现在失去了魏院长这个“大靠山”，顿感前途一片渺茫，不由得有一种辞职的念头。

恰好此时他接到了猎头公司的电话，表示D公司高管想要“挖”他过去，让他享受高级职称的待遇，并且提供公费出国培训的机会。因为D公司是G公司的竞争对手，他还是有所顾虑的。但考虑到自己目前在G公司的境遇，思索再三，他决定辞职，辞职后还带走了一两个团队成员。

五、离职触动

大家都下班了，可是刘丽丽依然坐在座位上，一点也不想动，呆呆地望着窗外的西山。回想起这一年，无论是自己从其他企业“挖”来的人才还是别人引荐的人才，似乎都走得差不多了。如果接下来还有离职的，她不知道自己还要怎么跟高层交代，不由得颤抖了一下。

“咦？怎么今天还在加班?”申总满脸笑意地走过来问道。

“申总怎么也还在公司呢?”刘丽丽反问道。

最近这大半年，离职现象颇为严重。为此，高层刚开了班子会，讨论技术骨干离职问题。会议上，大家众说纷纭，有人表示惋惜，有人表示祝福。虽没有对他们离职原因深入分析，但大家一致认为，公司一方面要安抚现有员工的情绪，不能让他们有太多的波动；另一方面，出于他们的离职原因，是否真的要重新审视公司的相关制度。有一点可以确定的是，技术骨干的离职对员工的影响很大。

案例使用说明

1. 教学目标规划

(1)深入理解员工流动管理的相关知识点，剖析员工离职原因；

(2)了解建筑企业薪酬体系与职业生涯通道存在的问题，讨论该如何改善以减少人才流失；

(3)学习相关的理论，如激励理论、人才流失理论、职业生涯管理理论等，以寻找激励和留住骨干人才的措施。

2. 课堂讨论题

(1)针对王宽等人的离职原因，G 公司该如何解决?

(2)针对邹强、肖柯、王正宇三人的离职，G 公司又该怎么解决?

(3)结合职业生涯管理理论，试剖析邹强、肖柯和王正宇的离职心理。

(4)结合相关的激励理论，深入分析王宽等人的离职心理。

(5)如果你是人力资源部长刘丽丽，你对公司的职业生涯管理有什么建议?

3. 启发思考题

(1)技术骨干员工离职会带来哪些影响?

(2)除了案例中阐述的两种离职因素，还包括哪些因素?

(3)运用人才流失的相关模型，试探究员工离职的路径。

参考文献

[1]步丹璐，白晓丹．员工薪酬、薪酬差距和员工离职．中国经济问题，2013，55(1)：100-108.

[2]陈水英．工程设计企业核心员工的流失原因及留驻策略．中国人力资源开发，2006，

19(2)：67-70.
[3]侯曼，张宇翔，尚新玲．浅析中小企业核心员工流失的危机管理．生产力研究，2010，25(11)：205-206，236.
[4]宋丽娟，郭鹏升．激励理论在人力资源管理中的有效运用．企业经济，2013，33(11)：65-68.
[5]魏晓妮，白小宁．企业员工流失的成因分析及对策．技术与创新管理，2008，14(1)：60-62，71.